Amphitryon

●

CHRONOLOGIE
PRÉSENTATION
NOTES
DOSSIER
BIBLIOGRAPHIE

par Charles Guittard

GF Flammarion

*La littérature grecque et latine
dans la même collection*

ARISTOPHANE, *Théâtre complet.*
CÉSAR, *La Guerre des Gaules.*
CICÉRON, *De la République. Des Lois.*
ESCHYLE, *Théâtre complet.*
ÉSOPE, *Fables.*
EURIPIDE, *Théâtre complet.*
HOMÈRE, *L'Iliade. – L'Odyssée.*
HORACE, *Œuvres.*
LONGUS, *Daphnis et Chloé.*
LUCRÈCE, *De la nature* (édition bilingue).
MARC AURÈLE, *Pensées pour moi-même.*
MUSÉE, *Héro et Léandre.*
OVIDE, *Les Métamorphoses.*
PÉTRONE, *Satyricon.*
PLAUTE, *L'Aululaire. Amphitryon. Le Soldat fanfaron. – Amphitryon* (édition bilingue avec dossier).
PLUTARQUE, *Vies parallèles.*
Le Roman d'Alexandre.
SAINT AUGUSTIN, *Les Confessions.*
SALLUSTE, *Conjuration de Catilina. Guerre de Jugurtha. Histoires.*
SÉNÈQUE, *Lettres à Lucilius. – Médée* (édition avec dossier).
SOPHOCLE, *Théâtre complet.*
SUÉTONE, *Vies des douze Césars.*
TACITE, *Annales.*
TÉRENCE, *Héautontimorouménos. Les Adelphes. Phormion.*
THUCYDIDE, *Histoire de la guerre du Péloponnèse.*
TITE-LIVE, *De la fondation de Rome à l'invasion gauloise* (Histoire romaine, Livres I à V). – *La Conquête de l'Italie* (Histoire romaine, Livres VI à X). – *La Seconde Guerre punique I* (Histoire romaine, Livres XXI à XXV). – *La Seconde Guerre punique II* (Histoire romaine, Livres XXVI à XXX). – *La Libération de la Grèce* (Histoire romaine, Livres XXXI à XXXV).
VIRGILE, *L'Énéide. – Les Bucoliques. Les Géorgiques.*

© Flammarion, Paris, 1998, pour cette édition.
ISBN : 2-08-071015-X

SOMMAIRE

CHRONOLOGIE — 6

PRÉSENTATION — 25

Amphitryon

Argument I	54
Argument II	54
Prologue	56
Acte I	68
Acte II	112
Acte III	148
Acte IV	164
Acte V	174

DOSSIER

1. Tragédie, comédie et tragi-comédie — 187
2. Un thème légendaire : Alcmène, Amphitryon et la naissance d'Hercule — 210
3. Des dieux et des hommes — 232
4. Le thème du double — 247
5. Amphitryon 2000 — 264

BIBLIOGRAPHIE — 285

CHRONOLOGIE

	REPÈRES HISTORIQUES ET CULTURELS	VIE ET ŒUVRES DE PLAUTE
427/388	Comédies d'Aristophane.	
400/330	Comédie Moyenne.	
330/250	Comédie Nouvelle *(Néa)*.	
292	Mort de Ménandre (né en 340).	
266		Sarsina, ville d'Ombrie, devient romaine.
264	Début de la deuxième guerre punique.	
262	Mort de Philémon (né en 361).	
260	Victoire navale des Romains à Myles.	
256	Débarquement de Régulus en Afrique.	

255	Défaite de Régulus. Serment de Régulus qui reviendra à Carthage sans avoir conclu la paix et pour être supplicié.	
254		Naissance de Plaute à Sarsina, d'origine obscure, mais vraisemblablement de naissance libre.
249	Célébration des Jeux séculaires à Rome.	
241	Fin de la première guerre punique : victoire romaine aux îles Égates. La Sicile devient province romaine.	
Vers 240		Plaute engagé ou acheté comme musicien par un comédien ?
240	Représentation de la première pièce de Livius Andronicus à Rome, aux *Ludi Romani*, à l'occasion de la visite de Hiéron de Syracuse.	

CHRONOLOGIE

Date	REPÈRES HISTORIQUES ET CULTURELS	VIE ET ŒUVRES DE PLAUTE
240/237	Guerre des mercenaires à Carthage (cf. Flaubert, *Salammbô*).	
239	Naissance d'Ennius.	
238	Institution des *Ludi Florales*.	
237	Hamilcar entreprend la conquête de l'Espagne.	
235	Débuts littéraires de Naevius.	
234	Naissance de Caton.	
225	Offensive gauloise. Victoire romaine au cap Télamon.	Plaute parmi les auxiliaires de l'armée romaine, en lutte contre les Gaulois ?

222	Victoire de Marcellus à Clastidium sur le chef gaulois Virdomar.	
220		Plaute, démobilisé, reste à Rome et joue dans des farces (*exodia*).
218	Début de la deuxième guerre punique.	
218/215 ?		Plaute, garçon boulanger, tourne des meules à bras. Il compose alors trois comédies (Aulu-Gelle, *Nuits attiques*, III, 3, 14).
217	Défaite du lac Trasimène. Les Jeux plébéiens deviennent annuels.	
216	Défaite romaine de Cannes (2 août).	
215	Alliance d'Hannibal et de Philippe V de Macédoine.	
214	Première guerre de Macédoine.	

CHRONOLOGIE

	REPÈRES HISTORIQUES ET CULTURELS	VIE ET ŒUVRES DE PLAUTE
212	Institution des Jeux apollinaires qui deviendront annuels en 208. Marcellus s'empare de Syracuse. Mort d'Archimède.	*Asinaria* (*La Comédie aux ânes*).
211	Les Romains reprennent possession de Capoue.	
210	Prise d'Agrigente et de Carthagène par Scipion qui conquiert l'Espagne.	
209	Tarente reconquise.	
208	Mort de Marcellus. Représentation de la tragédie romaine de Naevius, *Clastidium*, à l'occasion de ses funérailles. Temples consacrés à Honos et Virtus.	

207	Hasdrubal (frère d'Hannibal) tué au Métaure. Hymne de Livius Andronicus à Junon Reine.	
206	Mort de Livius Andronicus.	Le *Mercator* (*Le Marchand*) ? Les *Ménechmes* ? Le *Miles Gloriosus* (*Le Soldat fanfaron*).
204	Débarquement de Scipion en Afrique. Introduction du culte de Cybèle à Rome (la Grande Mère des dieux).	*Cistellaria* (*La Comédie de la corbeille*).
203	Hannibal quitte l'Italie.	
202	Victoire de Scipion sur Hannibal à Zama. Fin de la deuxième guerre punique. Institution des *Ludi Ceriales* (jeux en l'honneur de Cérès).	
201	Naevius meurt à Utique.	

REPÈRES HISTORIQUES ET CULTURELS	VIE ET ŒUVRES DE PLAUTE
200 Siège d'Abydos par Philippe V de Macédoine. Début de la deuxième guerre de Macédoine. Siège d'Athènes par Philippe. *Annales* de Fabius Pictor et de Cincius Alimentus (en grec).	*Stichus.*
198 Campagne de Flamininus en Thessalie et en Phocide.	
197 Victoire des Romains à Cynocéphales (juin-juillet).	*Curculio* (*Le Charançon*) ?
196 Proclamation de la liberté de la Grèce (Jeux isthmiques).	*Persa* (*Le Persan*). *Mostellaria* (*La Comédie du fantôme*) ?

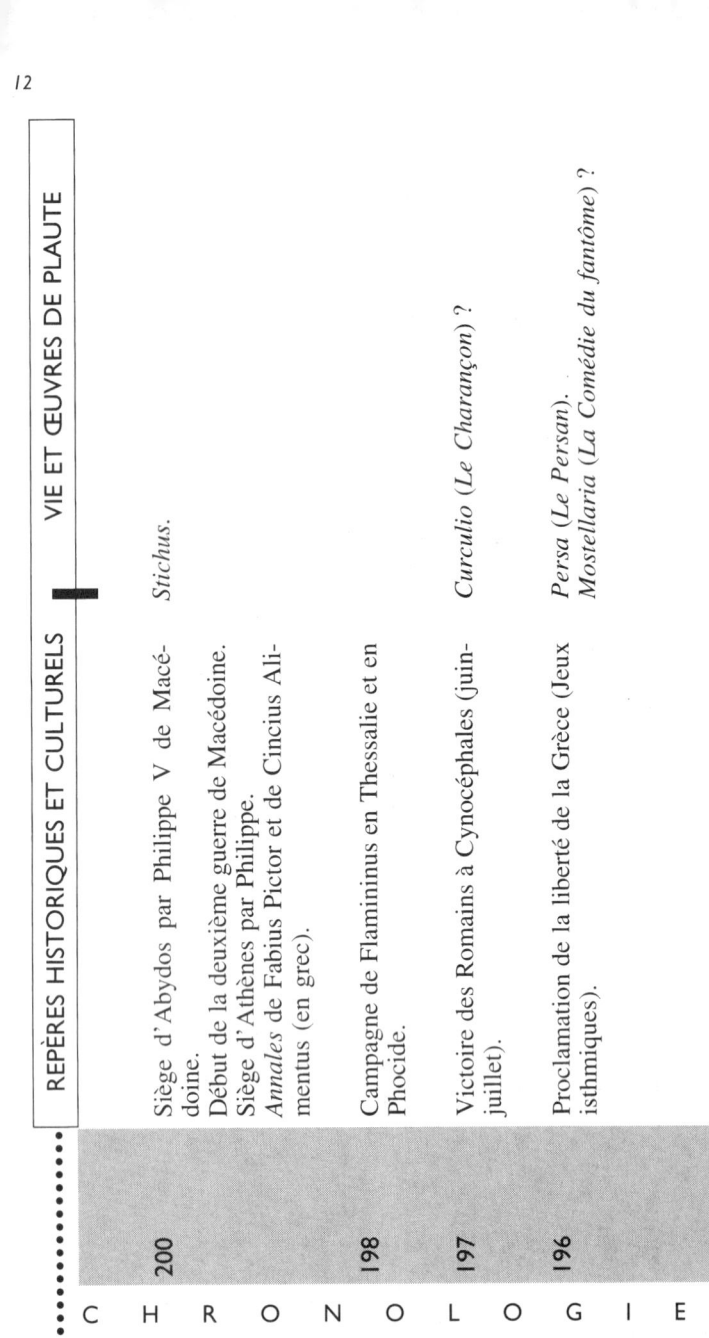

CHRONOLOGIE

195	Consulat de Caton. Abrogation de la loi Oppia restreignant le luxe des femmes malgré l'opposition de Caton.	
194		*Epidicus* ? Aulularia (*La Comédie de la marmite*) ?
193	Construction de l'Emporium, port de Rome.	
192	Déclaration de guerre à Antiochus de Syrie.	
191	Victoire des Romains à la bataille des Thermopyles. Institution des jeux mégalésiens en l'honneur de Cybèle.	*Pseudolus* (*Le Trompeur*).
189	Victoire des Romains à Magnésie du Sipyle. Siège d'Ambracie par Marcus Fluvius Nobilior.	

CHRONOLOGIE	REPÈRES HISTORIQUES ET CULTURELS	VIE ET ŒUVRES DE PLAUTE
190/189		*Captivi (Les Captifs).* *Bacchides (Les Bacchis).* *Pœnulus (Le Carthaginois).* *Truculentus (Le Brutal).* *Rudens (Le Câble).*
190/169	Tragédies, comédies et *Annales* (poème épique) d'Ennius.	
190/168	Comédies de Caecilius Statius.	
189/187		*Amphitryon.*
188	Temple d'Hercule et des Muses à Rome.	*Trinummus (Les Trois Écus).*
187	Mort d'Antiochus. Affaire des Bacchanales à Rome.	
186		*Casina (Les Tireurs de sorts)*

185	Naissance de Térence.	Mort de Plaute.
184	Censure de Caton.	
183	Mort d'Hannibal et de Scipion l'Africain.	
Vers 170/149	Tragédies de Pacuvius.	
168	Victoire des Romains sur Persée de Macédoine à Pydna. Fin de la troisième guerre de Macédoine.	
166/160	Comédies de Térence (166 *L'Andrienne*. 165 *La Belle-Mère* [*L'Hécyre*]. 163 *Le Bourreau de soi-même* [*Héautontimorouménos*] 161 *L'Eunuque. Le Phormion.* 160 *Les Adelphes*).	
159	Mort de Térence.	
Vers 150/120	*Togatae* (comédies à sujets romains) de Titinius et d'Afranius.	
140/86	Tragédies d'Accius.	

Présentation

Parmi les genres littéraires, le théâtre comique ou tragique offre une vaste galerie de types où peut puiser l'imaginaire collectif : de Phèdre à Cyrano en passant par Dom Juan, Alceste, Harpagon, longue est la liste de ces personnages associés à tel ou tel vice, à telle ou telle passion du commun des mortels. Il est cependant exceptionnel, dans l'histoire littéraire, qu'une même pièce ait donné naissance à deux types. Ce rare privilège appartient à l'*Amphitryon* de Plaute, l'une des pièces les plus mystérieuses, les plus ambiguës de son répertoire : le héros de cette comédie est devenu, surtout grâce à Molière, le type de l'hôte qui reçoit à sa table et offre à dîner [1]. Quant au « valet », l'esclave Sosie, il est, depuis l'adaptation de Rotrou en 1638, plus qu'un type, un véritable nom commun pour exprimer une parfaite ressemblance entre deux êtres, volant par là même la vedette à son maître dont le nom appartient à la langue la plus littéraire. À cette première originalité s'ajoute une autre particularité, celle d'être une comédie mythologique où, au couple humain constitué par Amphitryon et son esclave Sosie, se substitue le duo divin formé par Jupiter et Mercure : l'intrigue de cette pièce évoque les amours de Jupiter avec l'épouse d'Amphitryon et son dénouement est destiné à expliquer la naissance du grand héros justicier et civilisateur de l'Antiquité, Héraclès. *Amphitryon* de Plaute est une tragi-comédie. Il conviendra non seulement de souligner l'originalité de cette pièce dans le répertoire plautinien mais de marquer aussi combien elle s'inscrit

---

1. « Le véritable Amphitryon/Est l'Amphitryon où l'on dîne », selon Molière (*Amphitryon*, acte III, scène 5, v. 1703-1704). « Point, point d'Amphitryon où l'on ne dîne point » avait écrit Rotrou dans *Les Sosies* (acte IV, scène 2).

dans la tradition romaine et combien Plaute a accentué les aspects romains de sa propre élaboration. La singularité de cette pièce explique aussi sa destinée exceptionnelle : toujours jouée au Moyen Âge, elle a retenu à l'époque classique l'attention de Molière qui l'a adaptée pour faire une œuvre personnelle et, en notre siècle, Jean Giraudoux en a réactualisé les données, sous le titre *Amphitryon 38*.

UNE VIE D'AVENTURE ET DE THÉÂTRE

La comédie latine a connu son apogée dans la première moitié du IIe siècle avant notre ère avec les œuvres des deux auteurs qui l'ont illustrée aux yeux de la postérité, Plaute et Térence. L'histoire littéraire se plaît parfois à les opposer, distinguant le comique grossier du premier de l'esprit plus fin et élaboré du deuxième. Cependant, d'après le canon établi par les Anciens, Plaute n'occupait que la seconde place et Térence lui-même la sixième dans la hiérarchie des poètes comiques : la première place revenait à un Gaulois d'Italie du Nord venu à Rome vers 200 et mort en 166, qui avait composé un grand nombre de comédies, pour la plupart imitées de Ménandre, Caecilius Statius. Malheureusement, il subsiste à peine trois cents vers de son œuvre qui comptait une quarantaine de comédies.

Plaute fut un homme de théâtre au sens le plus riche du terme. Son nom même évoque l'art dramatique puisque le surnom Plautus désigne un homme « aux pieds plats », c'est-à-dire qui joue sans chaussure sur scène (ce qui était le cas dans les mimes), et la question de son identité évoque certains paradoxes que soulève Sosie dans *Amphitryon,* car on ignore si son nom était Maccus ou Maccius (Maccus désignant un bouffon dans la comédie campanienne dite atellane).

Plaute (Titus Maccius Plautus) a vécu à l'époque des deux premières guerres puniques puisqu'il est né à Sarsina, en Ombrie [1] en 254 av. J.-C. et il est mort en 184 av. J.-C., l'année où Caton exerça une célèbre censure. Il a donc été témoin de la victoire de Rome sur Carthage (202 av. J.-C.), une victoire qui assure aux Romains la maîtrise totale du bassin occidental de la Méditerranée. Mais cette époque est aussi celle où Rome s'ouvre aux courants de l'hellénisme, à l'art et à la civilisation grecs qui vont donner naissance à la littérature latine ; de fait, les premières productions romaines (*L'Odyssée* de Livius Andronicus, les tragédies de Naevius) sont très clairement adaptées des grandes œuvres de la littérature grecque [2]. Le goût des Romains pour le théâtre, et surtout pour la satire et la comédie, se confirme au contact de la Comédie Nouvelle attique, illustrée par Ménandre (mort en 290 av. J.-C.), Diphile et Philémon. Adaptée au répertoire latin, elle devient la *comœdia palliata*, la comédie en *pallium*, ainsi appelée parce que le sujet est grec et que les acteurs portent un manteau d'origine grecque. Ce genre va être illustré par Plaute. Les personnages d'*Amphitryon* sont grecs, l'action se situe à Thèbes, dans la ville où est né Hercule.

Si la vie de Plaute est mal connue, son théâtre nous éclaire sur sa personnalité. Il était d'une humble origine mais vraisemblablement de condition libre ; il quitta très jeune l'Ombrie – région pénétrée de culture étrusque et celtique, et soumise aux Romains depuis peu – pour se rendre à Rome. Il acquit une connaissance parfaite des ressources de la langue latine, apprit le grec et entra dans une troupe de comédiens dont il devait prendre la direction. Selon une certaine tradition, il aurait réussi au théâtre puis se serait ruiné dans des entre-

---

[1]. Les dates de la vie de Plaute peuvent être précisées d'après deux traités de Cicéron, *Brutus* (XV, 60), qui retrace l'histoire de l'éloquence à Rome, et le dialogue *Sur la vieillesse* (XIV, 50).
[2]. Sur l'ensemble de ces problèmes cf. P. Grimal, *Le Siècle des Scipions. Rome et l'hellénisme au temps des guerres puniques*, 2ᵉ éd., Paris, Aubier, 1975.

prises commerciales, notamment maritimes [1] : le Prologue d'*Amphitryon* évoque les problèmes du négoce à Rome, les dangers du commerce et le souci des gains et du profit [2]. Dans la dernière partie de sa vie, Plaute retrouve, comme on dit, les planches et redouble d'activité théâtrale : il devient auteur, directeur de troupe, entrepreneur de spectacles, connaît la gloire dans la décennie 200-190, à un moment où les jeux publics et privés se multiplient ainsi que les occasions de spectacle. Son activité se poursuit jusqu'en 184, année de sa mort. Plaute a donc connu tous les aspects de l'univers théâtral, depuis le métier de comédien jusqu'à celui d'auteur dramatique (*pœta*), en passant par ceux de technicien accessoiriste (*choragus*) et de régisseur de troupe (*dominus gregis*). Il a composé près de cent trente comédies : seules vingt et une ont été reconnues comme authentiques et conservées par la tradition (sauf une, la *Vidularia*, *La Comédie de la valise*, aujourd'hui perdue). Ces pièces sont empruntées aux auteurs grecs de la Comédie Moyenne (Antiphane) ou Nouvelle (Philémon, Diphile, Ménandre) : le théâtre de Plaute est donc une œuvre d'imitation. Les pièces de Plaute s'offrent à nous sous une grande variété. On y trouve des farces populaires comme l'*Asinaria* (*La Comédie aux ânes*), des comédies d'intrigue comme la *Mostellaria* (*La Comédie du fantôme*), les *Ménechmes*, le *Miles gloriosus* (*Le Soldat fanfaron*), le *Pseudolus* (*Le Trompeur*), des comédies dramatiques comme les *Captivi* (*Les Captifs*), le *Rudens* (*Le Câble*), des comédies de caractère comme l'*Aululuria* (*La Comédie de la marmite*), le *Trinummus* (*Les Trois Écus*). Toutes les formes du comique sont représentés dans le

---

1 Aulu-Gelle, *Nuits attiques*, III, 3, 14.
2. Selon A. Arcellaschi, Plaute aurait affronté les dangers de la navigation et voyagé (« Plaute dans Plaute », *Vita Latina*, n° 77, 1980, p 25). Selon Aulu-Gelle, Plaute, ruiné, aurait loué ses services à un boulanger et fait tourner des meules à bras (Aulu-Gelle, *Nuits attiques*, III, 3, 14).

répertoire plautinien. L'*Amphitryon* occupe une place particulière dans cette production : selon Plaute lui-même, qui fournit des explications dans le Prologue, il s'agit d'une tragi-comédie, parce qu'elle met en scène des aventures où se trouvent mêlés des hommes et des dieux. Les quiproquos reposent sur la volonté de Jupiter qui conduit l'intrigue : pour séduire Alcmène, le dieu a pris les traits de son mari Amphitryon, tandis que Mercure a pris l'apparence de son esclave Sosie. Le caractère exceptionnel de ce canevas constitue une difficulté supplémentaire pour la datation de la pièce.

AMPHITRYON :
DATE ET CONTEXTE POLITIQUE

Au temps de Plaute, les représentations théâtrales avaient lieu chaque année à l'occasion de Jeux célébrés en l'honneur des dieux : Jeux romains (*Ludi Romani*, aux ides de septembre, en l'honneur de Jupiter) ; Jeux plébéiens (aux ides de novembre, en l'honneur de Jupiter, annuels depuis la deuxième guerre punique) ; Jeux apollinaires (institués en 212 en l'honneur d'Apollon, du 6 au 13 juillet), Jeux mégalésiens (en l'honneur de Cybèle, du 4 au 10 avril, annuels depuis 191). Les Jeux floraux (en l'honneur de Flore, du 28 avril au 3 mai) institués en 238 av. J.-C. ne seront réguliers qu'à partir de 173. En outre des représentations pouvaient avoir lieu à l'occasion de Jeux votifs donnés par un magistrat (pour rendre grâces aux dieux), des Jeux triomphaux (offerts par un général vainqueur), des Jeux funèbres (offerts à l'occasion des funérailles d'un grand personnage). On ne sait pas en quelle occasion fut donné l'*Amphitryon* de Plaute : la présence de Jupiter peut faire penser aux Jeux romains ou plébéiens, mais sans certitude : l'importance du thème de la victoire d'Amphitryon sur les Téléboens suggère un rapprochement avec des Jeux votifs ou triomphaux.

Rien ne permet de trancher, d'autant qu'on ne connaît pas l'année de représentation.

La datation des comédies de Plaute a donné lieu à diverses hypothèses en l'absence de données objectives [1]. Les seules indications précises, relevées en particulier dans les didascalies de la tradition manuscrite, concernent deux pièces sur l'ensemble de vingt et une œuvres recensées : le *Stichus* est daté de 200 et le *Pseudolus* de 191. L'*Asinaria* pourrait être une des plus anciennes créations plautiniennes s'il est vrai que le vers 124 désigne le jeune Publius Cornelius Scipion, le futur vainqueur d'Hannibal qui exerçait cette année-là l'édilité curule : elle daterait de 212. On peut distinguer les pièces du début écrites à la fin du IIIe siècle (*Asinaria, Mercator, Miles gloriosus, Cistellaria*), celles du milieu de la carrière de Plaute (*Stichus, Aulularia, Curculio*), et celles de la fin de sa vie (*Pseudolus, Bacchides, Casina*). Pour proposer une chronologie, on se fonde généralement sur les références à des événements contemporains que Plaute aurait insérées dans ses comédies, ou sur des critères internes, essentiellement sur l'importance des parties lyriques, le chant prenant de plus en plus de place dans les compositions avec la maturité du poète. La date d'*Amphitryon* se situe dans la période 207-186 av. J.-C.

Les références à des victoires romaines à travers les campagnes d'Amphitryon et les bulletins de victoire sous forme de récits épiques de Sosie ouvrent plusieurs pistes sans qu'on puisse en privilégier une : s'agit-il de la bataille de Métaure qui mit fin en 207 aux espoirs carthaginois en Italie par l'arrêt porté aux troupes d'Hasdrubal venues

---

1. Sur cette question, demeure fondamentale l'étude de K. H. E. Schutter, *Quibus annis comœdiae Plautinae actae sint quaeritur*, Groningue, 1952. Cf. aussi A. de Lorenzi, *Cronologia ed evoluzione plautina* (*Quaderni Filologici* V), Naples, 1952. Schutter date *Amphitryon* de 206, A. de Lorenzi propose l'année 201 av. J.-C.

appuyer Hannibal ? S'agit-il de la victoire de Scipion à Zama en Afrique en 202, victoire qui mit un terme à la deuxième guerre punique [1] et fut suivie d'un traité de paix en 201 ? Les allusions à la prospérité économique et à la puissance militaire de Rome nous semblent se référer moins à la conclusion de la deuxième guerre punique qu'aux conquêtes qui ont marqué le début d'une politique impérialiste en Grèce et en Orient dans la première décennie du IIe siècle avant notre ère : en 197 Philippe V de Macédoine est vaincu à Cynocéphales ; Antiochus III de Syrie est battu en 191 à la bataille des Thermopyles et, deux ans après, en 189, à Magnésie du Sipyle. Les bulletins de victoires et les récits de batailles qui émaillent la pièce devaient faire vibrer le patriotisme des spectateurs romains.

Si l'on tient compte de ces faits historiques et de l'importance des parties chantées (*cantica*), on s'oriente pour *Amphitryon* vers une datation tardive, vers une production correspondant à la maturité créatrice et à la fin de la vie du dramaturge. L'un des éditeurs anglais d'*Amphitryon,* W. B. Sedgwick [2] définit ainsi un groupe de comédies rassemblant, pour les années 191-189, le *Pseudolus, Les Captifs,* le *Rudens,* les *Bacchis* et le *Truculentus,* cette dernière pièce étant, selon Cicéron [3], une production tardive de l'auteur. Les plaintes d'Alcmène dans *Amphitryon* (v. 633-653) font écho à celles de la servante Palestra dans le *Rudens* (v. 187-194). Ainsi W. B. Sedgwick, dans son édition d'*Amphitryon,* propose la chronologie suivante : 191 pour *Les Captifs,* 190 pour le *Rudens,* 189 pour *Amphitryon* et le *Truculentus.*

---

1. P. Grimal dans son édition (Plaute, Térence, *Œuvres complètes*, Paris, Gallimard, Bibliothèque de la Pléiade, 1971, p. XI) hésite entre les deux victoires du Métaure et de Zama. La pièce daterait de la fin du IIIe siècle av. J.-C.
2. W. B. Sedgwick, *Plautus, Amphitruo,* Manchester, 1960, p. 2 et p. 62.
3. Cicéron, *De la vieillesse,* XIV, 50.

W. B. Sedgwick élargit son analyse à un autre critère de datation que l'on peut trouver dans les vers 91-92 d'*Amphitryon* où Mercure rappelle aux spectateurs que, sur la même scène, l'année précédente, les acteurs invoquèrent l'assistance de Jupiter qui leur prêta une aide secourable. Or, dans le *Rudens* au début du premier acte (v. 86), un esclave, Scéparnion, fait allusion à une tragédie d'Euripide intitulée *Alcmène* : dans cette pièce, Jupiter intervient, comme le voulait une certaine tradition, pour empêcher Amphitryon de faire périr sa femme sur un bûcher et provoque un violent orage pour éteindre le feu (voir le chapitre 2 du dossier). Il pourrait s'agir d'une allusion à une tragédie à sujet grec d'un auteur latin, Ennius, qui aurait pu faire jouer en 191 ou 190 une *Alcumena*.

A. Arcellaschi [1] voit plutôt dans cette référence à Jupiter une allusion à une autre tragédie d'Ennius, une tragédie à sujet romain, une « prétexte » intitulée *Ambracie*. Lors de sa campagne en Étolie, Marcus Fulvius Nobilior avait emmené avec lui le poète Ennius pour qu'il fasse le récit de ses exploits. En 189, Fulvius Nobilior s'empara de la ville d'Ambracie et Ennius porta l'événement à la scène, vraisemblablement l'année suivante. *Amphitryon* pourrait donc être, comme l'*Ambracie* d'Ennius [2], une œuvre de circonstance, ou de commande, destinée à célébrer la gloire de Fulvius Nobilior. Il existe en effet des indices concordants entre la campagne

---

1. A. Arcellaschi, « *Amphitryon 187* ou influences pythagoriciennes sur l'*Amphitryon* de Plaute », *Revue des études latines*, n° 60, 1982, p. 128-138. Cf. H. Janne, « L'*Amphitryon* de Plaute et M. Fulvius Nobilior », *Revue belge de Philologie*, n° 34, 1953, p. 515-531.
2. Le grammairien Nonius Marcellus nous a conservé quatre citations de l'*Ambracie* d'Ennius, soit un total de cinq vers incomplets seulement. On connaît une autre prétexte d'Ennius consacrée à l'Enlèvement des Sabines. Le chant XV du grand poème épique d'Ennius, les *Annales*, était consacré aux campagnes de Marcus Fulvius Nobilior en Étolie.

d'Amphitryon et celle de Fulvius Nobilior : Ambracie se trouve sur un fleuve navigable dans une région située au nord-ouest de la Grèce. Or les Téléboens habitent cette région selon les récits mythiques et il est question dans la pièce d'un port persique (v. 404, 412, 823), détail de géographie fantaisiste qui pourrait rappeler qu'Amphitryon et Hercule sont des Perséides, des descendants de Persée.

Amphitryon aurait donc pu être joué à l'occasion de Jeux votifs en l'honneur de Jupiter (promis par Fulvius Nobilior avant la bataille finale) ou à l'occasion du triomphe du général vainqueur. Il existe par ailleurs un lien religieux entre le général et Hercule. En 187, Marcus Fulvius Nobilior fit élever, entre le Circus Flaminius et le Tibre, le temple conjoint d'Hercule et des Muses – ou Hercule Musagète – où l'on pouvait admirer la statue d'Hercule jouant de la lyre et celles des neuf Muses, en terre cuite, œuvre de Zeuxis (Pline, *Histoire naturelle*, XXXV, 66). L'inauguration du temple eut lieu au cours des cérémonies triomphales de l'année 187 (cf. Tite-Live, *Histoire romaine*, XXXIX, 4-5).

Un autre argument en faveur des années 189/186 est à chercher dans les vers 702-705 où Mercure fait allusion à une bacchante en plein délire bachique pour décrire les propos incompréhensibles d'Alcmène. Or les cultes dionysiaques se sont répandus en Italie et leurs rites ont suscité un scandale et une crise politique sans précédent qui éclate en 186, nécessite l'intervention du pouvoir et du Sénat et aboutit à l'interdiction de telles pratiques religieuses fondées sur des rites initiatiques et des secrets promettant la félicité après la mort. Tite-Live, dans le livre XXXIX (chap. 8-19) de son *Histoire romaine*, a laissé un récit romanesque et dramatique de cet épisode et le sénatus-consulte qui interdit et réglementa les Bacchanales nous est connu par un texte épigraphique en latin archaïque gravé sur une table de bronze [1]. Comme dans la pièce des *Bacchis* où deux jeunes et jolies filles se montraient fort expertes dans l'art de séduire les hommes (leur nom évoque inévitablement les bacchantes déchaînées), Plaute dans l'*Amphitryon* peut encore faire rire aux dépens de ceux qui fréquentent ce genre de sectes en marge de la religion romaine officielle. Les allusions aux bacchantes émaillent le théâtre plautinien depuis le *Miles gloriosus* (environ 206) jusqu'à la *Casina* (environ 185) où, au vers 980, il est fait mention de leur disparition. Aussi A. Arcellaschi estime-t-il que les *Bacchis* peuvent être datés des années 189-188 et *Amphitryon*, immédiatement après, de l'année 187.

Un dernier argument en faveur de la période 189/186 peut être tiré du contexte historique : la famille des Scipions est alors au premier plan de l'actualité et domine la vie politique, non sans s'exposer à de graves attaques. Lucius Scipion, vainqueur d'Antiochus, est menacé d'un procès. Les vers du Prologue où Mercure met en cause la brigue (v. 69-78) peuvent le viser, tout comme Fulvius Nobilior, vainqueur des Ambraciotes, Manlius Vulso, vainqueur des Galates, et surtout le vainqueur de Zama, Scipion l'Africain, auréolé d'une gloire encore bien supérieure [2]. On a pu voir dans le vers qui oppose la valeur à la brigue une allusion à l'affaire des éloges des Scipions : vers 200, les Scipions avaient fait regraver en vers les épitaphes de leurs aïeux sur les sarcophages de leur tombeau familial, non sans y ajouter une part d'exagération épique. Le thème de la filiation jovienne est aussi à mettre en rapport avec Scipion l'Africain : sa mère se serait vantée de l'avoir conçu des œuvres de Jupiter. La figure légendaire

---

1. J.-M. Pailler, *Bacchanalia. La répression de 186 à Rome et en Italie*, Rome, 1988.
2. G. K. Galinski, « Scipionic Themes in Plautus Amphitruo », *Transactions and Proceedings of the American Philological Association 97*, 1966, p 203-235

d'Hercule évoque la figure historique de Scipion. La pièce de Plaute prend alors une nouvelle résonance : « À un moment où Scipion, toujours à se targuer du mythe de sa filiation jovienne, voit se fissurer, sous les coups de ses ennemis politiques, la forteresse de sa carrière, cette leçon de modestie résonne comme un avertissement aux oreilles des spectateurs et fait écho aux critiques formulées par Caton contre la gloriole exhibitionniste des *imperatores,* notamment dans ses *Origines* où il prônait et pratiquait une histoire unitaire de l'Italie, au mépris de la mégalomanie des *gentes* aristocratiques et de leur culte ancestral déformant, au point de signaler les grandes victoires de Rome sans jamais nommer les généraux vainqueurs [1]. » De fait, l'année 187 est marquée par des procès intentés à Scipion l'Africain et à son frère Publius : le vainqueur d'Hannibal préférera se retirer à Literne où il mourra quatre ans plus tard. Les critères internes, les allusions politiques et religieuses, l'atmosphère générale d'*Amphitryon* conduisent donc à placer la représentation de la comédie dans les années 189/186, sans qu'il soit possible de choisir une date plus précise, comme le triomphe de Fulvius Nobilior en 187.

STRUCTURES DE LA TRAGI-COMÉDIE

L'*Amphitryon* tel qu'il nous est parvenu compte 1146 vers, ce qui en fait une comédie de longueur moyenne : la plus courte, *Curculio*, n'a que 729 vers, les plus longues dépassent 1400 vers (1437 dans le *Miles gloriosus*, 1423 dans le *Rudens*). Malheureusement, la tradition manuscrite a perdu environ trois cents vers constituant la plus grande partie du quatrième acte dont seuls une vingtaine de fragments nous ont été restitués par la tradition indirecte, en particulier par un grammairien,

---

1. Cl. Pansiéri, *Plaute et Rome ou les ambiguïtés d'un marginal,* Bruxelles, 1997, p. 384

Nonius Marcellus. Le philologue Louis Havet a estimé la lacune à 272 vers : la pièce atteindrait ainsi 1418 vers et compterait parmi les plus longues du répertoire plautinien.

Les éditeurs de Plaute distinguent cinq actes pour chaque pièce, mais cette distribution traditionnelle, absente des manuscrits, n'a été établie qu'au début du XVIe siècle dans une édition parue à Bologne en 1500 par l'humaniste J.-B. Pius, qui s'est appuyé sur le travail accompli au IVe siècle par le grammairien latin Donat pour le texte de Térence. Le principe d'une division en actes a dominé à partir du moment où les chœurs, avec la Comédie Moyenne et Nouvelle, ont été éliminés. L'*Art poétique* d'Horace [1] pose le principe d'une division en actes (cinq sont recommandés) dont il a trouvé les fondements dans Varron, qui lui-même avait puisé sa doctrine chez les critiques alexandrins. Les manuscrits ne présentent qu'une succession de scènes séparées entre elles par des interscènes où sont énumérés avec plus ou moins de précision les personnages, sans aucune indication d'entracte. La comédie grecque, à l'origine, s'ouvrait sur un prologue exposant le thème de l'action, prologue que l'on retrouve dans la comédie latine. Il est suivi de l'entrée en scène de vingt-quatre choreutes vêtus d'accoutrements fantaisistes. La comédie grecque comportait ensuite un certain nombre de scènes alternant avec des chants du chœur et s'achevait sur un *exodos*, dénouement brillant et animé. Entre les scènes s'insérait un violent débat opposant deux personnages (l'*agôn*) et, au milieu de la pièce, une parabase, sorte d'intermède récité par le chef de chœur (coryphée) dans lequel l'auteur exprimait avec force ses revendications et ses critiques, personnelles ou politiques. On retrouve dans la comédie latine

---

1. Horace, *Épître aux Pisons*, v. 189-192. Cf. A Freté, *Essai sur la structure dramatique des comédies de Plaute*, Paris, Les Belles Lettres, 1930.

l'alternance de parties chantées ou récitées (*cantica*) et de dialogues (*diverbia*), mais ce sont les mêmes acteurs qui passent du chant au dialogue en fonction des exigences dramatiques et du rythme imprimé par l'auteur. Le chœur a disparu.

Amphitryon compte quatre personnages principaux : le duo divin Jupiter-Mercure et le couple humain Amphitryon-Alcmène ; Sosie, l'esclave, forme un duo avec Amphitryon. Deux personnages n'ont qu'un rôle secondaire, le pilote Blépharon et Bromie, qui est une servante d'Amphitryon. Une servante d'Alcmène, Thessala, est cantonnée dans un rôle muet : elle remet à Alcmène la coupe de Ptérélas qu'elle va chercher à l'intérieur du palais d'Amphitryon. Cette coupe, mystérieusement enfermée dans une cassette scellée, joue elle-même un rôle dans la comédie. Le nom de Thessala évoque la Thessalie, le pays des sorcières, et la disparition de la coupe relève de la sorcellerie.

On peut reconnaître à travers ces personnages des emplois types de la comédie [1], comme nous y invitent, par exemple, les noms mêmes de Bromie, pour la servante (se rattachant à une racine grecque signifiant « gronder, crier »), et de Blépharon pour le pilote (en rapport avec le verbe *blepô* qui implique l'idée de garder les yeux fixés sur quelque chose). Le personnage de Bromie, proche de sa maîtresse, une femme libre, correspond à celui de la vieille femme ou de la nourrice. Alcmène, objet des désirs de Jupiter, représente la *virgo*, la jeune femme convoitée. Jupiter tient le rôle de l'*adulescens*, le jeune homme amoureux, Amphitryon celui du *senex* (il est ainsi qualifié au vers 1077), qui constitue un obstacle à la réalisation du désir. Sosie est le *servus* du *senex*, Mercure celui de l'*adulescens*. La pièce met donc en scène sept personnages, sans compter Thessala (à titre d'exemple, on recense dix personnages dans le

---

[1] Cf F. Dupont, *Le Théâtre latin*, Paris, Armand Colin, coll. « Cursus », 1988, p. 111-126.

Curculio, huit dans la *Casina*). La pièce est précédée de deux arguments qui résument le sujet, en sénaires iambiques ; le second de ces arguments se présente sous la forme d'un acrostiche, la première lettre des dix vers formant le nom d'Amphitryon.

Si l'on peut retrouver dans cette pièce les personnages types de la comédie, ceux-ci n'évoluent pas dans une intrigue traditionnelle ni selon le canevas habituel de la comédie : pas de jeunes cherchant à gruger leurs pères durs en affaires ; pas de barbon amoureux ; pas de reconnaissance heureuse à la fin de la pièce ni de péripétie particulière. Jupiter a gagné d'avance, la partie est inégale entre les dieux et les hommes. Quand la pièce débute, le roi des dieux a déjà obtenu les faveurs d'Alcmène, puisque celle-ci le confond avec son mari. Le seul problème pour Mercure, fils dévoué dans le rôle de l'esclave non moins dévoué, est de favoriser le déroulement de cette nuit d'amour en écartant les éventuels importuns comme Sosie ou Amphitryon lui-même. La comédie se construit sur une série de quiproquos qui vont amener les époux, dont l'union est exemplaire, à douter de leur fidélité et même de leur propre identité, jusqu'à ce que l'intervention de Jupiter rétablisse la bonne entente. Il n'y a pas d'intrigue à proprement parler. En dehors de quelques scènes menées sur le rythme endiablé de la farce populaire (affrontement entre Mercure et Sosie ou entre Amphitryon et Sosie), l'atmosphère est comparable à celle d'un drame bourgeois dominé par une matrone aimante et fidèle, Alcmène. La comédie s'inscrit dans le cycle de la naissance d'Hercule, racontée à la fin de la pièce. Il s'agit de faire admettre à Amphitryon le principe d'une fausse paternité ; la présence de Jupiter sur terre est nécessaire à la naissance du héros qui sera divinisé à sa mort. À la fin de la pièce, Jupiter a pu se livrer à ses amours avec Alcmène cependant que le mari a accepté sa condition ; selon une définition avancée par Ch. Mauron, le principe de plaisir triomphe sur le principe de réalité [1]. Certains ont même expliqué le succès d'*Amphitryon* par la critique de cette valeur fondamentale de la société romaine qu'est la chasteté conjugale [2]. Selon un schéma proposé par Florence Dupont, la comédie évolue d'un état initial à un état final à travers un certain nombre de séquences comiques qui peuvent être des entrées de rôle (Sosie en esclave couard, Mercure arrivant en courant, Amphitryon en vieillard en colère, Bromie qui se lamente...), des duos ou des duels entre deux personnages. On peut définir dans l'architecture de la pièce trois mouvements se déroulant à travers les cinq actes traditionnels [3].

Amphitryon s'ouvre par le plus long prologue du théâtre plautinien, qui ne compte pas moins de 152 vers, débité par l'un des personnages de la pièce, le dieu Mercure. La longueur des explications, leur lourdeur même, s'expliquent en partie par la nouveauté de cette pièce, qui est présentée comme une tragi-comédie, en partie aussi par la nature de l'imbroglio fondé sur une substitution de personnes et la confrontation des Sosies. Le premier acte de la comédie expose tous les éléments de la « farce divine » qui se joue sous nos yeux (v. 153-550). Deux monologues de Sosie et de Mercure nuisent un peu à la rapidité de l'exposition, surtout le premier (v. 186-262) qui semble d'une longueur interminable, justifiée par la parodie d'un récit de bataille qui devait être du goût des Romains (victoire d'Amphitryon sur les Téléboens). Le monologue de Mercure constitue en fait la deuxième scène et reprend les explications du Prologue sans apporter de réelles nouveautés. Mais les scènes 1 et 3 soulignent les deux aspects de la

---

1 Ch. Mauron, *Psychocritique du genre comique : Aristophane, Plaute, Térence Molière*, Paris, Corti, 1985, p. 77-107.
2. E. W. Segal, « Perchè Amphitruo », *Dioniso*, n° 46, 1975, p. 247-267.
3. B. A. Taladoire, *Essai sur le comique de Plaute*, Monaco, 1956, p 87-92.

comédie : la farce bouffonne dans le face à face Sosie-Mercure et le drame bourgeois en contrepoint à travers l'entrevue entre Alcmène et Jupiter.

La première scène se laisse décomposer en deux temps : un double aparté commence au vers 263 au cours duquel Sosie renvoie au public, sous forme de bouffonnerie, chaque intervention de Mercure. Le face à face véritable se produit au v. 341 et le ton monte jusqu'à la bastonnade administrée par Mercure à Sosie (v. 372). Il est décidément bien difficile pour Sosie d'admettre qu'il n'est pas lui-même, surtout quand Mercure lui décrit par le détail ce qu'il a fait pendant la bataille, sous la tente, et qui n'a rien d'héroïque. Quoi qu'il en soit, Sosie ne peut rentrer chez Alcmène et il repart sans avoir accompli sa mission, doutant de sa propre identité. La scène 3, après le monologue de Mercure, est une scène d'explication conjugale entre Jupiter et Alcmène. Le faux mari doit justifier son départ précipité et affronter les tendres reproches de son « épouse d'emprunt ». À la finesse de l'observation psychologique s'ajoutent les éléments de l'intrigue et de la duperie, à travers la « coupe de Ptérélas », trophée d'Amphitryon que l'amant divin laisse en cadeau à Alcmène. Les interventions comiques de Mercure viennent interrompre les moments où le marivaudage risque de gagner en émotion. À la fin de l'acte I, le jour se lève. Intervient alors une pause.

L'acte II s'ouvre par l'entrée en scène d'Amphitryon dont l'arrivée est impatiemment attendue : cet acte sera le sien. Le second mouvement de la pièce, qui correspond à ce deuxième acte (v. 551-860), va voir s'équilibrer harmonieusement la farce et la comédie bourgeoise. La première scène met face à face le maître et l'esclave : l'imbroglio s'accentue et la farce va peu à peu se muer en intrigue savamment élaborée. Alcmène apparaît (scène 2) dans le rôle de l'amante abandonnée (v. 633-653) et un double aparté conduit progressivement à la rencontre entre les deux époux : la scène entre le mari et la femme (qui reprend sur le mode mineur la scène entre le maître et l'esclave) va accentuer le quiproquo, creuser le fossé de l'incompréhension entre les deux personnages. Sosie n'est plus le seul à avoir perdu la raison ! Amphitryon doute lui-même et les trois personnages ont l'impression de vivre un rêve éveillé. Le paroxysme de la confusion est atteint quand Alcmène fait apporter par sa servante la fameuse coupe de Ptérélas qui n'est plus dans le coffret d'Amphitryon. C'est de la sorcellerie. Mais la scène ne s'arrête pas là. L'allusion à un baiser et à une nuit au lit jette le trouble dans l'esprit d'Amphitryon en lui inspirant le sentiment de la jalousie et le soupçon d'une éventuelle infidélité. La logique de la jalousie provoque une véritable scène de ménage (v. 815-842) où les deux époux protestent chacun de leur bonne foi, non sans prendre à témoin le malheureux Sosie. L'intrigue est nouée et le second mouvement s'achève dans l'attente (un second entracte est encore plausible à cet endroit).

Un troisième mouvement (v. 861-1146) va mener la pièce à son dénouement à travers les trois derniers actes (en tenant compte de la lacune déjà signalée). Dans une sorte de second Prologue, Jupiter fait le point de la situation (scène 1, v. 861-881). Il laisse attendre un redoublement de confusion, ce qui ne peut que séduire le spectateur, mais son intervention, destinée à bien faire distinguer par le public les deux Amphitryons, ne fait que ralentir une intrigue bien nouée et amorcée. La scène suivante (scène 2) est une scène de dépit amoureux entre Jupiter et Alcmène : le faux Amphitryon cherche à se justifier et à se faire pardonner les soupçons qu'il a pu formuler sur la vertu de sa femme ; Alcmène n'en demeure pas moins irréductible et, insensible, elle se drape dans sa dignité de femme bafouée et injustement soupçonnée mais finit par s'incliner devant tant de témoignages d'affection. Décidément Jupiter prend goût à son rôle d'amoureux et de séducteur. La réconciliation a donc eu lieu entre le dieu et la mortelle, mais les spectateurs attendent toujours la grande scène qui doit confronter les deux Amphitryons. Jupiter expédie Sosie (scène 3, v. 956-983) à la recherche de Blépharon, le pilote du navire. L'arrivée de Mercure (scène 4, v. 984-1008) courant, gesticulant, dans la scène classique de l'esclave courant (*servus currens*) laisse présager de nouvelles déconvenues pour Amphitryon et Sosie. Effectivement, le véritable Amphitryon revient accablé (acte IV, scène 1, v. 1009-1020), pour se jeter dans le piège qu'on lui tend [1]. Il se heurte d'abord à Mercure (scène 2, v. 1021-1034) qui joue les ivrognes. Une lacune intervient dans ce qui devait constituer le « clou » de la pièce (on trouvera le détail des fragments dans le cours du texte). Le pauvre Amphitryon devait être malmené tour à tour par Alcmène et par Jupiter dans une succession de scènes à tiroirs de type vaudevillesque. L'imbroglio atteignait son point culminant dans une atmosphère de folie générale. Au moment où Amphitryon, dans le rôle du « cocu battu », va entrer dans une rage folle pour tout détruire, l'arrivée de la servante Bromie (qui marquerait le début de l'acte V) interrompt le mouvement par un récit de ton héroïque expliquant le prodige de la naissance des jumeaux, le propre fils d'Amphitryon, Iphiclès, et le héros divin, fils de Jupiter, Héraclès. Intervient enfin (scène 2), après s'être fait quelque peu attendre, le roi des dieux en personne, dans un fracas de tonnerre et d'éclairs, qui explique tout à Amphitryon sur sa

---

1. Nous suivons la division adoptée par la plupart des éditeurs (cf. éd. Lindsay dans la coll. « Oxford Classical Texts », parue à Oxford en 1903, 2ᵉ éd. 1910) et plaçons l'acte IV après la scène du *servus currens* au moment où Amphitryon doit revenir A. Ernout, suivi par P. Grimal, place l'acte IV après la coupure de la traduction manuscrite et l'insertion des fragments. Une pause peut correspondre à l'attente d'Amphitryon et au temps nécessaire à Mercure pour prendre position et accéder au niveau supérieur.

paternité et sur l'honnêteté de sa femme : la naissance d'Hercule annonce de futurs exploits. Amphitryon se satisfait de ce partage divin et les spectateurs peuvent applaudir à l'heureux dénouement : malgré la présence de Jupiter, il s'agissait bien d'une comédie.

À côté des cinq actes et trois mouvements définis par B. A. Taladoire, on peut aussi discerner un certain nombre de séquences à partir des entrées de rôle et des duels qui les suivent, tels que les conçoit F. Dupont. Les séquences pourraient être au nombre de cinq, marquées par un passage du désordre initial à l'ordre final. Les deux premiers mouvements voient s'installer un état de désordre affectant esclaves (v. 153-498) et maîtres (v. 499-881) ; puis le calme paraît revenu, de manière illusoire, entre Alcmène et le faux Amphitryon (v. 882-983) ; le point culminant est le désordre général du quatrième mouvement (v. 984-1052) et tout rentre dans l'ordre après l'arrivée de Bromie et l'intervention de Jupiter (v. 1053-1143).

La pièce est construite sur une alternance entre les scènes de comédie discrète dominées par la tendre figure d'Alcmène, épouse atteinte dans son honneur par les soupçons de son mari, et les scènes franchement burlesques opposant Mercure à Sosie ou à Amphitryon. Molière réussira à mieux préserver l'équilibre de l'ensemble en opposant le couple Sosie-Cléanthis au couple des maîtres et en ménageant une plus subtile alternance. Plaute a peut-être eu le tort de multiplier, pour éclairer un public peu averti, les interventions de Jupiter, qui fournit à trois reprises des explications (v. 546-550 ; 861-881 ; 976-983). Le chassé-croisé des deux Amphitryons autour d'Alcmène perd ainsi quelque peu de sa valeur comique.

Emportée par l'élan du burlesque et de la farce, la pièce présente un défaut d'unité dans la mesure où elle combine le double sujet des amours de Jupiter et de la naissance d'Hercule. Est-ce le résultat de la combinaison, de l'élaboration que l'on appelle la *contaminatio*[1] ? En fait, les chercheurs ne sont pas parvenus à définir la source d'*Amphitryon* (voir le chapitre 1 du dossier) : Comédie Nouvelle ? Comédie Moyenne ? Phlyaque de Rhinthon ? Les problèmes de convention n'étaient pas au cœur des préoccupations de Plaute : ainsi les données de la chronologie et de la géographie (unités de lieu et de temps) sont-elles soumises à sa libre fantaisie. Amphitryon et Sosie sont censés avoir accosté à Thèbes, ville située à l'intérieur des terres, et les personnages effectuent des trajets entre le port et le palais d'Amphitryon. Il est aussi question à trois reprises (v. 404, 412, 823) d'un port persique : s'agit-il d'un port où les Perses auraient fait escale à l'époque des guerres médiques ? Les Téléboens contre qui Amphitryon mène la guerre sont un peuple de l'Acarnanie qui est une partie de l'Épire au nord-ouest de la Grèce : aussi a-t-on pu suggérer un rapprochement entre le port persique en question et Ambracie, ville où en 189 Marcus Fulvius Nobilior a remporté une victoire. La pièce demeure tout aussi imprécise sur les données temporelles : quelle est la longueur de la nuit qui a favorisé les amours de Jupiter et d'Alcmène ? Plus graves encore sont les problèmes liés à la conception d'Héraclès : la comédie semble établir un lien improbable sur le plan rationnel entre cette nuit d'amour et la naissance du héros. Mais il faut supposer une visite antérieure pour la conception d'Hercule, cadet d'Iphiclès, le fils d'Amphitryon, conçu lui-même avant le départ d'Amphitryon pour son expédition contre les Téléboens. Mercure, resté seul après le départ de Sosie, précise lui-même que la grossesse d'Alcmène compte dix mois (lunaires) pour la conception d'Iphiclès, sept seulement pour celle d'Hercule (v. 479-485).

---

1. La plupart des pièces ont été supposées être le fruit d'une *contaminatio*, à l'exception de l'*Asinaria*, la *Cistellaria*, la *Mostellaria* et des *Ménechmes*.

Ces imprécisions, voire ces incohérences, n'étaient pas, aux yeux de Plaute, de nature à nuire au plaisir du spectateur. Pas plus qu'une autre comédie, *Amphitryon* n'obéit à des exigences rationnelles : la pièce est une fable mythologique qui fait rêver et divertit le spectateur ; tout autant que le maître des dieux, le dramaturge est un véritable démiurge qui peut tout soumettre à sa fantaisie, à son bon plaisir.

DIALOGUE, RÉCITATIF ET CHANT

La comédie latine, qui devait ressembler plus à nos opéras bouffes qu'à nos comédies classiques, comprend, dans des proportions variables laissées à l'inspiration du dramaturge, des parties dialoguées et des parties chantées avec accompagnement musical : ainsi s'opposent les *diverbia* et les *cantica*. Les *diverbia*, écrits en sénaires iambiques [1], sont des scènes parlées, fondées sur le seul échange de répliques. Deux catégories de scènes constituent les *cantica* : d'une part, les scènes écrites en septénaires (iambiques ou trochaïques [2]) ou en octonaires (iambiques) qui sont des scènes déclamées avec accompagnement de la flûte (*cantica* à rythme constant appartenant au récitatif) ; d'autre part, des scènes écrites en vers libres ou mélangés et qui sont chantées sur un air de flûte (*cantica* à rythme varié). Les acteurs sont tenus de se plier aux formes métriques et de réciter correctement les vers. Le musicien (*tibicen*) qui accompagne l'acteur a deux flûtes : celle de droite sert pour les passages d'un caractère plus modéré ou sérieux, celle de gauche pour les mouvements

---

1. Ce vers comprend six pieds : le pied de base est constitué de l'iambe (séquence brève/longue), avec des substitutions possibles aux cinq premiers pieds Le septénaire et l'octonaire iambiques comptent le premier sept pieds et demi, le second huit pieds
2. Le septénaire trochaïque est fondé sur le rythme longue/brève (le trochée) et comprend sept pieds et demi, avec des substitutions possibles.

vifs et gais. La comédie plautinienne est avant tout chantée : le dialogue parlé représente au plus le tiers de la plupart des pièces. Dans les parties chantées, Plaute sait faire preuve d'une telle variété de mètres et de vers que certains *cantica* deviennent, selon le traité de Louis Nougaret [1], de véritables « casse-tête métriques ». Dans *Amphitryon*, le dialogue constitue moins du tiers des parties conservées (exactement 26, 6 %), le récitatif (partie chantée avec rythme constant) occupe plus de la moitié des échanges verbaux (57 %) et le chant (avec rythmes variés) 16 %. C'est une comédie essentiellement chantée et menée sur un rythme vif et soutenu (on peut la qualifier de *motoria* par opposition aux *statariae*, comédies à rythme plutôt lent [2]).

Les parties qui renferment des explications nécessaires à la compréhension de l'intrigue sont en sénaires iambiques : il en est ainsi pour le long Prologue exposé par Mercure (v. 1-152) et pour les deux premières scènes de l'acte III où Jupiter intervient et où Alcmène et le dieu ont une longue explication (v. 861-955). À la fin de la pièce, l'intervention de Jupiter est aussi en sénaires iambiques (v. 1131-1143). Mais le récitatif domine et la pièce présente quatre *cantica*. Un bel exemple de *canticum* est fourni par le récit de la bataille conduit par Sosie. Les préliminaires du combat (v. 180-218), ainsi que la partie finale de la tirade évoquant les résultats de la victoire (v. 248-262), sont en octonaires iambiques : Plaute emploie le ton soutenu et majestueux du récitatif. Dans les parties intermédiaires, le rythme s'anime et varie au gré des phases du combat (la mise en place des troupes, l'entrevue des deux chefs sur le champ de bataille, la première partie du combat, l'ordre déci-

---

1. *Traité de métrique latine classique*, 4e éd. Paris, Klincksieck, 1977.
2 Cf P. Grimal, *Le Lyrisme à Rome*, Paris, PUF, 1978, p. 57-73 (sur le lyrisme dans le théâtre archaïque).

sif d'Amphitryon qui parachève la victoire thébaine) : ici le mètre crétique domine (composé d'une brève entre deux longues), comprenant généralement quatre pieds (tétramètre crétique), où de nombreuses substitutions sont possibles. On y relève ainsi de fréquents changements de rythme au fil des vers. Le début de l'acte II (v. 551-573), mettant en scène le face à face Amphitryon-Sosie (second *canticum*), est composé d'une succession de bacchiaques (le pied fondamental est une brève suivie de deux longues). Les plaintes d'Alcmène regrettant l'absence soudaine de son mari (acte II, sc. 2, v. 633-653) sont une chanson d'amour, également en bacchiaques (généralement une séquence de six pieds), et constituent le troisième *canticum*. Le ton sentimental de cette chanson est suivi de la longue scène d'explication conjugale, récitatif se prolongeant du vers 654 au vers 860. Les explications de Jupiter (v. 861-881) sont parlées, tout comme la longue scène entre Alcmène et Jupiter (v. 882-955), suivie d'un passage en récitatif (v. 965-973) et d'une nouvelle explication en sénaires confiée à Jupiter (v. 974-983). La scène du *servus currens* est animée (v. 984-1005) : elle offre une monodie en octonaires iambiques mais les trois derniers vers (1006-1008) sont des sénaires explicatifs. Le quatrième et dernier *canticum* de la pièce est le solo de Bromie, au point culminant du déchaînement burlesque : amorcé par une série d'iambiques octonaires (v. 1053-1061), il se poursuit jusqu'au vers 1075. Le récitatif domine à la fin de la pièce où le seul passage parlé est offert par les explications de Jupiter en sénaires (v. 1131-1143).

L'importance du récitatif et des chants traduit la maîtrise du dramaturge et révèle un artiste en pleine possession de ses moyens. *Amphitryon* est bien une pièce de la maturité du poète.

Les procédés du comique

Plaute a su mettre en œuvre dans *Amphitryon* toutes les ressources du comique, depuis les formes les plus élémentaires (comique de gestes, comique de mots) jusqu'aux formes les plus élaborées (comique de situation, voire comique de caractère [1]). La ruse [2] elle-même (Plaute offre plus de soixante-quinze expressions pour désigner la tromperie) – sur laquelle repose, pour l'essentiel, l'intrigue – est comique : celui qui l'ourdit (Mercure, Jupiter) ou celui qui la connaît (le spectateur) en tire un sentiment de supériorité et un plaisir tout particulier : les déguisements, les substitutions, les personnages qui se cachent en faisant des spectateurs leurs complices sont le premier élément du comique. Le procédé du double, la gémellité forment le principal ressort du comique dans *Amphitryon* (voir le chapitre 4 du dossier). Le double est source de quiproquos et d'imbroglios comiques ; le personnage de Sosie, malgré l'origine grecque de son nom, est peut-être une création plautinienne. La ruse relève du comique de situation. Une scène comique traditionnelle est aussi celle qui montre une dispute opposant deux personnages (l'altercation permettant la mise en œuvre des autres formes de comique comme le comique de mots) ; on trouve quatre scènes de ce type dans *Amphitryon* : dispute entre esclaves (Mercure/Sosie I,1), dispute entre maître et esclave (Amphitryon/Sosie II, 1 ou Mercure/Amphitryon IV, 2), dépit amoureux entre Alcmène et Amphitryon (II, 2). Une bonne part du comique de la pièce repose sur les ressemblances entre les personnages et sur leurs mimiques respectives à travers leurs différents face à face. La gestuelle, les danses, les grimaces devaient constituer une source importante

---

1. B. A. Taladoire, *Essai sur le comique de Plaute, op. cit.*, p 165-222.
2. Ch. Mauron, *Psychocritique du genre comique, op. cit*, p. 17-23.

de comique. Le mime, dans lequel un acteur reproduit le visage, l'expression, l'attitude d'un autre personnage, est une parade bouffonne accompagnée de danses et de grimaces qui eut très tôt un grand succès auprès du public romain. Dans le mime, l'acteur ne porte ni masque ni chaussures spéciales. Or il est vraisemblable que les acteurs de la *palliata* à l'époque de Plaute ne portaient pas le masque. Au cours de leur affrontement, Sosie et Mercure devaient reproduire presque mécaniquement leurs mimiques et leurs gestes. Mercure se livre à une mimique de boxeur pour faire peur à Sosie : il lance ses poings dans le vide, les soupèse, il adopte la posture d'un athlète qui va se livrer au pugilat. De plus, la scène a lieu dans la pénombre de la nuit, à la lumière de la lanterne que l'esclave transporte et les jeux d'ombre pouvaient accentuer l'effet de certains gestes, créer des illusions susceptibles de berner ou de terroriser Sosie. L'affrontement entre Mercure et Amphitryon, dans la scène où le dieu, sous les traits de Sosie, lançait des injures à Amphitryon, pouvait, par la situation respective des personnages, donner également lieu à un comique de gestes.

Le comique de mots peut reposer sur la simple répétition lourde et insistante : ainsi les nombreuses occurrences de mots de la famille de *justus* aux vers 33-37, de mots en liaison avec *familiaris* aux vers 354-355. La mention fréquente de coups de poing et du substantif *pugnus* dans la scène opposant Sosie et Mercure traduit une obsession, une idée fixe. On relève de nombreux calembours au fil des répliques, en particulier entre Mercure et Sosie. Mercure annonce qu'il a assommé quatre hommes la veille et Sosie enchaîne sur une plaisanterie portant sur le prénom Quintus qui signifie « le cinquième » (v. 303-305). Autre jeu sur l'identité du personnage quelques vers plus loin (v. 331) : non sans rappeler la scène où Ulysse, dans l'*Odyssée*, répond à Polyphème qu'il s'appelle « Personne », Sosie invente le personnage de

« Je ne sais qui ». L'un des calembours les plus traditionnels dans le monde de la comédie porte sur l'ambivalence du mot *malum* en fonction de la quantité vocalique du *a* : avec un *a* bref, le mot désigne « le châtiment, la punition » ; avec un *a* long il prend le sens de « pomme » ou de « grenade » (fruit en rapport avec la fécondité et que l'on donnait aux femmes au moment d'accoucher). Le double sens du latin *verbero* est aussi une amusante occasion de calembour créant un jeu de scène : au vers 344, Mercure traite Sosie de *verbero*, c'est-à-dire de « rossard » ; Sosie comprend le mot comme la forme du verbe signifiant « je frappe » et, puisque Mercure ne lui administre pas alors la rossée, il peut l'accuser de mentir. Sosie joue sur son propre nom qu'il prétend avoir mal prononcé : il se présente alors non comme le Sosie appartenant à Amphitryon, mais comme l'associé (*socius*) d'Amphitryon (v. 384). Une création verbale comme celle du mot *lumbifragium* (rupture de reins) forgé à l'imitation de *naufragium* révèle le génie inventif de Plaute (v. 454).

Les comparaisons et les métaphores sont une source inépuisable du comique de mots, confinant au burlesque. La rossée que Sosie craint de recevoir de Mercure est présentée comme si Mercure voulait tisser de nouveau le manteau qu'il porte sur le dos (v. 294) ; la brutalité de Mercure est définie par la future victime comme un acte de compassion : Amphitryon lui a fait passer une nuit blanche, et Mercure, avec ses poings, va lui offrir une occasion de dormir en l'assommant (v. 297-298). Plus loin, Mercure veut régaler Sosie de coups de poing (« donner à manger des poings ») : Sosie prend l'expression au pied de la lettre et répond qu'il a bien dîné et que l'autre devrait régaler quelque affamé. Le proverbe latin « courir à sa perte » qui contient l'expression « avec sa propre monture » est prise par Sosie au sens littéral (v. 327-328). Quand Mercure accuse plaisamment Sosie d'inventer un tissu de mensonges, et d'être couvert d'un manteau de ruses et de fourberies, l'autre précise qu'il est venu avec une tunique, à quoi Mercure réplique qu'il est venu avec ses pieds (v. 366-369). On se demande si Sosie répond en connaissance de cause pour se tirer d'une mauvaise situation ou s'il prend vraiment les propos de son interlocuteur au premier degré. Ainsi du jeu de mots sur l'odeur qu'un homme aurait laissé échapper quand Mercure flaire dans la pénombre la présence de Sosie : le valet se demande comment il a laissé échapper une odeur (v. 321-322). Le jeu de mots est plutôt de mauvais goût, mais susceptible de provoquer un rire franc et libre chez un public qui aime les grosses plaisanteries. Il en est ainsi quand, constatant l'état d'Alcmène sur le point d'accoucher, Sosie lui trouve la panse bien pleine d'une personne qui a trop bien mangé (v. 667-668). Quand Mercure envisage de « forcer » Sosie à parler (*comprimere linguam*), Sosie prend l'expression dans le sens de « faire violence à une femme, la déshonorer » (*comprimere mulierem*, expression que l'on trouve chez les comiques) et compare sa langue à une jeune fille bien gardée et protégée contre toute forme d'outrages (v. 348-349). Ailleurs, ce sont des associations de mots qui créent l'effet comique : Plaute invente « le comité d'accueil des poings » (*hospitium pugneum* au vers 296), ou « la voix qui vole » et à laquelle Sosie regrette bien de ne pas avoir coupé les ailes comme à un oiseau domestiqué (*volucris vox* au vers 326 [1]).

La parodie [2] est, du point de vue du style et du vocabulaire, une forme de comique plus éla-

---

1 Cf. M. Crampon, « Volucrem vocem », dans J. Dangel, C. Moussy (dir), *L'Oralité latine*, Paris, Presses de la Sorbonne, 1997,
p 155-166 (Actes du colloque « Les Structures de l'oralité en latin »).
2. J.-P. Cèbe, *La Caricature et la parodie dans le monde romain antique des origines à Juvénal*, Paris, De Boccard, 1966.

borée. Plaute parodie les récits de batailles des épopées et le style des comptes rendus officiels dans le long rapport que fait Sosie (v. 211-262) du combat entre les légions d'Amphitryon et les Téléboens. La scène (acte I, scène 3) où Jupiter prend congé d'Alcmène présente une parodie des scènes épiques ou tragiques où le héros fait ses adieux à son épouse. Dans les vers 839-842 où Alcmène énumère les qualités d'une parfaite épouse, on peut reconnaître une plaisante imitation de ces éloges funèbres qui servaient d'épitaphe aux matrones romaines. La parodie religieuse caractérise la scène où le maître des dieux, inversant les rôles, se met à supplier Alcmène de lui pardonner (v. 923-924) ou lorsque Jupiter fait les préparatifs d'un sacrifice qui lui est destiné (v. 982-983). L'invention du dieu Nocturnus (v. 272) ou de Jupiter Prodigialis (v. 739) relève également de la parodie religieuse. La même remarque pourrait s'appliquer aux outrances qui caractérisent, selon le témoignage de Bromie, la manifestation de Jupiter : la part d'exagération qui réside dans la terreur des témoins relève plus de la *superstitio* que de la véritable *religio*, mot au demeurant ambigu qui traduit à la fois le respect et la crainte.

On hésite, à propos de Plaute, à parler de comique de caractère. Si la Comédie Nouvelle, dont il s'inspire pour le choix de ses intrigues, fait une large place à l'étude des caractères, le comique plautinien se caractérise par le grossissement des traits : certains rôles, comme ceux du parasite ou du *leno*, sont de véritables caricatures. Les personnages crient, gesticulent et se démènent comme des pantins. Ce sont donc davantage des types que des caractères. Sosie est le type même de l'esclave et il présente une savante anthologie de tous les défauts dont on peut affubler ce type (Mercure aux vers 266-269 en dresse une liste assez complète) : il est paresseux, lâche, cynique, insolent, sensible aux plaisirs du ventre. Sa lâcheté et sa frayeur devant les menaces de Mercure sont un ressort essentiel du comique imprimé au début de la pièce. Plusieurs défauts entrent dans la caractérisation du personnage et Plaute sait en user : tour à tour Sosie est une marionnette entre ses mains, mais une marionnette vivante, si l'on peut dire, grâce à une caractérisation assez nuancée. On le voit en particulier dans son entrée de rôle qui correspond à une description de bataille (acte I, scène 1), ce qui est plutôt inhabituel : l'esclave joue plus ici le jeu du soldat fanfaron (*miles gloriosus*) que du *servus* proprement dit. Mercure n'a sur Sosie qu'un avantage, celui de sa condition divine, il est empressé envers son père et maître à qui il sert de valet : il profite sur Sosie de sa force et de sa supériorité. En fait, son rôle se limite la plupart du temps aux plaisanteries d'un valet de comédie. Amphitryon lui-même « passe » très vite, dans le cours de l'intrigue, après le retour triomphal et la joie illusoire des retrouvailles avec Alcmène, au rôle de victime contribuant au burlesque : il est le mari trompé ; quand il s'irrite contre Sosie ou Mercure, il a les traits du vieillard en colère contre l'esclave. Dans les passages perdus, autant qu'on puisse l'imaginer à l'aide des quelques fragments restitués, il devait être berné, injurié et peut-être même battu ; le personnage d'Alcmène offre plus de nuances, qui l'apparenteraient à un caractère authentique. Matrone affectueusement attachée à son époux, elle est vertueuse ; accusée injustement, elle laisse éclater son indignation et affiche sa fierté sans renoncer à sa tendresse. Elle est aussi sensible à la gloire de son mari : elle accepte la séparation dans la mesure où les exploits guerriers peuvent apporter gloire et honneur à son nom. *Amphitryon* semble donc obéir à une sorte de loi d'alternance où les éléments de la farce coexistent avec un comique plus fin et plus subtil.

Enfin, la rupture de l'illusion théâtrale constitue un dernier élément de comique, conforme à la tradition latine des chants fescennins [1] où les jeunes gens de l'assistance répondaient aux acteurs dans un échange de plaisanteries. Jupiter, dans le cours de la pièce (acte III, scène 1, v. 861-881), s'adresse directement aux spectateurs pour leur fournir des explications qui répètent un peu les données du Prologue. La présence de Mercure dans le Prologue et le cours de la pièce facilite la complicité entre le public et les acteurs. La scène du *servus currens*, très attendue des spectateurs, confirme cette complicité entre Mercure et le public (acte III, scène 4, v. 984-1008). Dans les deux cas, Jupiter et Mercure s'adressent directement à l'assistance (v. 867 et 998).

La place de la mythologie dans *Amphitryon* pose, dans une large mesure, le problème de l'originalité de Plaute dans cette création. Le débat, ouvert depuis longtemps, a suscité deux ouvrages classiques : les travaux de F. Leo [2] et d'E. Fraenkel [3]. Ce dernier a essayé, à l'aide de la critique interne, de restituer à leur juste mesure les éléments proprement plautiniens dans la création comique : Plaute ne faisait pas qu'assembler des modèles grecs à travers la *contaminatio,* leur empruntant la meilleure part de sa création. Ces études, antérieures à la découverte des nouveaux fragments de Ménandre, en particulier celle du *Dyscolos* [4], reposent sur des impressions souvent très subjectives et sont guidées par un certain

---

1 Vers inventés à Fescennia, ville d'Étrurie, composés pour des fêtes, notamment pour les premiers jeux scéniques représentés à Rome l'an 392 de sa fondation. Ils sont chantés, sans mètre ni règle (Horace, *Épîtres* II, 1, v. 145)
2. F. Leo, *Plautinishe Forschungen*, 2e édition, Berlin, 1922
3. E. Fraenkel, *Plautinisches im Plautus*, Berlin, 1922. Traduit en italien par F Munari, *Elementi plautini in Plauto*, Florence, 1960 avec des additions de l'auteur.
4. Cf. aussi G Jachmann, *Plautinisches und Attisches*, Berlin, 1931 ; R. Perna, *L'Originalità di Plauto*, Bari, 1955.

dédain pour les œuvres latines, opposé à une grande admiration pour des originaux hypothétiques.

E. Fraenkel a consacré dans son étude un chapitre aux éléments mythologiques contenus dans les comédies de Plaute (allusions au cycle de Troie, Ulysse...). En mettant en valeur certaines imprécisions, voire des erreurs inconcevables chez un poète grec, il concluait à l'empreinte personnelle de Plaute dans l'introduction et l'élaboration de ces ornements mythologiques. La thèse de Fraenkel appelle bien des réserves. Une étude, déjà ancienne [1], a montré par exemple que l'usage bouffon de la mythologie se trouve attesté dans un grand nombre de fragments de la Comédie Nouvelle, où le comique repose sur un conflit, conforme à l'esprit hellénistique, opposant la tragédie et le scepticisme philosophique. Les erreurs que l'on attribue à une méconnaissance de Plaute (par exemple à propos du prétendu rajeunissement de Pélias par Médée, dans le *Pseudolus* v. 868) se retrouvent chez des auteurs de la Comédie Ancienne ou Moyenne comme Anaxandridès et Alexis. Dans le même ordre d'idées, Fraenkel avait établi une équivalence entre « le romain » et « le militaire ». J.-Ch. Dumont a démontré le caractère factice d'une telle équation [2]. Les poètes de la Comédie Nouvelle n'hésitaient pas à recourir aux métaphores militaires, et le monde hellénistique est au moins aussi belliqueux et retentissant du bruit des armes que la Rome de la deuxième guerre punique : le *Miles gloriosus* se présente un peu comme une caricature de Démétrios Poliorcète. Et l'on a trop voulu faire de l'antiféminisme de Plaute, notamment de ses attaques contre le luxe féminin, un trait spécifiquement romain : le

---

1. J.-J. Tierney, « Some Attic Elements in Plautus », *Proceedings of the Royal Irish Academy*, 1945, p. 21-58.
2. J.-Ch. Dumont, « La stratégie de l'esclave plautinien », *Revue des études latines*, n° 44, 1966, p. 182-203.

personnage d'Alcmène se présente au contraire comme un véritable éloge de la matrone romaine et sa présence dans l'*Amphitryon* aurait dû mettre E. Fraenkel en garde contre les généralisations abusives.

En composant une pièce « mixte », une tragicomédie, Plaute a conçu une pièce hybride où l'unité est sauvée par le rythme de la *vis comica* qui emmène les spectateurs vers le dénouement : les dieux y côtoient les hommes ; les personnages jouent un rôle de composition à l'intérieur de la pièce elle-même ; la réalité se mêle à la fiction et l'ensemble baigne dans l'atmosphère de la fable au sens le plus général. Un des aspects de cette ambivalence est précisément à rechercher dans l'alliance des traits grecs et romains qui émaillent la pièce. Si Amphitryon y apparaît comme un chef de mercenaires au service du roi de Thèbes Créon, ainsi qu'on pouvait en trouver dans le monde hellénistique, son comportement n'en demeure pas moins celui d'un *imperator* romain qui est à la tête de ses troupes et observe les rites religieux, en particulier les auspices et les sacrifices, avec un souci scrupuleux caractéristique de la religion romaine. Si Jupiter et Mercure représentent les défauts et les excès d'une vie à la grecque ou à l'orientale, arrière-fond traditionnel de la comédie, Alcmène, par son amour plein de dignité, est complètement différente de l'image caricaturale des épouses et des mères que l'on trouve dans les autres comédies. Par sa dignité, elle impose le respect. La comédie latine dénonce habituellement les excès de la passion qui ne conduisent qu'à la débauche et à la ruine : le mariage romain n'est pas fondé sur l'amour, sa finalité est la procréation des enfants pour assurer la survivance de la famille et la défense de l'État. Le personnage d'Alcmène réussit à concilier pudeur et tendresse, amour et vertu, dignité et spontanéité. Alcmène donne déjà, au début du IIe siècle, l'image de la parfaite matrone telle qu'elle sera célébrée à travers les éloges funèbres et les inscriptions funéraires. De plus les notions de gloire, de vertu et de victoire dominent l'esprit de cette pièce et nous plongent dans l'atmosphère d'une Rome victorieuse et conquérante qui va devenir maîtresse du monde civilisé : bien des magistrats dotés de l'*imperium*, consuls ou proconsuls vainqueurs, devaient se reconnaître dans le personnage d'Amphitryon retrouvant Thèbes après sa victoire sur les Téléboens.

Les Romains avaient imaginé un âge d'or mythique où les dieux et les hommes vivaient en communauté dans un parfait bonheur : c'était l'époque où Saturne régnait dans le Latium. La fête des Saturnales, célébrée chaque année au cours du mois de décembre, rappelait ce temps primitif et révolu : dans une totale liberté, les rôles étaient inversés, les maîtres servaient à table des mets raffinés à leurs esclaves, on échangeait des cadeaux, les conventions sociales étaient supprimées. Cette atmosphère où les dieux côtoient les hommes et partagent leurs amours se retrouve un peu dans *Amphitryon*.

Charles GUITTARD.

Signes conventionnels

*** : lacune.
†† : passage corrompu.
< > : mot ou groupe de mots ajoutés.
[ ] : passage suspect.

Les lettres italiques indiquent des corrections apportées à la tradition manuscrite. L'apostrophe marque l'élision du *s* en fin de mot devant la consonne qui commence le mot suivant. Une barre verticale entre deux mots signale un hiatus.

Le texte latin adopté est celui de l'édition établie par Alfred Ernout dans la collection des Universités de France.

AMPHITRYON

Amphitrvo

PERSONAE

Mercvrivs, deus
Sosia, servus
Ivppiter, deus
Alcvmena, uxor
Amphitrvo, dux
Blepharo, gubernator
Bromia, ancilla
(Thessala, ancilla)

PERSONNAGES

Mercure, dieu
Sosie, esclave d'Amphitryon
Jupiter, dieu
Alcmène, femme d'Amphitryon
Amphitryon, général des Thébains
Blépharon, pilote du navire
Bromie, servante d'Amphitryon
(Thessala, servante d'Alcmène, rôle muet)

L'action se situe à Thèbes. Sur scène, la maison d'Amphitryon : au rez-de-chaussée, une porte, au niveau supérieur, une sorte de terrasse.

ARGVMENTVM I

In faciem uersus Amphitru̯onis Iuppiter,
Dum bellum gereret cum Telobois hostibus,
Alcmenam uxorem cepit usurariam.
5 Mercurius formam Sosiae serui gerit
Absentis ; his Alcmena decipitur dolis.
Postquam rediere ueri Amphitru̯o et Sosia,
Vterque deluduntur [dolis] in mirum modum.
Hinc iurgium, tumultus uxori et uiro,
Donec cum tonitru uoce missa ex aethere
10 Adulterum se Iuppiter confessus est.

ARGVMENTVM II

Amore captus Alcumenas Iuppiter
Mutauit sese in formam | eius coniugis,
Pro patria Amphitru̯o dum decernit cum hostibus.
Habitu Mercurius ei subseruit Sosiae :
5 **I**s aduenientis seruum ac dominum frustra habet.
Turbas uxori ciet Amphitruo : atque inuicem
Raptant pro moechis. Blepharo captus arbiter
Vter sit non quit Amphitruo decernere.
Omnem rem noscunt ; geminos † Alcumena enititur.

ARGUMENT I

Ayant pris les traits d'Amphitryon pendant que ce dernier faisait la guerre contre les ennemis Téléboens, Jupiter s'est octroyé la jouissance de son épouse Alcmène. Mercure revêt l'apparence de son esclave Sosie, lui aussi absent. Alcmène est dupe de cette machination. Après le retour des véritables Amphitryon et Sosie, les deux sont victimes d'une surprenante mystification. De là querelle, dispute entre le mari et la femme, jusqu'à ce qu'au milieu du tonnerre, faisant entendre sa voix du haut du ciel, Jupiter avoue avoir commis un adultère.

ARGUMENT II
(*Acrostiche*)

Tombé amoureux d'Alcmène, Jupiter a pris l'apparence de son mari Amphitryon pendant que ce dernier défend sa patrie et combat les ennemis. Sous les traits de Sosie, Mercure est à son service. Au retour du maître et de l'esclave, Mercure les berne l'un et l'autre. Amphitryon tempête contre son épouse ; les rivaux échangent des accusations d'adultère. Blépharon, pris pour arbitrer le débat, ne peut décider lequel des deux est Amphitryon. La lumière se fait sur toute l'affaire ; Alcmène accouche de deux jumeaux.

<PROLOGVS>

MERCVRIVS

    Vt uos in uostris uoltis mercimoniis
Emundis uendundisque me laetum lucris
Adficere atque adiuuare in rebus omnibus,
Et ut res rationesque uostrorum omnium
5 Bene expedire uultis peregrique et domi,
Bonoque atque amplo auctare perpetuo lucro
Quasque incepistis res quasque inceptabitis,
Et uti bonis uos uostrosque omnis nuntiis
Me adficere uultis, ea adferam, ea ut<i> nuntiem,

<PROLOGUE [1]>

MERCURE [2]

MERCURE. – S'il [3] est vrai que vous voulez, en ce qui concerne la vente et l'achat de vos marchandises, me voir accroître généreusement vos gains et vous assister dans toutes vos tractations, si vous voulez voir prospérer vos affaires et vos comptes à vous tous, à l'étranger comme dans votre pays, voir de bons et amples profits venir perpétuellement favoriser ce que vous avez entrepris et ce que vous allez entreprendre, si vous voulez que, pour vous et tous les vôtres, je sois porteur de bonnes nou-

---

1 Le Prologue (v 1-157) met en scène Mercure qui expose la situation aux spectateurs. C'est la plus longue scène d'exposition du théâtre plautinien, qui sera suivie par une autre très longue scène. On a émis l'hypothèse que Prologue aurait pu être un personnage. Mais le plus souvent les personnages du Prologue, comme ici Mercure, se nomment et expliquent les raisons de leur intervention. Le mètre est le sénaire iambique, vers du parlé. Les prologues sont débités par un dieu comme ici (le Lare de la maison dans l'*Aululeria*, l'étoile Arcturus dans le *Rudens*), ou par un personnage allégorique (Débauche et Pauvreté dans le *Trinummus*) ou par un acteur (peut-être dénommé Prologue).
2 Le culte de Mercure, lié au commerce, a été introduit à Rome dans les premiers temps de la République et son temple a été consacré en 495 av. J.-C. sur les pentes de l'Aventin (Tite-Live, *Histoire romaine*, II, 21, 7 et 27, 5-6) Le dieu a été assimilé à l'Hermès grec, peut-être par l'intermédiaire de l'étrusque *Turms*. Mercure est le patron des commerçants. Son nom repose sur une racine (*merc-*) formant le vocabulaire du commerce et des marchandises qui joue un grand rôle dans ce prologue. Le culte d'Hercule à Rome, avec l'institution de la dîme, est aussi lié aux commerçants qui fréquentaient la cité Hermès est considéré comme le fils de Zeus et de Maia, la plus jeune des Pléiades.
3. La comédie s'ouvre sur une longue phrase de seize vers où la structure est soulignée par trois propositions introduites par *ut* (la principale est annoncée par *ita*) et par les allitérations et le recours au rythme binaire ; une parenthèse (v. 10-11) interrompt l'ensemble Plaute parodie le style juridique, lourd de précisions et de répétitions.

10 Quae maxime in rem uostram communem sient –
Nam uos quidem id iam scitis concessum et datum
Mihi esse ab dis aliis, nuntiis praesim et lucro –,
Haec ut me uultis adprobare, adnitier,
Lucrum ut perenne uobis semper subpetat,
15 Ita huic facietis fabulae silentium
Itaque aequi et iusti hic eritis omnes arbitri.
    Nunc cuius iussu uenio et quam ob rem uenerim,
Dicam simulque ipse eloquar nomen meum.
Iouis iussu uenio ; nomen Mercuriost mihi.
20 Pater huc me misit ad uos oratum meus,
Tametsi pro imperio uobis quoad dictum foret
Scibat facturos, quippe qui intellexerat
Vereri uos se et metuere, ita ut aequum est Iouem.
Verum profecto hoc petere me precario
25 A uobis iussit leniter dictis bonis.
Etenim ille cuius huc iussu uenio Iuppiter
Non minus quam uostrum quiuis formidat malum :
Humana matre natus, humano patre,
Mirari non est aequom, sibi si praetimet.
30 Atque ego quoque etiam, qui Iouis sum filius,
Contagione mei patris metuo malum.
Propterea pace aduenio et pacem ad uos *f*ero.
Iustam rem et facilem esse oratam a uobis uolo.
Nam iuste ab iustis iustus sum orator datus ;
35 Nam iniusta ab iustis impetrari non decet,

velles, que je vous fasse parvenir et vous annonce ce qui est le plus avantageux pour vos affaires communes – car vous n'êtes pas sans savoir que, par un privilège que m'ont accordé les autres dieux, les messages et les profits dépendent de moi –, si vous voulez que j'exauce vos vœux et que je m'emploie à ce que le profit vienne toujours vous enrichir, en ce cas vous ferez silence pour cette comédie et vous vous montrerez, vous tous ici, des arbitres équitables et justes.

Et maintenant, je vais vous dire sur l'ordre de qui je viens et la raison de ma venue, et en même temps je vais moi-même vous révéler ma propre identité. Je viens sur l'ordre de Jupiter et mon nom est Mercure. C'est mon père qui m'a envoyé ici pour vous adresser une prière, bien qu'il sût que toute parole de lui aurait pour vous valeur d'ordre, étant donné qu'il avait remarqué que vous aviez pour lui [1] les sentiments de vénération et de crainte respectueuse qui sont dus à Jupiter. Néanmoins, je vous l'assure, il m'a enjoint de vous adresser cette prière, avec ménagement, en choisissant bien mes mots. Car Jupiter, sur l'ordre de qui je me présente ici, ne redoute pas moins que n'importe lequel d'entre vous un mauvais traitement [2]. Il est né d'une mère mortelle, d'un père mortel : il ne faut pas s'étonner s'il nourrit quelque appréhension pour lui-même. D'ailleurs, en ce qui me concerne aussi, moi qui suis fils de Jupiter, par contagion paternelle, je redoute un mauvais traitement. C'est pourquoi ma démarche auprès de vous est pacifique, et pacifiques sont également mes propositions. Honnête et réalisable, telle est la demande que je veux vous soumettre. Car j'ai été honnêtement mandaté pour présenter une honnête requête à des gens honnêtes. En effet, il ne convient pas de chercher à obtenir une malhonnêteté d'honnêtes gens ; quant à adresser une honnête requête à des gens malhonnêtes,

---

1 Le respect de la *pietas* et du *ritus romanus* est un fondement de la société romaine Dans le terme *religio* se confondent les notions de respect et de crainte de l'homme face aux dieux
2. *Malum* (« mal » ou « malheur ») désigne dans la langue des comiques un mauvais traitement, des coups, une raclée Les acteurs étaient des esclaves et, quand ils jouaient mal, ils pouvaient recevoir des coups de fouet.

Iusta autem ab iniustis petere insipientia est,
Quippe illi iniqui ius ignorant neque tenent.
   Nunc iam huc animum omnes quae loquar aduortite.
Debetis velle quae uelimus : meruimus
40 Et ego et pater de uobis et re publica.
Nam quid ego memorem (ut alios in tragoediis
Vidi, Neptunum, Virtutem, Victoriam,
Martem, Bellonam, commemorare quae bona
Vobis fecissent) quis benefactis meus pater,
45 Deorum regnator, architectus <t> omnibus ?
Sed mos numquam illi fuit patri meo *
Vt exprobraret quod bonis faceret boni ;
Gratum arbitratur esse id a uobis sibi
Meritoque uobis bona se facere quae *facit*.
50   Nunc quam rem oratum huc ueni, primum proloquar ;
Post argumentum huius eloquar tragoediae.
Quid contraxistis frontem ? quia tragoediam
Dixi futuram hanc ? deus sum, commutauero.
Eandem hanc, si uultis, faciam | ex tragoedia
55 Comoedia ut sit omnibus isdem uorsibus.
Vtrum sit an non uoltis ? sed ego stultior,
Quasi nesciam uos uelle, qui diuus siem.
Teneo quid animi uostri super hac re siet.
Faciam ut commixta sit †tragico comoedia ;

c'est pure folie. Car ces gens-là, sans aucune droiture, n'ont ni la connaissance ni le respect du droit.

Et maintenant, écoutez tous attentivement ce que je vais vous dire. Vous devez conformer vos volontés aux nôtres : nous vous avons rendu des services, mon père et moi, à vous-mêmes comme à votre république [1]. À quoi bon rappellerais-je (comme j'ai vu tant d'autres le faire dans les tragédies, Neptune, Valeur, Victoire, Mars, Bellone [2], retraçant leurs bienfaits à votre égard), à quoi bon, donc, rappellerais-je toutes les bonnes actions dont mon père, le maître des dieux, est l'artisan pour tous ? Mais ce ne fut jamais son genre de reprocher le bien qu'il fait aux gens de bien. Il estime que vous en avez de la gratitude et que vous méritez les bontés dont il vous gratifie. Maintenant, je vais d'abord exposer l'objet de la requête que je suis venu ici vous présenter. Ensuite, je développerai l'argument de cette tragédie. Pourquoi ces plis apparus sur vos fronts ? Parce que j'ai dit qu'il s'agirait d'une tragédie ? Je suis un dieu et j'aurai vite fait d'opérer un changement. Cette même pièce, si vous le voulez, je la transformerai de tragédie en une comédie, sans en modifier le moindre vers. Voulez-vous qu'il en soit ainsi ou non ? Mais suis-je bien bête ! Comme si j'ignorais que vous le voulez, moi qui suis un dieu ! Je connais bien le fond de votre pensée sur ce sujet. Je ferai donc en sorte que la pièce soit mixte, qu'elle soit une tragi-comédie [3] ;

---

1. Référence à des événements d'actualité, concernant les victoires de la fin de la deuxième guerre punique ou les victoires remportées sur Antiochus de Syrie et Philippe de Macédoine au début du IIe siècle av. J.-C. (cf. Présentation).
2. L'énumération cite le dieu de la mer (sans doute parce que les tempêtes jouent un grand rôle dans les récits dramatiques, épiques ou romanesques et que le succès d'entreprises commerciales ou militaires peut dépendre de lui) puis, dans un couple allitérant, les entités divinisées symbolisant le mérite, la valeur, le courage (Virtus), d'une part, la victoire, d'autre part. En 234 av. J.-C un sanctuaire avait été élevé à Honos au début de la via Appia et, en 208, Marcellus y adjoignit un temple en l'honneur de Virtus Enfin sont mentionnés le dieu de la guerre Mars et sa parèdre qui préside aux combats, Bellone (*bellum*) On trouvait près du temple de Bellone à Rome un morceau de terrain symbolisant le territoire ennemi où les fétiaux, prêtres chargés des déclarations de guerre, plantaient symboliquement une lance pour ouvrir les hostilités.
3. Sur ces définitions, cf le chapitre 1 du dossier

60 Nam me perpetuo facere ut sit comoedia,
Reges quo ueniant et di, non par arbitror.
Quid igitur ? quoniam hic seruus quoque partes habet,
Faciam sit, proinde ut dixi, tragico[co]moedia.
Nunc hoc me orare a uobis iussit Iuppiter,
65 Vt conquistores singula in subsellia
Eant per totam caueam spectatoribus.
Si cui fauitores delegatos uiderint,
Vt is in cauea pignus capiantur togae.
Siue qui ambissent palmam histrionibus
70 Siue cuiquam artifici – seu per scriptas litteras
†Siue qui ipse ambisset seu per internuntium –,
Siue adeo aediles perfidiose cui duint,
Sirempse legem iussit esse Iuppiter,
Quasi magistratum sibi alteriue ambiuerit.
75 Virtute dixit uos uictores uiuere,
Non ambitione neque perfidia ; qui minus
Eadem histrioni sit lex quae summo uiro ?
Virtute ambire oportet, non fauitoribus.
Sat habet fauitorum semper qui recte facit,
80 Si illis fides est quibus est ea res in manu.
Hoc quoque etiam mihi | in mandatis dedit,
Vt conquistores fierent histrionibus.
Qui sibi mandasset delegati ut plauderent
Quiue quo placeret alter fecisset minus,
85 Eius ornamenta et corium uti conciderent.
Mirari nolim uos, quapropter Iuppiter
Nunc histriones curet. Ne miremini :
Ipse hanc acturust Iuppiter comoediam.
Quid admirati | estis, quasi uero nouum
90 Nunc proferatur, Iouem facere histrioniam ?

car développer dans le genre comique, d'un bout à l'autre, une pièce où interviennent rois et divinités, cela ne me paraît pas convenable. Alors, que faire ? Puisqu'un esclave joue aussi un rôle dans cette pièce, j'en ferai, comme je l'ai dit, une tragi-comédie.

Voici une autre requête que Jupiter m'a enjoint de vous adresser : que des inspecteurs circulent de gradin en gradin, dans toute l'enceinte, pour surveiller les spectateurs. S'ils voient des supporters engagés au profit d'un concurrent, qu'ils saisissent comme gage leur toge, dans l'enceinte même. En cas de manœuvres pour attribuer la palme aux acteurs ou à un quelconque artiste [1] – que l'on intrigue par lettres, en intervenant personnellement, ou par un intermédiaire – en cas d'attribution malhonnête de la palme par les édiles, Jupiter a ordonné qu'on applique la même loi qu'en cas de brigue pour une magistrature, pour soi ou pour autrui [2]. C'est à votre mérite, a dit Jupiter, que vous devez de vivre en vainqueurs, non à l'intrigue et à la perfidie ; pourquoi la même loi ne s'appliquerait-elle pas à un comédien et à un personnage très haut placé ? C'est par le mérite qu'il faut faire campagne, non par des cabales. Il trouve toujours assez de partisans, l'homme qui agit droitement, si font preuve de loyauté ceux de qui dépend l'issue [3]. Voici encore une requête que Jupiter m'a chargé de vous transmettre : la présence de surveillants pour les acteurs. Si quelqu'un a mis en place des hommes à lui pour l'applaudir ou a comploté pour enrayer le succès d'un concurrent, la consigne est de déchirer son costume et sa peau en même temps. N'allez pas vous étonner de l'intérêt que montre aujourd'hui Jupiter envers les acteurs. Ne soyez pas surpris : il va jouer cette comédie en personne. Pourquoi avez-vous manifesté de la surprise, comme si vraiment c'était une nouveauté que Jupiter joue dans une pièce ? Ici même,

---

1. Peut-être un musicien (joueur de flûte) accompagnant la pièce, ou un chanteur ?
2. (V. 73-78). Nouvelle parodie du style juridique en usage chez les Romains, en particulier avec l'emploi du terme *sirempse*, adjectif indéclinable que l'on ne rencontre que dans des textes de lois au sens de « absolument semblable ».
3. Il s'agit des édiles, qui sont désignés par cette périphrase.

Etiam histriones anno cum in proscaenio hic
Iouem inuocarunt, uenit, auxilio is fuit.
Praeterea certo prodit in tragoedia.
Hanc fabulam, inquam, hic Iuppiter hodie ipse aget
95 Et ego una cum illo. Nunc * animum aduortite,
Dum huius argumentum eloquar comoediae.

Haec urbs est Thebae ; in illisce habitat aedibus
Amphitruo, natus Argis ex Argo patre,
Quicum Alcumena est nupta, Electri filia.
100 Is nunc Amphitruo praefectust legionibus ;
Nam cum Telobois bellum est Thebano poplo.
Is prius quam hinc abiit ipsemet in exercitum,
Grauidam Alcumenam | uxorem fecit suam.
Nam ego uos nouisse credo iam ut sit pater meus,
105 Quam liber harum rerum multarum siet,
Quantusque amator siet quod complacitum est semel.
Is amare occepit Alcumenam clam uirum,
Vsuramque eius corporis cepit sibi,
Et grauidam fecit is eam compressu suo.
110 Nunc de Alcumena ut rem teneatis rectius,
Vtrimque est grauida, et ex uiro et ex summo Ioue.
Et meus pater nunc intus hic cum illa cubat,
Et haec ob eam rem nox est facta longior,
Dum <cum> illa quacum uult uoluptatem capit.
115 Sed ita adsimulauit se quasi Amphitruo siet.
Nunc ne hunc ornatum uos meum admiremini,
Quod ego huc processi sic cum seruili schema ;

l'an dernier, quand en pleine scène les acteurs ont imploré Jupiter [1], il leur a porté secours. En outre, c'est un fait qu'il intervient dans les tragédies [2]. Cette pièce, je le dis, Jupiter en personne va aujourd'hui l'interpréter devant vous et moi je serai à ses côtés. Maintenant, accordez-moi votre attention, pendant que je vais exposer le sujet de cette comédie.

Cette ville, devant vous, c'est Thèbes [3] : là, dans cette maison, habite Amphitryon, né à Argos de père argien, marié à Alcmène, fille d'Électryon. En ce moment, Amphitryon commande les légions : car le peuple de Thèbes est en guerre avec les Téléboens. Avant de s'en aller rejoindre son armée, Amphitryon a rendu son épouse enceinte de ses œuvres. Vous savez aussi, depuis longtemps, je crois, comment est mon père, combien il s'embarrasse peu de scrupules en toutes ces matières, combien il est un amoureux passionné, quand il a été une fois séduit. Il a noué une liaison avec Alcmène à l'insu de son mari, a pris possession de son corps, et, en s'unissant à elle, l'a rendue enceinte de ses œuvres. Donc, pour que vous saisissiez mieux l'état d'Alcmène, elle se retrouve enceinte des deux, à la fois de son mari et du Très Grand Jupiter. D'ailleurs, en ce moment même, mon père est à l'intérieur, à ses côtés, partageant sa couche, et voilà pourquoi cette nuit se trouve prolongée, pendant qu'il prend son plaisir avec celle qui est l'objet de ses vœux. Mais il a modifié son apparence en prenant les traits d'Amphitryon. À présent ne vous étonnez pas de la tenue que je porte devant vous, de me voir apparaître ici

---

1 Peut-être dans le chœur d'une tragédie, intitulée *Alcumena* et inspirée d'Euripide. Ce vers permet de préciser la datation d'*Amphitryon*. Un vers du *Rudens* (v. 896) fait allusion à cette tragédie, qui aurait pu faire l'objet d'une adaptation latine par Ennius ou Pacuvius

2. La phrase peut avoir un sens général ou constituer une allusion précise à la représentation évoquée : « Jupiter est intervenu dans le cours de la pièce. »

3 Amphitryon, fils d'Alcée, roi de Tirynthe et petit-fils de Persée, tua accidentellement son oncle et beau-père, Électryon, roi de Mycènes et d'Argos. Contraint à l'exil, il s'enfuit à Thèbes et fut accueilli par le roi Créon, qui l'envoya combattre les Téléboens, peuple mythique dont la situation géographique demeure imprécise, habitant peut-être l'île de Taphos, au large des côtes de l'Acarnanie. Voir le chapitre 2 du dossier.

Veterem atque antiquam rem nouam ad uos proferam ;
Propterea ornatus in nouum incessi modum.
120   Nam meus pater intus nunc est eccum Iuppiter.
In Amphitruonis uertit sese imaginem
Omnesque eum esse censent serui qui uident,
Ita uersipellem se facit, quando lubet.
Ego serui sumpsi Sosiae mihi imaginem,
125 Qui cum Amphitruone | abiit hinc in exercitum,
Vt praeseruire amanti meo possem patri,
Atque ut ne qui essem familiares quaererent,
Versari crebro hic cum uiderent me domi.
Nunc cum esse credent seruum et conseruum suum,
130 Haud quisquam quaeret qui siem aut quid uenerim.
Pater nunc intus suo animo morem gerit.
Cubat complexus, cuius cupiens maxime est.
Quae illi ad legionem facta sunt, memorat pater
Meus Alcumenae |. Illa illum censet uirum
135 Suum esse, quae cum moecho est. Ibi nunc meus pater
Memorat legiones hostium ut fugauerit,
Quo pacto sit donis donatus plurimis.
Ea dona, quae illic Amphitruoni sunt data,
Abstulimus : facile meus pater quod uult facit.
140 Nunc hodie Amphitruo ueniet huc ab exercitu
Et seruos, cuius ego hanc fero | imaginem.
Nunc internosse ut nos possitis facilius,
Ego has habebo | usque in petaso pinnulas ;
Tum meo patri autem torulus inerit aureus
145 Sub petaso |; id signum Amphitruoni non erit.

habillé en esclave ; c'est une vieille, une bien vieille histoire que nous allons vous présenter, sous une forme nouvelle : voilà pourquoi je suis venu devant vous habillé d'une nouvelle façon.

Ainsi donc, mon père est en ce moment à l'intérieur, oui, Jupiter en personne. Il a pris l'apparence d'Amphitryon et tous les esclaves qui le voient le prennent pour lui. Tant il est capable, quand l'envie lui en prend, de se mettre dans la peau d'un nouveau personnage ! Moi, j'ai pris l'apparence de l'esclave Sosie qui a accompagné Amphitryon quand il est parti d'ici rejoindre son armée, de manière à pouvoir servir mon père dans ses amours, sans que les domestiques demandent qui je suis en me voyant aller et venir à chaque instant dans la maison. Ainsi, ils me prendront pour un esclave et un membre de leur maisonnée et aucun d'eux ne me demandera qui je suis ou ce que je suis venu faire. Pour le moment, mon père, à l'intérieur de la maison, donne libre cours à ses penchants. Il couche avec celle qui l'a enflammé de désir. Mon père raconte à Alcmène le déroulement des opérations militaires. Elle croit avoir affaire à son propre mari, elle qui est dans les bras d'un amant. En ce moment même, mon père raconte comment il a mis en fuite les légions ennemies, comment il a été couvert de récompenses. Ces récompenses, qu'Amphitryon a reçues là-bas, nous les avons subtilisées : mon père fait aisément ce qu'il veut. Donc aujourd'hui, mon père va revenir ici de l'armée, ainsi que l'esclave dont j'ai pris devant vous l'apparence. Maintenant, pour que vous puissiez nous reconnaître plus facilement dans nos rôles respectifs, je porterai toujours ce plumet sur mon chapeau [1] ; mon père, quant à lui, aura sous le sien une torsade d'or, signe dont Amphitryon sera dépourvu. Ces

---

1. Le chapeau est un pétase (*petasus*), chapeau à fond bas et à larges bords, qui protégeait du soleil et de la pluie Des cordons permettaient de le laisser pendre dans le dos. L'objet et le nom sont d'origine grecque. Les voyageurs et les esclaves envoyés en mission par leur maître portent généralement la chlamyde et le pétase. On reconnaissait les esclaves à leur tunique courte (tunique longue et à manches pour les hommes libres et les courtisanes) et à leur perruque rousse (noire pour les jeunes gens, blanche pour les vieillards).

Ea signa nemo | horum familiarium
Videre poterit, uerum uos uidebitis.
Sed Amphitruonis illic est seruus Sosia ;
A portu | illic nunc cum lanterna aduenit.
150 Abigam iam ego illunc aduenientem ab aedibus.
Adeste : erit operae pretium | hic spectantibus
Iouem et Mercurium facere | histrioniam.

<ACTVS I>

SOSIA MERCVRIVS

<SOSIA>. Qui me alter est audacior homo aut qui confi-
dentior,
Iuuentutis mores qui sciam, qui hoc noctis solus
ambulem ?
Quid faciam, nunc si tresuiri me in carcerem
155 compegerint ?
Inde cras quasi e promptaria cella depromar ad fla-
grum,
Nec causam liceat dicere * mihi neque in ero quicquam auxili siet
Nec quisquam sit quin me <malo> omnes esse
dignum deputent.
Ita quasi incudem me miserum homines octo ualidi
caedant ;
160 [Nec aequum anne iniquum imperet cogitabit]
Ita peregre adueniens hospitio puplicitus accipiar.

signes, aucun membre du personnel de la maison ne pourra les voir, mais vous, vous les verrez. Mais voici venir l'esclave d'Amphitryon, Sosie ; il arrive à l'instant du port [1], avec une lanterne. Je m'en vais l'écarter de la demeure, à son arrivée. Écoutez : il vaudra la peine pour les spectateurs, ici, de voir Jupiter et Mercure jouer la comédie.

<ACTE I>

<SCÈNE 1>

SOSIE, MERCURE

SOSIE. – Est-il quelqu'un d'autre au monde de plus audacieux, de plus enhardi que moi, pour oser, tout en sachant les habitudes des jeunes gens, se promener seul à pareille heure de la nuit ? Que ferais-je si les triumvirs [2] me jetaient maintenant en prison ? Demain, je serais tiré de là, comme d'un garde-manger, pour être livré au fouet. On ne me permettrait pas de plaider ma cause, je ne trouverais aucun secours en la personne de mon maître, il ne se rencontrerait personne qui ne pense que j'aie mérité mon châtiment, huit grands gaillards s'acharneraient sur mon pauvre dos comme sur une enclume. [Il n'examinera pas si son ordre est juste ou injuste.] Voilà comment je serais officiellement accueilli à mon retour de l'étranger !

---

1 Thèbes se trouve située au milieu des terres, en Béotie : la pièce ne se soucie guère de ces incohérences géographiques, au moins dans sa version plautinienne (un auteur grec aurait-il commis pareille méprise ?). Sosie accomplit au moins cinq fois le voyage entre la demeure et le port au cours de la pièce ! Par convention théâtrale la scène ouvre d'un côté en direction du forum, de l'autre vers le port.
2. Les *triumviri capitales* ou *nocturni* sont des officiers de police chargés de l'ordre public, agissant sur instruction d'un magistrat, préteur ou consul. La jeunesse romaine aimait à se livrer à des équipées nocturnes, une habitude à laquelle s'adonnera même fâcheusement Néron (cf. Suétone, *Néron*, XXVI). La présence de tels magistrats est un trait de mœurs romaines dans un cadre général qui suggère l'atmosphère athénienne du siècle antérieur

Haec eri inmodestia coegit me, qui hoc noctis a
portu ingrati<i>s excitauit.
Nonne idem hoc luci me mittere potuit ?
Opulento homini hoc seruitus dura est,
Hoc magis miser est diuitis seruus :
Noctesque diesque assiduo satis superque est
Quo*d* facto aut dicto ade<o>st opus, quietus ne sis.
Ipse dominus diues operis [et] laboris expers
Quodcumque homini accidit libere, posse retur ;
Aequum esse putat, non reputat laboris quid sit ;
Nec aequum anne iniquum imperet cogitabit.
Ergo in seruitute expetunt multa iniqua.
Habendum et ferundum hoc onust cum labore.
<MERCVRIVS>. Satiu*s*t me queri illo modo seruitutem :
Hodie qui fuerim liber,
Eum nunc potiuit pater seruitutis ;
Hic qui uerna natu*s*t queritur.
<SOSIA>. Sum uero uerna uerbero : numero mihi in
mentem fuit
Dis aduenientem gratias pro meritis agere atque
alloqui ?
Ne illi edepol, si merito meo referre studeant gra-
tia*m*,
Aliquem hominem allegent, qui mihi aduenienti os
occillet probe,
Quoniam bene quae in me fecerunt, ingrata ea
habui atque inrita.
ME. Facit ille quod uolgo haud solent, ut quid se sit
dignum sciat.
SO. Quod numquam opinatus fui neque alius quisquam
ciuium
Sibi euenturum, id contigit, ut salui pot*e*remur domi :
Victores uictis hostibus legiones reueniunt domum
Duello extincto maximo atque internecatis hostibus.

J'ai été contraint à cela par un despote de maître qui m'a dépêché du port à cette heure de la nuit, à mon corps défendant. N'aurait-il pas pu attendre que le jour se lève pour me faire porter ce message ? Auprès d'un homme puissant la condition servile est plus dure, et l'esclave d'un riche est plus malheureux : nuit et jour, sans interruption, il y a bien assez et même trop de choses à faire et à dire, qui ne nous laissent jamais le moindre répit. Tout ce qui se présente à l'esprit d'un homme, le maître, quant à lui, riche et exempt de travail et de peine, s'imagine que c'est possible : il pense que c'est normal, il ne considère pas la peine que cela représente et il n'examinera pas si son ordre est juste ou injuste. Vraiment, dans l'esclavage, bien des maux vous tombent dessus. Il faut prendre et supporter ce fardeau en endurant sa peine.

MERCURE (*à part*). — C'est plutôt moi qui devrais maugréer de cette façon contre la servitude ; moi qui aujourd'hui étais libre, mon père m'a maintenant réduit en esclavage. Et c'est l'autre qui, esclave de naissance, vient se plaindre.

SOSIE. — Je suis vraiment un vaurien d'esclave : m'est-il seulement venu à l'esprit, en arrivant, de rendre grâces aux dieux pour leurs bienfaits et de leur adresser des prières [1] ? Assurément, par Pollux, s'ils s'employaient à me récompenser selon mes mérites, ils dépêcheraient ici quelque individu qui, à mon arrivée, me martèlerait le visage de coups, puisque tout le bien qu'ils m'ont fait n'a pas été payé de retour ni d'effet.

MERCURE (*à part*). — Cet homme ne se comporte pas comme le commun des hommes, dans la mesure où il sait ce qu'il mérite.

SOSIE. — Ce que je n'ai jamais escompté comme issue pour moi, ni aucun de mes concitoyens pour lui, s'est finalement produit : nous réintégrons sains et saufs nos foyers. Victorieuses après avoir vaincu les ennemis, nos légions rentrent dans leur patrie, la conflagration de la guerre est éteinte, l'adversaire réduit à néant [2]. Cette ville

---

1. À un retour de voyage en mer, la piété exigeait que l'on rendît des actions de grâces à Neptune.
2. Le récit plautinien de la victoire parodie les inscriptions triomphales

190 Quod multa Thebano poplo acerba obiecit funera,
Id ui et uirtute militum uictum atque expugnatum oppidum est,
Imperio atque auspicio | eri mei Amphitruonis maxime :
Praeda atque agro | adoriaque adfecit popularis suos,
Regique Thebano Creoni regnum stabiliuit suum.
Me a portu praemisit domum, ut haec nuntiem uxori
195 suae :
Vt gesserit rem publicam ductu, imperio, auspicio suo.
Ea nunc meditabor quo modo illi dicam, cum illo aduenero.
Si dixero mendacium, solens meo more fecero ;
Nam cum pugnabant maxume, ego tum fugiebam maxume.
Verum quasi adfuerim tamen simulabo atque audita eloquar.
200
Sed quo modo et uerbis quibus me deceat fabularier,
Prius ipse mecum etiam uolo hic meditari : sic hoc proloquar.
Principio ut illo aduenimus, ubi primum terram tetigimus,
Continuo Amphitruo delegit uiros primorum principes.
205 Eos legat ; Telobois iubet sententiam ut dicant suam :
Si sine ui et sine bello uelint rapta et raptores tradere,
Si quae asportassent redderent, se exercitum extemplo domum
Reducturum, abituros agro Argiuos, pacem atque otium
Dare illis ; sin aliter sient animati neque dent quae petat,

qui a provoqué tant de deuils prématurés parmi le peuple thébain, nos soldats, par leur valeur et leur vaillance, l'ont vaincue et prise d'assaut, et surtout grâce au commandement et aux auspices [1] de mon maître Amphitryon. Il a enrichi ses concitoyens de butin, de terre et de gloire [2] et consolidé le trône du roi de Thèbes, Créon [3]. Amphitryon m'a dépêché du port à la maison pour porter ces nouvelles à sa femme : comment les affaires de l'État ont été conduites sous sa direction, son commandement, ses auspices. Je vais maintenant réfléchir à la façon dont je vais faire mon rapport, une fois arrivé là-bas ; si je raconte des mensonges, je ne ferai que suivre en cela mon penchant habituel. Car, quand on était en pleine bataille, moi, j'étais en pleine cavale. Je ferai cependant comme si j'avais été présent et je raconterai ce que j'ai entendu dire. Mais la tournure et les mots qui conviennent à ce récit, je veux d'abord en voir le détail ici, seul avec moi-même.

Voici comment je commencerai mon récit. Dès que nous fûmes arrivés là-bas, à peine avons-nous touché terre, sans tarder, Amphitryon forme une ambassade de l'élite de ses guerriers et leur confie une mission. Il leur enjoint de transmettre sa décision aux Téléboens : s'ils veulent bien rendre, sans recours à la force et aux armes, les biens ravis et les ravisseurs, au cas où ils rendraient leur butin, il reconduira aussitôt dans son pays son armée, les Argiens évacueront le territoire, ils laisseront les Téléboens en paix et en repos ; mais si leurs intentions sont autres et s'ils n'accordent pas ce qu'il réclame, alors il

---

ou funéraires figurant sur les monuments. Le ton est celui de l'épopée ou des *carmina convivalia*, poèmes célébrant les exploits des ancêtres
1. Trait conforme aux pratiques romaines : le général en chef (*imperator*) détient le pouvoir de commandement (*imperium*) mais celui-ci ne peut s'exercer qu'en bon accord avec les dieux qui doivent être consultés avant le départ des troupes et l'engagement d'une bataille : les auspices étaient donnés par l'appétit de poulets sacrés que les augures emportaient dans des cages.
2. Le mot latin (*adoria*) désigne concrètement la récompense en blé donnée en butin aux soldats, d'où l'idée de gloire militaire
3. Amphitryon apparaît ici comme un « condottiere » (le mot est de P. Grimal, éd. de Plaute, Gallimard) au service du roi Créon.

Sese igitur summa ui uirisque eorum oppidum oppugnas-
sere.
Haec ubi Telobois ordine iterarunt quos praefecerat
Amphitr*uo*, magnanimi uiri freti uirtute et uiribus
Superbe nimis ferociter legatos nostros increpant ;
Respondent bello se et suos tutari posse, proinde uti
†Propere de suis finibus exercitus deducerent.
Haec ubi legati pertulere, Amphitr*uo* castris ilico
Producit omnem exercitum ; contra Teloboae ex oppido
Legiones educunt suas nimis pulcris armis praeditas.
    Postquam utrimque exitum est maxima copia,
    Dispertiti uiri, dispertiti ordines :
    Nos nostras more nostro et modo instruximus
Legiones ; item hostes contra legiones suas instruunt.
    Deinde utrique imperatores in medium exeunt,
    Extra turbam ordinum colloquuntur simul.
    Conuenit, uicti utri sint eo proelio,
    Vrbem, agrum, aras, focos seque uti dederent.
Postquam id actum est, tubae † utrimque canunt contra ;
    Consonat terra, clamorem utrimque efferunt.
    Imperator utrimque hinc et illinc Ioui
    Vota suscipere, <utrimque> hortari exercitum.
Pro se quisque id quod quisque <et> potest et ualet
    Edit, ferro ferit ; tela frangunt ; boat

attaquera leur ville en déployant l'ensemble de ses forces et de ses troupes.

Quand les chefs de la mission envoyés par Amphitryon eurent répété exactement ces propositions aux Téléboens, ces hommes pleins de fierté, confiants dans leur valeur et leurs forces, adressent avec insolence à nos ambassadeurs des propos très durs ; ils répondent qu'ils sauront se défendre, eux et les leurs, par les armes ; aussi, que les Thébains fassent sortir leurs armées du territoire sans délai. Quand nos ambassadeurs ont rendu compte de cette réponse, Amphitryon conduit aussitôt toute son armée hors du camp ; en face, les Téléboens font sortir de la ville leurs légions, pourvues de leur équipement dans toute sa splendeur. Quand, de chaque côté, on a déployé le plus de forces, on met en place les hommes, on met en place les rangs. Nous, nous avons disposé nos légions selon nos usages et notre tactique ; de même, en face, nos ennemis disposent leurs légions [1]. Ensuite, les deux généraux en chef s'avancent entre les deux armées ; à l'écart de la masse des troupes en ordre de bataille, ils ont un tête à tête. Ils conviennent que le parti qui perdra cette bataille livrera sa ville, son territoire, ses autels, ses foyers et ses personnes [2]. Après ces dispositions, les trompettes envoient de part et d'autre leur sonnerie ; la terre résonne ; des deux côtés aussi, dans leur armée et dans la nôtre, le général adresse des vœux à Jupiter, des deux côtés il adresse des exhortations à ses soldats. Chacun selon ses moyens donne tout ce qu'il peut, déploie toutes ses forces, frappe avec le fer ; les traits se brisent ; le ciel

---

1 Depuis le milieu du IVe siècle av. J.-C., les légions romaines sont organisées en unités souples, les *manipules*, et disposées sur trois lignes, *acies triplex* de *hastati*, *principes* et *triarii*. Les *manipules* sont composés de deux centuries. Les *hastati* (de *hasta* : la lance) engagent la bataille ; les *principes* (soldats d'âge mur, jadis au premier rang) prennent ensuite la relève En cas de danger, ils cèdent la place à la troisième ligne (*triarii*) qui forme la réserve.
2. Formule accompagnant la reddition des ennemis, formule énumérative et exhaustive n'omettant rien, des biens et des personnes dans un ordre qui apparaît décroissant du territoire aux personnes. Un collège de prêtres, les fétiaux (cf. note 2, p. 61), était chargé du rituel de déclaration de guerre et de conclusion des traités (cf Tite-Live, *Histoire romaine*, I, 24 et I, 32).

Caelum fremitu uirum, ex spiritu atque anhelitu
Nebula constat ; cadunt uulner*um* ui uiri.
235 Denique ut uoluimus, nostra superat manus :
Hostes crebri cadunt ; nostri contra ingruunt.
Vicimus ui feroces.
Sed †fugam in se tamen nemo conuortitur
Nec recedit loco quin statim rem gerat ;
240 Animam *a*mittunt prius quam loco demigrent :
Quisque ut steterat, iacet optinetque ordinem.
Hoc ubi Amphitr*u*o erus conspicatus est,
Ilico equites iubet dextera inducere.
Equites parent citi, ab dextera maximo
245 Cum clamore inuolant, impetu alacri ;
Foedant et proterunt hostium copias
Iure iniustas.

ME. Numquam etiam quicquam adhuc uerborum est
prolocutus perperam ;
Namque ego fui illic in re praesenti et meus, cum
pugnatum est, pater.

SO. Perduelles penetrant se in fugam ; ibi nostris ani-
250 mus additu*s*t.
Vortentibus Telobois telis complebantur corpora,
Ipsusque Amphitr*u*o regem Pterelam sua | obtrun-
cauit manu.
Haec illic est pugnata pugna | usque a mani ad ues-
perum :
Hoc adeo hoc commemini magis, quia illo die
inpransus fui.
255 Sed proelium id tandem diremit nox interuentu suo.
Postridie in castra ex urbe ad nos ueniunt flentes
principes,
Velatis manibus orant, ignoscamus peccatum
suum :
Deduntque se, diuina humanaque omnia, urbem et
liberos

retentit du grondement de la bataille, la respiration haletante des hommes forme une nuée ; les guerriers s'écroulent sous la violence des coups. Enfin, selon nos vœux, notre troupe prend l'avantage : les ennemis s'écroulent en grand nombre, les nôtres, de leur côté, fondent sur eux. Nous avons vaincu par la force des adversaires orgueilleux. Mais pourtant aucun d'eux ne prend la fuite, aucun ne cède un pouce de terrain sans lutter de pied ferme ; ils se font tuer sur place plutôt que d'abandonner leur poste : chacun, là où il avait pris position, reste à terre et demeure à son emplacement. Dès qu'il voit une telle situation, mon maître Amphitryon fait aussitôt donner la cavalerie par la droite [1]. Les cavaliers obéissent promptement, ils s'ébranlent tel un envol par la droite en poussant une immense clameur avec un élan plein d'ardeur guerrière : ils rompent l'ordonnance des troupes ennemies, les écrasent, faisant ainsi triompher le droit sur l'injustice.

MERCURE (*à part*). – Jusqu'à présent, à aucun moment, il n'a prononcé un mot qui ne soit juste, car moi-même j'étais sur les lieux, au cœur de l'action, pendant la bataille, et mon père aussi.

SOSIE. – Les ennemis se plongent dans la fuite ; alors, l'ardeur redouble chez les nôtres. Dans la retraite des Téléboens, les corps s'écroulaient, couverts de traits. Amphitryon lui-même tua le roi Ptérélas de sa propre main. Telle fut la bataille livrée là-bas depuis le matin jusqu'au soir. Je m'en souviens d'autant mieux que ce jour-là je suis resté sans déjeuner. Mais, enfin, la nuit fit cesser le combat par son intervention. Le lendemain, les notables, en larmes, se rendent de la ville dans notre camp ; les mains garnies de bandelettes [2], ils nous prient de pardonner leurs fautes ; ils livrent, avec leurs personnes, tout ce qui appartient aux dieux et aux hommes,

---

1. Le principe d'une victoire remportée par une charge de cavalerie sur le flanc droit est un schéma traditionnel depuis les conquêtes d'Alexandre : on le retrouve mis en œuvre à Héraclée et Bénévent (guerre contre Pyrrhus), au Tessin et à la Trébie (guerre contre Hannibal), à Zama (victoire de Scipion en 202).
2. Les suppliants portaient des bandelettes ou des rameaux d'olivier. Cette coutume est déjà signalée chez Homère (*Iliade*, I, 14)

In dicionem atque in arbitratum cuncti Thebano
poplo.
Post ob uirtutem ero Amphitruoni patera donata
aurea *est*
Qui Pterela potitare solitus est rex. Haec sic dicam
erae.
Nunc pergam eri imperium exequi et me domum
capessere.
ME. Attat, illic huc iturus*t*; ibo ego illi\<c\> obuiam,
Neque ego huc hominem | hodie ad aedis has sinam
unquam accedere.
Quando imago est huius in me, certum est hominem
eludere.
Et enim uero quoniam formam cepi huius in me\<d\>
et statum,
Decet et facta moresque huius habere me simil*i*s
item.
Itaque me malum esse oportet, callidum, astutum
admodum,
Atque hunc telo suo sibi, malitia, a foribus pellere.
Sed qũid illuc est? caelum aspectat. Obseruabo
quam rem agat.
SO. Certe edepol [scio], si quicquamst aliud qu*o*d cre-
dam aut certo sciam,
Credo ego hac noctu ˏNocturnum obdormisse
ebrium,
Nam neque se Septentriones quoquam in caelo
commouent,
Neque se Luna quoquam mutat atque uti exorta est
semel,
Nec Iugulae neque Vesperugo neque Vergiliae |
occidunt.
Ita statim stant signa neque nox quoquam concedit
die.

leur ville et leurs enfants, les remettant en la possession et à la libre disposition du peuple thébain [1]. Après quoi, pour récompenser son courage, mon maître Amphitryon a reçu la patère d'or dans laquelle le roi Ptérélas avait coutume de boire. Voilà ce que je dirai à ma maîtresse. Maintenant je vais continuer d'exécuter les consignes de mon maître et poursuivre mon chemin jusqu'à la maison.

MERCURE (*à part*). – Attention ! le voici qui vient par ici ! Je vais me porter au-devant de lui et je ne laisserai pas aujourd'hui cet individu s'approcher de la maison. Ayant revêtu son apparence, je suis décidé à le berner. En vérité, puisque j'ai pris ses traits et son allure, il convient que j'aie aussi ses façons d'agir et son caractère tout à l'identique. C'est pourquoi il me faut être un fripon, plein de malice, fourbe au plus haut point et écarter de la porte cet individu en employant ses propres armes, la malice. (*Il voit Sosie contempler le ciel.*) Mais qu'est-ce qui se passe ? Il regarde le ciel. Je vais observer ses faits et gestes.

SOSIE. – Vraiment, par Pollux, s'il est une chose dont je suis en moi-même intimement persuadé, je crois bien que cette nuit Nocturnus [2] s'est endormi sous l'effet de l'ivresse. Car les sept étoiles de la Grande Ourse ne bougent pas dans le ciel, la Lune non plus ne se déplace pas de la position où elle s'est levée ; ni Orion, ni Vesper, ni les Pléiades ne se couchent. Ainsi les constellations restent immobiles et nulle part la nuit ne se retire devant le jour.

---

1. Formule de *deditio* qui rappelle celle que mentionne Tite-Live (*Histoire romaine*, I, 38, 2) à propos de la reddition de Collatie sous la royauté Si l'attitude des suppliants est marquée d'hellénisme, la formule est bien romaine dans son expression énumérant à travers un rythme binaire le sacré et le profane, les biens et les personnes.
2. Le dieu Nocturnus ne connaît pas d'autres attestations en littérature. Le nom de l'étoile du soir ou Vénus (Vesper) apparaît sous la forme Vesperugo. La constellation d'Orion est un groupe de sept étoiles. La Nuit intervient dès le Prologue dans l'*Amphitryon* de Molière et confère à la pièce une atmosphère qui s'apparente au merveilleux. Ces diverses mentions montrent l'aptitude des Romains à créer des entités divinisées. Il existait une sorte de Jupiter nocturne, dans le panthéon romain, connu sous le nom de Summanus (cf. le chapitre 3 du dossier).

ME. Perge, Nox, ut occepisti ; gere patri morem meo.
　　Optumo optume optumam operam das, datam pulchre locas.
SO. Neque ego hac nocte longiorem me uidisse censeo
　　Nisi | item unam, uerberatus quam pependi perpetem ;
　　Eam quoque edepol etiam multo haec uicit longitudine.
　　Credo edepol equidem dormire Solem, atque adpotum probe.
　　Mira sunt nisi inuitauit sese in cena plusculum.
ME. Ain uero, uerbero ? deos esse tui similis putas ?
　　Ego pol te istis tuis pro dictis et malefactis, furcifer,
　　Accipiam ; modo sis ueni huc, inuenies infortunium.
SO. Vbi sunt isti scortatores, qui soli inuiti cubant ?
　　Haec nox scita est exercendo scorto conducto male.
ME. Meus pater nunc pro huius uerbis recte et sapienter facit,
　　Qui conplexus cum Alcumena cubat amans, animo opsequens.
SO. Ibo ut erus quod imperauit Alcumenae nuntiem.
　　Sed quis hic est homo, quem ante aedis uideo hoc noctis, non placet.
ME. Nullust hoc metuculosus aeque.
SO. 　　　　　　　　　　　　*Mi* in mentem uenit :
　　Illic homo <hodie> hoc denuo uolt pallium detexere.

Mercure (*à part*). – Continue, ô Nuit, comme tu as commencé ; montre-toi complaisante envers mon père. Tu prends le meilleur parti en rendant le meilleur service au meilleur des dieux [1], tu fais un bon placement.

Sosie. – Je crois bien n'avoir jamais vu de nuit plus longue que celle-ci, si ce n'est une seule dans le genre, celle où, après avoir reçu la bastonnade, je suis resté attaché au poteau jusqu'au lever du jour. Mais même celle-là, ma foi, cette nuit-ci l'a de beaucoup dépassée en durée. Je crois bien, par Pollux, que le Soleil dort et qu'il a bien bu. Cela ne m'étonnerait guère qu'il se soit un peu trop bien traité à dîner.

Mercure (*à part*). – Qu'est-ce à dire, maraud ? Crois-tu que les dieux sont de la même étoffe que toi ? Par Pollux, pour prix de tes insolences et de tes méfaits, pendard, je vais te recevoir ; viens seulement jusqu'ici, il va t'arriver une fâcheuse aventure.

Sosie. – Où sont donc ces dragueurs, qui se lamentent d'être seuls dans leur lit ? Voici une nuit bien faite pour utiliser les services d'une courtisane qu'on paie si cher.

Mercure (*à part*). – D'après ce qu'il dit, mon père agit avec raison et sagesse, lui qui s'abandonne au lit à une étreinte amoureuse avec Alcmène, n'écoutant que son plaisir.

Sosie. – Allons annoncer à Alcmène les nouvelles que mon maître m'a ordonné de porter. Mais qui est cet individu que j'aperçois devant notre maison, à cette heure de la nuit ? Ça ne m'inspire pas [2].

Mercure (*à part*). – Froussard comme lui, ça n'existe pas.

Sosie (*à part*). – Hé, mais j'y songe : cet homme veut aujourd'hui refaire la trame du manteau que je porte [3].

---

1. Jupiter était honoré sur le Capitole aux côtés de Junon et de Minerve, comme Jupiter Très Bon Très Grand (Jupiter Optimus Maximus)
2. À partir des vers 292, Sosie aperçoit Mercure mais il n'entend son propos qu'à partir de la réplique du vers 300 ; le dialogue ne débutera qu'au vers 340, au terme d'une double série d'apartés.
3. Allusion, par ce jeu de mots, à la rossée qu'il a peur de recevoir. Si Mercure lui assène des coups de poing sur le dos, il fera comme un tisserand au travail qui frappe la trame de sa navette.

ME. Timet homo : deludam ego illum.
SO. Perii, dentes pruriunt ;
Certe aduenientem hic me hospitio pugne<o> accepturus est.
Credo, misericors est : nunc propterea quod me meus erus
Fecit ut uigilarem, hic pugnis faciet hodie ut dormiam.
Oppido interii. Obsecro hercle, quantus et quam ualidus est !
ME. Clare a<d>uorsum fabulabor, †hic auscultet quae loquar :
Igitur magis modum m<ai>orem in sese concipiet metum.
Agite, pugni ! Iam diu est quod uentri uictum non datis.
Iam pridem uidetur factum, heri quod homines quattuor
In soporem collocastis nudos.
SO. Formido male
Ne ego hic nomen meum commutem, et Quintus fiam e Sosia.
Quattuor *ui*ros sopori se dedisse hic autumat :
Metuo ne numerum augeam illum.
ME. Em, nunciam ergo sic *u*olo.
SO. Cingitur ; certe expedit se.
ME. Non feret quin uapulet.
SO. Quis homo ?
ME. Quisquis homo huc profecto uenerit, pugnos edet.
SO. Apage, non placet me hoc noctis esse : cenaui modo ;

MERCURE (*à part*). – Le bonhomme a peur. Je vais me jouer de lui.

SOSIE (*à part*). – Je suis perdu, j'ai les dents qui me démangent [1] ; assurément, à mon arrivée, il va former le comité d'accueil avec ses poings. Voilà, à mon avis, un homme plein de compassion : parce que mon maître m'a fait passer une nuit blanche, lui, avec ses poings, va m'offrir maintenant l'occasion de dormir. Je suis vraiment perdu. Voyez donc, par Hercule, comme il est grand, quel costaud !

MERCURE (*à part*). – Je vais parler à haute voix, en face de lui ; il entendra ce que je dirai : alors, il va sentir sa peur monter en lui. (*À haute voix.*) Allez, mes poings ! Il y a belle lurette que vous ne donnez à manger à mon ventre. Cela me semble bien loin dans le passé, les quatre hommes qu'hier vous avez plongés dans le sommeil après les avoir mis tout nus [2].

SOSIE (*à part*). – J'ai diablement peur de changer de nom aujourd'hui et de devenir Quintus à la place de Sosie [3]. Il déclare avoir endormi quatre hommes : je crains d'augmenter ce nombre.

MERCURE (*relevant sa tunique*). – Eh bien, voilà précisément comment je veux être.

SOSIE (*à part*). – Il retrousse sa tunique ; assurément, il se met en position de combat.

MERCURE (*à part*). – Il ne s'en tirera pas sans être rossé.

SOSIE (*à part*). – Qui donc ?

MERCURE (*à part*). – Quiconque viendra ici, je lui ferai avaler mes poings.

SOSIE (*à part*). – N'en fais rien, ça ne me dit pas de manger à cette heure de la nuit ; j'ai dîné tout à l'heure ;

---

1. Cette démangeaison est un avertissement : elle annonce les coups qui vont la soulager.
2. Mercure veut se faire passer pour un brigand aux yeux de Sosie Il lui fait croire que, la veille, il a assommé et dépouillé de leurs vêtements quatre hommes.
3. Le prénom Quintus repose sur le numéral ordinal *quintus* le cinquième (comme Secundus, Sextus et Decimus signifient le Second, le Sixième, le Dixième).

Proin tu istam cenam largire, si sapis, esurientibus.
ME. Haud malum huic est pondus pugno.
SO.   Perii, pugnos ponderat.
ME. Quid, si ego illum tractim tangam, ut dormiat ?
SO.   Seruaueris :
Nam continuas has tris noctes peruigilaui.
ME.   Pessum*est*
Facinus nequiter ferire malam ; male discit manus.
Alia forma <os> esse oportet, quem tu pugno legeris.
SO. Illic homo me interpolabit meumque os finget denuo.
ME. Exossatum os esse oportet, quem probe percusseris.
<SO.> Mirum n*i* hic me quasi murenam exossare cogitat.
Vltro istu<n>c qui exossat homines ! perii, si me aspexerit.
ME. Olet homo quidam malo suo.
SO.   Ei, numnam ego obolui ?
ME. Atque haud longe abesse oportet, uerum longe hinc a*f*uit.
<SO.> Illic homo superstitiosu*s*t.
ME.   Gestiunt pugni mihi.
<SO.> Si in me exercituru's, quaeso in parietem ut primum domes.
ME. Vox mihi ad aur*i*s aduolauit.
SO.   Ne ego homo infelix fui,
Qui non alas interuelli : uolucrem uocem gestito.

aussi, si tu es avisé, offre généreusement ton dîner à des affamés.

MERCURE (*à part*). – Ce poing-là a un assez bon poids.

SOSIE (*à part*). – Je suis perdu, il pèse ses poings.

MERCURE (*à part*). – Et si je lui faisais un bon massage pour qu'il dorme ?

SOSIE (*à part*). – Me voilà sauvé, car cela fait trois nuits d'affilée que je n'ai pas fermé l'œil.

MERCURE (*à part*). – Frapper sans vigueur une mâchoire, c'est très mal s'y prendre [1] ; c'est un très mauvais entraînement pour la main. Il doit être méconnaissable, celui que l'on a caressé de son poing.

SOSIE (*à part*). – Cet homme va me retaper à neuf [2] et me modeler un nouveau visage.

MERCURE (*à part*). – Il doit se retrouver le visage désossé, celui que l'on a frappé comme il faut.

SOSIE (*à part*). – Je ne serais pas étonné que cet homme songe à me désosser comme une murène. Qu'on éloigne de moi cet individu qui désosse les hommes ! Je suis perdu, s'il m'aperçoit.

MERCURE (*à part*). – Je sens un homme ici, pour son malheur.

SOSIE (*à part*). – Est-ce que vraiment j'ai laissé échapper une odeur ?

MERCURE (*à part*). – Et même, il ne doit pas être bien loin, mais il revient pourtant de loin.

SOSIE (*à part*). – Cet homme a des dons de sorcier.

MERCURE (*à part*). – J'ai les poings qui me démangent.

SOSIE (*à part*). – Si tu veux les exercer sur moi, de grâce, commence par les attendrir un peu contre la muraille.

MERCURE (*à part*). – Une voix a volé ici jusqu'à mes oreilles.

SOSIE (*à part*). – Ah oui, homme infortuné que je suis, moi qui ne lui ai pas coupé les ailes ; je suis doué d'une voix qui vole.

---

1. Nous adoptons sur ce point un texte différent de celui d'Alfred Ernout
2. Le verbe latin *interpolare* signifie « donner une autre forme », « remettre à neuf » et suggère l'image d'un foulon qui « retape » un vêtement.

ME. Illic homo a me sibi malam rem arcessit iumento
       suo.
SO. Non equidem ullum habeo iumentum.
ME.   Onerandus est pugnis probe.
SO. Lassus sum hercle e naui, ut uectus huc sum ; etiam
       nunc nauseo.
    Vix incedo inanis, ne ire posse cum onere exis-
       tumes.
ME. Certe enim hic nescioquis loquitur.
SO.   Saluus sum, non me uidet ;
    'Nescioquem' loqui autumat ; mihi certo nomen
       Sosiaest.
ME. Hinc enim dextra uox auris, ut uidetur, uerberat.
SO. Metuo uocis ne uice\<m\> hodie hic uapulem, quae
       hunc uerberat.
ME. Optume eccum incedit ad me.
SO.   Timeo, totus torpeo.
    Non edepol nunc ubi terrarum sim scio, siquis
       roget,
    Neque miser me commouere possum prae formi-
       dine.
    I*l*icet : mandata eri perierunt una et Sosia.
    Verum certum est confidenter hominem contra
       conloqui,
    [Igitur] Qui possim uideri huic fortis, a me ut abs-
       tineat manum.
ME. Quo ambulas tu, qui Vulcanum in cornu conclusum
       geris ?

MERCURE (*à part*). – Cet homme vient chercher des histoires auprès de moi sur sa propre monture [1].

SOSIE (*à part*). – Mais je n'ai aucune monture.

MERCURE (*à part*). – Il lui faut son pesant de coups de poing.

SOSIE (*à part*). – Je suis déjà sacrément fatigué de ma traversée depuis que j'ai débarqué ici ; encore maintenant j'ai la nausée. J'ai assez de mal à me déplacer sans charge, pour que tu n'ailles pas croire que je pourrais avancer avec un fardeau.

MERCURE (*à part*). – Ah ! pour le coup ! quelqu'un, je ne sais qui, parle ici.

SOSIE (*à part*). – Je suis sauvé ; il ne me voit pas. Il prétend avoir entendu parler « je ne sais qui [2] » et mon nom à moi est Sosie.

MERCURE (*à part*). – De ce côté-là, oui, à droite, une voix, ce me semble, vient frapper mes oreilles.

SOSIE (*à part*). – J'ai peur d'être rossé aujourd'hui, à la place de la voix qui le frappe.

MERCURE (*à part*). – Parfait, le voici qui se dirige vers moi.

SOSIE (*à part*). – J'ai peur, je suis complètement paralysé. Non, par Pollux, je ne sais en quel lieu de la terre je me trouve, au cas où on me poserait la question et, malheureux que je suis, je ne puis faire un mouvement, sous l'effet de la terreur. C'en est fait, la commission de mon maître est perdue, et Sosie avec elle. Mais je suis décidé à lui parler en face, hardiment, pour me donner à ses yeux l'apparence d'un brave, afin qu'il s'abstienne de me frapper.

MERCURE. – Où vas-tu, toi qui portes Vulcain enfermé dans une corne [3] ?

---

1. Mercure a recours à une expression proverbiale équivalente à : « Il court au galop à sa propre perte. » Sosie prend – ou feint de prendre – au sens propre cette expression figurée.
2. Ce jeu de mots fait penser à l'aventure d'Ulysse qui prétend s'appeler Personne dans l'épisode du Cyclope Polyphème (Homère, *Odyssée*, IX, 366).
3. Sosie porte une lanterne en forme de corne ou avec un manchon de corne pour protéger la flamme du vent. La mention du dieu du feu est une parodie de la grandiloquence des tragédies romaines.

SO. Quid id exquiris tu, qui pugnis os exossas homi-
                                                    nibus ?
ME. Seruusne <es> an liber ?
SO.   Vtcumque animo conlibitum est meo.
ME. Ain uero ?
SO.   Aio enim uero.
ME.   Verbero !
SO.   Mentiris nunc.
ME. At iam faciam ut uerum dicas dicere.
SO.
                                        Quid eo est opus ?
ME. Possum scire, quo profectus, cuius sis, aut quid
                                                    ueneris ?
SO. Huc eo!, eri sum seruus. Numquid nunc es certior ?
ME. Ego tibi istam hodie, sceleste, comprimam linguam.
SO.   Haud potes :
    Bene pudiceque adseruatur.
ME.   Pergin argutarier ?
    Quid apud hasce aedis negoti est tibi ?
SO.   Immo quid tibi est ?
ME. Rex Creo uigiles nocturnos singulos semper locat.
SO. Bene facit : quia nos eramus peregri, tutatust domi.
    At nunc abi sane, aduenisse familiaris dicito.
ME. Nescio quam tu familiaris sis ; nisi actutum hinc
                                                    abis,
    Familiaris, accip<i>ere faxo haud familiariter.
SO. Hic, inquam, habito ego atque horunc seruus sum.

Sosie. — Pourquoi me poses-tu cette question, toi qui désosses avec tes poings la figure des gens ?
Mercure. — Es-tu un esclave ou un homme libre ?
Sosie. — C'est selon, au gré de mes humeurs.
Mercure. — Vraiment ?
Sosie. — Oui, vraiment.
Mercure. — Espèce de rossard [1] !
Sosie. — Tu mens, là.
Mercure. — Mais je vais t'amener à dire que je dis bien vrai.
Sosie. — En quoi est-ce nécessaire ?
Mercure. — Puis-je savoir où tu vas, à qui tu appartiens, pourquoi tu es venu ?
Sosie. — Je vais là, je suis l'esclave de mon maître. Es-tu renseigné maintenant ?
Mercure. — Je saurai bien forcer, crapule, ta coquine de langue.
Sosie. — Impossible. Elle est bien gardée, dans l'honneur et la pudeur [2].
Mercure. — Tu continues à jouer les malins. Qu'as-tu à faire auprès de cette maison ?
Sosie. — Mais, toi, plutôt, qu'as-tu à y faire ?
Mercure. — Le roi Créon y place toutes les nuits une sentinelle.
Sosie. — C'est une bonne mesure : du fait que nous étions à l'étranger, il a fait monter la garde chez nous. Mais maintenant, va et annonce que les gens de la maison sont de retour.
Mercure. — Je ne sais pas dans quelle mesure tu fais partie de la maisonnée ; mais si tu ne décampes pas aussitôt, tout membre de la maisonnée que tu es, tu seras reçu, et j'y veillerai, autrement qu'en ami de la maison !
Sosie. — C'est ici, te dis-je, que j'habite et j'appartiens aux maîtres de céans.

---

1. Le mot latin *verbero* peut être le substantif insultant à l'égard de l'esclave (rossard, pendard) ou le verbe signifiant « je frappe », ce qui explique la réplique de Sosie
2. Sosie compare la violence que Mercure veut lui infliger pour le faire parler à celle que subirait une jeune fille.

ME. At scin quo modo ?
Faciam ego hodie te superbum, nisi hinc abis.
SO. Quonam modo ?
ME. Auferere, non abibis, si ego fustem sumpsero.
SO. Quin me<d> esse huius familiae familiarem praedico.
ME. Vide sis quam mox uapulare uis, nisi actutum hinc abis.
SO. Tun domo prohibere peregre me aduenientem postulas ?
ME. Haeccine tua domust ?
SO. Ita inquam.
ME. Quis erus est igitur tibi ?
SO. Amphitruo, qui nunc praefectust Thebanis legionibus,
Quicum nupta est Alcumena.
ME. Quid ais ? quid nomen tibi est ?
SO. Sosiam uocant Thebani, Dauo prognatum patre.
ME. Ne tu istic hodie malo tuo compositis mendaciis
Aduenisti, audaciai columen, consutis dolis.
SO. Immo equidem tunicis consutis huc aduenio, non dolis.
ME. At mentiris etiam : certo pedibus, non tunicis uenis.
SO. Ita profecto.
ME. Nunc profecto uapula ob mendacium.
SO. Non edepol uolo profecto.

MERCURE. – Sais-tu bien ce que je vais faire ? Je vais faire de toi un homme en vue aujourd'hui, si tu ne déguerpis pas d'ici [1].

SOSIE. – Comment ?

MERCURE. – Tu vas être évacué, tu ne t'en iras pas à pied, si je prends un bâton.

SOSIE. – Tu as beau dire, je soutiens que je fais partie de cette maisonnée.

MERCURE. – Prends garde, veux-tu bien, tu vas recevoir une rossée, si tu ne décampes pas tout de suite.

SOSIE. – Tu prétends m'interdire l'accès du logis, au moment où j'arrive de l'étranger ?

MERCURE. – Est-ce ici ta maison ?

SOSIE. – Oui, te dis-je.

MERCURE. – Quel est alors ton maître ?

SOSIE. – Amphitryon, qui est en ce moment à la tête des légions thébaines et qui a pour épouse Alcmène.

MERCURE. – Dis-moi, quel est ton nom ?

SOSIE. – À Thèbes, on m'appelle Sosie, fils de Dave [2].

MERCURE. – Ah, vraiment, mon bonhomme, aujourd'hui il va t'en coûter d'être venu avec une provision de mensonges, modèle d'effronterie, tout enveloppé de ruses.

SOSIE. – Je te demande pardon, c'est enveloppé de tuniques, non de ruses que je viens.

MERCURE. – Tu mens encore ! C'est avec tes pieds que tu viens, non avec des tuniques.

SOSIE. – Oui, assurément.

MERCURE. – Sois donc rossé pour ce mensonge, assurément.

SOSIE. – Par Pollux, c'est qu'assurément [3] je ne veux pas.

---

1. Les grands personnages ne se déplacent pas à pied, mais se font transporter en litière (*lectica*). Si Sosie est roué de coups par Mercure, il sera transporté sur une litière, comme sur une civière, incapable qu'il sera de marcher.
2. La réponse de Sosie, à travers une filiation d'allure noble, parodie le style épique. Un esclave n'a pas droit à un patronyme. Noter l'emphase amusante de cette réplique.
3. Le comique repose sur la répétition de l'adverbe affirmatif *profecto*.

ME.   At pol profecto ingratiis ;
Hoc quidem 'profecto' certum est, non est arbitrarium.
SO. Tuam fidem obsecro !
ME.   Tun te audes Sosiam esse dicere,
Qui ego sum ?
SO.   Perii.
ME.   Parum etiam, praeut futurum est, praedicas.
Quoius nunc es ?
SO.   Tuus ; nam pugnis usu fecisti tuum.
Pro fidem, Thebani ciues !
ME.   Etiam clamas, carnufex ?
Loquere, quid uenisti ?
SO.   Vt esset, quem tu pugnis caederes.
ME. Cuius es ?
SO.   Amphitruonis, inquam, Sosia.
ME.   Ergo istoc magis,
Quia uaniloquu's, uapulabis. Ego sum, non tu, Sosia.
SO. Ita di faciant, ut tu potius sis atque ego te ut uerberem !
ME. Etiam muttis ?
SO.   Iam tacebo.
ME.   Quis tibi erust ?
SO.   Quem tu uoles.
ME. Quid igitur ? qui nunc uocare ?
SO.   Nemo nisi quem iusseris.
ME. Amphitruonis te esse aiebas Sosiam.
SO.   Peccaueram :
Nam 'Amphitruonis socium' †neme esse uolui dicere.
ME. Scibam equidem nullum esse nobis nisi me seruum Sosiam.
Fugit te ratio.

MERCURE. – Mais, par Pollux, tu le seras assurément malgré toi et cet « assurément » est bien certain, il n'est aucunement sujet à contestation. (*Il le bat.*)

SOSIE. – De grâce, je t'en supplie !

MERCURE. – Tu as l'audace de prétendre que tu es Sosie, devant moi qui suis Sosie !

SOSIE. – Je suis perdu.

MERCURE. – Tes propos sont bien en dessous de ce qui t'attend. À qui appartiens-tu maintenant ?

SOSIE. – À toi ; car tes poings t'ont rendu maître de ma personne[1]. À l'aide, citoyens de Thèbes !

MERCURE. – Tu cries encore, bourreau ? Parle, pourquoi es-tu venu ?

SOSIE. – Afin d'offrir une victime à frapper à tes poings.

MERCURE. – À qui appartiens-tu ?

SOSIE. – À Amphitryon, dis-je, je suis Sosie.

MERCURE. – Eh bien tu seras d'autant plus rossé que tu es menteur : c'est moi Sosie, pas toi.

SOSIE. – Plaise aux dieux que tu sois à ma place et que moi je t'administre une rossée !

MERCURE. – Tu marmonnes encore ?

SOSIE. – Je ne dis plus rien.

MERCURE. – Qui est ton maître ?

SOSIE. – Qui tu voudras.

MERCURE. – Et maintenant, quel est ton nom ?

SOSIE. – Aucun, sinon celui que tu ordonneras.

MERCURE. – Tu prétendais être Sosie, esclave d'Amphitryon.

SOSIE. – Je m'étais trompé ; j'ai voulu dire que j'étais l'associé d'Amphitryon[2].

MERCURE. – Je savais bien qu'il n'y avait pas chez nous d'autre esclave Sosie que moi. La raison t'a quitté.

Le cinquième emploi s'applique au coup que Mercure porte à la tête de Sosie (*hoc* : ce coup est bien certain).
1 Allusion à l'usage romain de l'*usucapio*. La possession et l'usage d'une chose pendant un temps déterminé permettaient d'en devenir maître, avec un titre de propriété régulier.
2. Jeu de mots entre Sosie (*Sosia*) et « associé » (*socius*), à moins que Sosie ne se définisse comme le blessé d'Amphitryon (adjectif *saucius*), en faisant allusion aux coups qu'il a reçus du maître

SO. Vtinam istuc pugni fecissent tui !
ME. Ego sum Sosia ille, quem tu dudum esse aiebas mihi.
SO. Obsecro ut per pacem liceat te alloqui, ut ne uapulem.
ME. Immo indutiae parumper fiant, si quid uis loqui.
SO. Non loquar nisi pace facta, quando pugnis plus uales.
ME. Dic si quid uis : non nocebo.
SO. Tuae fidei credo ?
ME. Meae.
SO. Quid, si falles ?
ME. Tum Mercurius Sosiae iratus siet.
SO. Animum aduorte : nunc licet mihi libere quiduis loqui.
Amphitruonis ego sum seruos Sosia.
ME. Etiam denuo ?
SO. Pacem feci, foedus feci, uera dico.
ME. Vapula.
SO. Vt libet, quid tibi libet fac, quoniam pugnis plus uales.
Verum, utut es facturus, hoc quidem hercle haud reticebo tamen.
ME. Tu me uiuus hodie numquam facies quin sim Sosia.
SO. Certe edepol tu me alienabis numquam quin noster siem ;
Nec nobis praeter me<d> alius quisquam est seruus Sosia.
†Qui cum Amphitruone hinc una ieram in exercitum.
ME. Hic homo sanus non est.

Sosie. – Ah, si tes poings en avaient fait autant !

Mercure. – C'est moi qui suis ce Sosie que tout à l'heure tu prétendais être.

Sosie. – De grâce, laisse-moi te parler en paix, sans que je sois battu.

Mercure. – Eh bien, faisons une trêve pour un moment, si tu veux dire quelque chose.

Sosie. – Je ne parlerai qu'un fois la paix conclue, puisque tes poings te donnent l'avantage.

Mercure. – Dis ce que tu veux. Je ne te ferai aucun mal.

Sosie. – Puis-je me fier à ta parole ?

Mercure. – Tu as ma parole.

Sosie. – Qu'arrivera-t-il, si tu me trompes ?

Mercure. – Alors, que la colère de Mercure s'abatte sur Sosie !

Sosie. – Écoute-moi : maintenant je peux exprimer librement ce que je veux. Je suis Sosie, esclave d'Amphitryon.

Mercure. – Voilà que tu recommences ?

Sosie. – J'ai fait la paix, conclu un traité et je dis la vérité.

Mercure (*il le bat*). – Tiens, prends-ça !

Sosie. – Comme tu veux, fais ce que tu veux, puisque tes poings te donnent l'avantage. Mais, par Hercule, tu auras beau faire, c'est là une vérité que je ne tairai sûrement pas.

Mercure. – De toute ta vie, jamais tu ne m'empêcheras d'être aujourd'hui Sosie.

Sosie. – Mais, par Pollux, tu ne me feras jamais changer de condition, de façon à empêcher que je ne sois de chez nous [1]. Il n'y a pas, chez nous, d'autre esclave qui soit Sosie, à part moi, moi qui avais accompagné Amphitryon lors de son départ pour l'armée.

Mercure. – Cet homme n'a pas son bon sens.

---

1. Les idées de maître et de propriété sont à double sens, concernant aussi bien la condition de Sosie par rapport à Amphitryon (ce qui le définit socialement) que son identité personnelle. *Noster* implique l'appartenance à la maisonnée (*a nostra familia*) et aussi la personne de Sosie (être moi-même).

SO. Quod mihi praedicas uitium, id tibi est.
Quid, malum, non sum ego seruus Amphitruonis
Sosia ?
Nonne hac noctu nostra nauis <huc> ex portu Per-
sico
Venit, quae me aduexit ? nonne me huc erus misit
meus ?
Nonne ego nunc sto ante aedes nostras ? non mihi
est lanterna in manu ?
Non loquor ? non uigilo ? nonne hic homo modo
me pugnis contudit ?
Fecit hercle : †nam etiam misero nunc malae dolent.
Quid igitur ego dubito ? aut cur non intro eo in
nostram domum ?
ME. Quid, domum uostram ?
SO. Ita enim uero.
ME. Quin quae dixisti modo
Omnia ementitu's : equidem Sosia Amphitruonis
sum.
Nam noctu hac soluta est nauis nostra e portu Per-
sico,
Et ubi Pterela rex regnauit oppidum expugnauimus,
Et legiones Teloboarum ui pugnando cepimus,
Et ipsus Amphitruo optruncauit regem Pterelam in
proelio.
SO. Egomet mihi non credo, cum illaec autumare illum
audio :
Hicquidem certe quae illic sunt res gestae memorat
memoriter.
Sed quid ais ? quid Amphitruoni <doni> a Telobois
datum est ?

Sosie. — Le défaut que tu m'attribues te revient. Comment, diantre ! je ne suis pas Sosie, moi, l'esclave d'Amphitryon ? Est-ce que, cette nuit même, notre bateau n'a pas accosté ici, en provenance du port persique [1], avec moi à son bord ? Mon maître ne m'a-t-il pas dépêché ici ? Ne me trouvé-je pas maintenant devant notre maison ? N'ai-je pas une lanterne à la main ? Ne parlé-je pas ? Ne suis-je pas éveillé ? Cet homme ne vient-il pas de me frapper à coups de poing ? Il l'a fait, par Hercule. J'ai encore, pauvre de moi, mal aux mâchoires. Pourquoi donc ai-je des doutes ? Pourquoi ne vais-je pas dans notre maison ?

Mercure. — Quoi, notre maison ?

Sosie. — Oui, absolument.

Mercure. — Bien au contraire, tout ce que tu viens d'affirmer n'est qu'un tissu de mensonges : c'est moi qui suis Sosie, esclave d'Amphitryon. Assurément, notre bateau a appareillé cette nuit du port persique, nous avons pris d'assaut la ville où régna Ptérélas, nous avons réduit à notre merci les légions des Téléboens dans une grande offensive et Amphitryon en personne a tué le roi Ptérélas en combattant.

Sosie (*à part*). — J'en viens à douter de moi-même, à l'entendre faire ce récit. Indubitablement le messager dresse un message fidèle des événements qui se sont déroulés là-bas [2]. (*À Mercure.*) Mais dis-moi : qu'est-ce qu'a reçu comme présent Amphitryon, de la part des Téléboens ?

---

1. Le nom de ce port est mentionné à trois reprises dans la pièce (v. 404, 412, 823) Ce serait un port de la mer d'Eubée, non loin de Thèbes, où la flotte perse aurait fait escale pendant les guerres médiques. Mais dans cette comédie mythologique, les notations géographiques sont encore plus imprécises que dans les autres pièces de Plaute. Peut-être s'agit-il d'une appellation de pure fantaisie. Nous pourrions envisager des hypothèses plus sérieuses si nous connaissions un original grec pour l'élaboration de l'*Amphitryon*. L'imprécision géographique se double d'un anachronisme certain puisque les guerres médiques sont postérieures de plusieurs siècles à l'aventure mythologique d'Amphitryon et d'Alcmène. On peut mettre ce port « persique » en relation avec Ambracie et la campagne de Fulvius Nobilior en 189 av. J.-C. Ambracie se trouve sur un fleuve navigable qui se jette dans le golfe d'Ambracie. Amphitryon est le petit-fils de Persée et Hercule lui-même a été roi d'Ambracie.

2. Le texte latin comporte une paronomase associant deux mots de même famille ayant des sonorités voisines : le verbe *memorare* (évoquer, rappeler) et l'adverbe *memoriter* (avec une fidèle mémoire).

ME. Pterela rex qui potitare solitus est patera aurea.
SO. Elocutus est. Vbi patera nunc est ?
ME.   * in cistula,
    Amphitru̇onis obsignata signo est.
SO.   Signi dic quid est ?
ME. Cum quadrigis Sol exoriens. Quid me captas, car-
                                                    nufex ?
SO. Argumentis uicit : aliud nomen quȧerundum est
                                                    mihi.
    Nescio unde haec hic spectauit. Iam ego hunc deci-
                                                piam probe.
    Nam quod egomet solus feci nec quisquam alius
                                                    affuit
    In tabernaclo, id quidem hodie numquam poterit
                                                    dicere.
    Si tu Sosia es, legiones cum pugnabant maxume,
    Quid in tabernaclo fecisti ? uictus sum, si dixeris.
ME. Cadus erat uini : inde impleui hirneam.
SO.   Ingressust uiam.
ME. Eam ego, ut matre fuerat natum, uini | eduxi meri.
SO. Factum est illud, ut ego illic uini hirneam ebiberim
                                                    meri.
    Mira sunt nisi latuit intus illic in illac hirnea.
ME. Quid nunc ? uincon argumentis, te non esse
                                                Sosiam ?
SO. Tu negas mėd esse ?
ME.   Quid ego ni negem, qui egomet siem ?

MERCURE. – La coupe d'or où l'on servait habituellement à boire au roi Ptérélas.

SOSIE (*à part*). – Il l'a bien dit. (*À Mercure.*) Où se trouve maintenant la coupe ?

MERCURE. – Dans un coffret scellé du sceau d'Amphitryon.

SOSIE. – Et le sceau, dis, que représente-t-il ?

MERCURE. – Le Soleil levant avec son quadrige [1]. Tu cherches à me prendre en défaut, bourreau ?

SOSIE (*à part*). – Ce sont là des preuves irréfutables : il me faut chercher un autre nom pour moi. Je ne sais où il a vu tout cela. Maintenant, je vais bien le prendre au piège. Car ce que j'ai fait seul, en l'absence de tout témoin, sous la tente, il ne pourra jamais aujourd'hui en dire mot. (*À Mercure.*) Si tu es Sosie, quand les légions étaient au plus fort du combat, qu'as-tu fait sous la tente ? Si tu le dis, je m'avoue vaincu.

MERCURE. – Il y avait un tonneau de vin : j'en ai rempli une bouteille.

SOSIE (*à part*). – Il est sur la voie.

MERCURE. – Et cette bouteille, j'en ai bu tout le vin d'un trait, avalé pur tel qu'il était sorti de sa mère [2].

SOSIE (*à part*). – C'est bien ce qui s'est passé : j'ai vidé là-bas une bouteille de vin pur. Je ne serais pas étonné qu'il se soit trouvé là-bas, caché à l'intérieur de la bouteille.

MERCURE. – Eh bien ! que dis-tu maintenant ? As-tu la preuve irréfutable que tu n'es pas Sosie ?

SOSIE. – Tu prétends que je ne suis pas Sosie ?

MERCURE. – Comment pourrais-je dire le contraire, puisque je suis moi-même Sosie ?

---

1. Le Soleil est divinisé, il constitue une entité divine (beaucoup de philosophes, comme les néo-platoniciens, lui accorderont un rôle important dans leur conception du monde) Les croyances populaires imaginaient un dieu tiré par un quadrige parcourant le ciel d'Orient en Occident. Phaéton, fils du Soleil, voulut conduire le char de son père mais il fut incapable de le diriger, embrasa la Terre et fut foudroyé par Jupiter. Le sceau est un symbole du pouvoir de royauté, et de gloire.
2. Les Romains buvaient habituellement le vin coupé d'eau, ce qui était nécessaire peut-être compte tenu de la force du vin.

435	SO. Per Iouem iuro med esse neque me falsum dicere.
	ME. At ego per Mercurium iuro tibi Iouem non credere :
	Nam iniurato, scio, plus credet mihi quam iurato tibi.
	SO. Quis ego sum saltem, si non sum Sosia ? te interrogo.
	ME. Vbi ego Sosia nolim esse, tu esto sane Sosia.
440	Nunc quando ego sum, uapulabis, ni hinc abis, ignobilis.
	SO. Certe edepol, quom illum contemplo et formam cognosco meam,
	Quem ad modum ego sum – saepe in speculum inspexi –, nimis simil*e*st mei.
	Itidem habet petasum ac uestitum ; tam consimil*e*st atque ego.
	Sura, pes, statura, tonsus, oculi, nasum uel labra,
445	Malae, mentum, barba, collus, totus. Quid uerbis opust ?
	Si tergum cicatricosum, nihil hoc simil*i*st similius.
	Sed quom cogito, equidem certo idem sum qui semper fui.
	Noui erum, noui aedis nostras ; sane sapio et sentio.
	Non ego illi optempero quod loquitur ; pultabo foris.
	ME. Quo agis te ?
	SO. Domum.
450	ME. Quadrigas si nunc inscendas Iouis
	Atque hinc fugias, ita uix poteris effugere infortunium.
	SO. Nonne erae meae nuntiare quod erus meus iussit licet ?
	ME. Tuae si quid uis nuntiare ; hanc nostram adire non sinam.

Sosie. – Par Jupiter, je jure que je suis Sosie et que je dis la vérité.

Mercure. – Et moi, je jure par Mercure que Jupiter ne te croit pas. À moi, sans serment, il accordera, je le sais, bien plus de créance qu'à toi sous serment.

Sosie. – Mais qui suis-je alors, si je ne suis pas Sosie ? Je te pose la question.

Mercure. – Le jour où je ne voudrai plus moi-même être Sosie, alors, toi, sois Sosie à ta guise. Mais à présent que je le suis, tu seras rossé, si tu ne déguerpis pas d'ici, homme sans nom.

Sosie (*à part*). – Vraiment, par Pollux, quand je l'examine et que je considère mes traits, mon allure générale – car souvent je me suis regardé dans un miroir [1] – il est mon propre reflet. Il porte même chapeau [2] et même vêtement ; c'est mon portrait. Mollet, pied, taille, coupe de cheveux, yeux, nez et lèvres, mâchoires, menton, barbe, cou, tout y est. Bref, si son dos est couvert de cicatrices [3], il n'y a pas de plus semblable que ce semblable. Mais, quand je réfléchis, je suis assurément le même que j'ai toujours été. Je connais mon maître, je connais notre maison ; je jouis de mes sens et de mon bon sens [4]. Je n'écoute pas ce qu'il dit, je vais frapper à la porte.

Mercure. – Où vas-tu ?

Sosie. – À la maison.

Mercure. – Quand bien même tu monterais sur le quadrige de Jupiter et t'enfuirais d'ici, tu aurais peine encore à esquiver le malheur qui te menace.

Sosie. – Ne m'est-il pas permis de porter à ma maîtresse les nouvelles dont mon maître m'a chargé ?

Mercure. – À ta maîtresse, il t'est permis d'annoncer ce que tu veux. Mais je ne te laisserai pas approcher de

---

1. Cette précision est nécessaire. Les esclaves n'avaient pas de miroirs en leur possession, car il s'agissait d'objets précieux, en bronze ou en argent poli, liés en particulier à la toilette des femmes.
2. La coiffure est constituée du pétase (cf note 1, p. 67).
3. Du fait des châtiments corporels (coups de fouet, de bâton) infligés aux esclaves.
4. Nous essayons de rendre le groupe binaire allitérant et assonant du latin.

Nam si me inritassis, hodie lumbifr*a*gium hinc auferes.
SO. Abeo potius. Di inmortales, obsecro uostram fidem,
Vbi ego perii ? ubi inmutatus sum ? ubi ego formam perdidi ?
An egomet me illic reliqui, si forte oblitus fui ?
Nam hicquidem omnem imaginem meam, quae antehac fuerat, possidet.
Viuo fit quod numquam quisquam mortuo faciet mihi.
Ibo ad portum atque haec ut<i> sunt facta, ero dicam meo :
Nisi etiam is quoque me ignorabit. Quod ille faxit Iuppiter,
Vt ego | hodie raso capite caluus capiam pilleum.

MERCVRIVS

Bene prospere[que] hoc hodie operis processit mihi.
Amoui a foribus maximam molestiam,
Patri ut liceret tuto illam amplexarier.
Iam ille illuc ad erum cum Amphitr*u*onem aduenerit,
Narrabit seruum hinc sese a foribus Sosiam

la nôtre. Et si tu me pousses à bout, tu t'en iras d'ici avec les reins brisés [1].

Sosie. — Je préfère m'en aller. Dieux immortels, j'implore votre aide, où ai-je disparu, où ai-je subi un changement ? Où ai-je perdu ma figure ? Ai-je laissé sur place ma personne là-bas [2], par un oubli fortuit ? Car, véritablement, cet individu possède tous les traits qui auparavant m'avaient appartenu. Il m'arrive de mon vivant ce que l'on ne fera jamais après ma mort [3]. Je vais regagner le port et dire à mon maître ce qui s'est passé ; à moins que lui aussi ne me reconnaisse pas. Que le Grand Jupiter m'accorde cette grâce de coiffer aujourd'hui, crâne rasé, sans cheveux, le bonnet d'affranchi [4] !

<SCÈNE 2>

MERCURE [5]

Mercure. — À la bonne heure ! Voilà une affaire qui a bien marché pour moi aujourd'hui. J'ai éloigné de notre porte le plus fâcheux des trouble-fête, pour permettre à mon père de poursuivre ses étreintes avec sa belle. Quant à cet individu, lorsqu'il aura rejoint son maître Amphitryon, il lui racontera qu'un esclave du nom de Sosie l'a

---

1 Plaute forge ici le mot « rupture de reins » (*lumbifragium*) La création verbale est un élément du comique.
2. Au port persique dont il a été question auparavant.
3 Nouvelle allusion à un usage romain qui devait impressionner l'historien Polybe (*Histoires*, VI, 53-54). Lors des funérailles d'un grand personnage, les membres de la famille défilaient en une procession funèbre : un proche parent portait une marque de cire représentant le mort. Tous les grands ancêtres étaient aussi figurés dans le cortège.
4 Si Amphitryon ne le reconnaît pas, Sosie se considérera comme libre. Les nouveaux affranchis se rasaient la tête et se coiffaient du *pilleus*, sorte de bonnet phrygien en laine
5 Cette deuxième scène en sénaires iambiques reprend certaines données qui figurent déjà dans le Prologue. Elle est nécessaire pour expliquer la durée de la nuit ; aussi la pièce donne-t-elle un peu ici, après le mouvement endiablé de la scène précédente, l'impression de « traîner en longueur ».

Amouisse ; ille adeo illum mentiri sibi
Credet neque credet huc profectum, ut iusserat.
470 Erroris ambo ego illos et dementiae
Complebo atque omnem | Amphitru̯onis familiam,
Adeo usque satietatem dum capiet pater
Illius quam amat : igitur demum omnes scient
Quae facta. Denique Alcumenam Iuppiter
475 Rediget antiquam coniugi̯ in concordiam.
Nam Amphitru̯o actutum uxori turbas conciet
Atque insimulaḇit eam probri. Tum meus pater
Eam seditionem illi in tranquillum conferet.
Nunc de Alcumena dudum quod dixi minus,
480 Hodie illa pariet filios geminos duos :
Alter decumo post mense nascetur puer
Quam seminatusṭ, alter mense septumo.
Eorum Amphitru̯onis alter est, alter Iouis.
Verum minori puero maior est pater,
485 Minor maiori. Iamne hoc scitis quid siet ?
Sed Alcumenae | huius honoris gratia
Pater curauit uno ut fe̯tu fieret :
Vno ut labore absoluat aerumnas duas,
Et ne in suspicione ponatur stupri,
490 Et clandestina ut celetur consuetio.
Quamquam, ut iam dudum dixi, resciscet tamen
Amphitru̯o rem omnem. Quid igitur ? nemo id probro
Profecto ducet Alcumenae : nam deum
Non par uidetur facere, delictum suum
495 Suamque [ut] culpam expetere in mortalem sinat.
Orationem comprimam ; crepuit foris.
Amphitru̯o subditiuus eccum exit foras
Cum | Alcumena | uxore usuraria.

repoussé de la porte ; lui, là-dessus, croira que l'autre lui ment, il ne croira jamais qu'il est venu ici, comme il le lui avait ordonné. Je vais jeter le trouble complet dans leur esprit, leur faire perdre complètement la tête [1], à eux deux et à toute la maisonnée d'Amphitryon, jusqu'à ce que mon maître soit repu des plaisirs de l'amour avec la dame de son cœur. Alors, seulement, tout le monde saura ce qui s'est passé. Finalement, Jupiter rendra Alcmène à son mari, renouant leur union passée. Car Amphitryon va bientôt déchaîner ses colères contre son épouse et l'accusera de s'être déshonorée. Alors mon père fera cesser ce différend et ramènera le calme. En ce qui concerne Alcmène, ce que je n'ai pas mentionné tout à l'heure, elle va aujourd'hui donner le jour à deux fils jumeaux : l'un naîtra dix mois après sa conception, l'autre sept mois. L'un est le fils d'Amphitryon, l'autre celui de Jupiter. Mais l'enfant le plus petit a le père le plus grand, et l'enfant le plus grand a le père le plus petit [2]. Saisissez-vous maintenant ce qu'il en est ? Mais par égard pour Alcmène leur mère, mon père a pris soin que cela ne donne lieu qu'à un accouchement, que par un seul travail elle soit délivrée d'un double fardeau, pour éviter qu'elle ne soit soupçonnée d'adultère, et pour que sa liaison secrète ne soit pas révélée. Pourtant, comme je l'ai dit tout à l'heure, Amphitryon viendra à connaître toute l'affaire. Et alors ? Personne assurément n'ira en faire reproche à Alcmène : ce ne semblerait pas juste qu'un dieu fasse endosser à une mortelle la responsabilité de sa faute. Mais abrégeons notre propos ; la porte a fait du bruit [3]. Voici le pseudo-Amphitryon qui sort avec Alcmène, son épouse d'emprunt.

---

1. Shakespeare a composé une *Comédie des erreurs* (1591), sa seule farce, étroitement inspirée des *Ménechmes* de Plaute.
2. Les adjectifs latins au comparatif signifient pour l'un (*minor*) « plus petit » ou « cadet », pour l'autre (*maior*) « plus grand ». Le fils d'Amphitryon a été conçu avant le fils de Jupiter : la gestation de dix mois (des mois lunaires de vingt-neuf jours) correspond à une gestation normale. Mercure joue sur l'opposition et l'entrechoquement des adjectifs *maior* et *minor*, alternant au datif et au nominatif.
3. Le grincement de la porte annonce un changement de scène et l'arrivée d'un autre personnage du fond de scène

IVPPITER   ALCVMENA   MERCVRIVS

IV. Bene uale, Alcumena, cura rem communem, quod facis,
Atque inperce quaeso : menses iam tibi esse actos uides.
Mihi necesse est ire hinc ; uerum quod erit natum tollito.
AL. Quid istuc est, mi uir, negoti, quod tu tam subito domo
Abeas ?
IV. Edepol haud quod tui me neque domi distaedeat ;
Sed ubi summus imperator non adest ad exercitum,
Citius quod non facto est usus fit quam quod facto est opus.
ME. Nimis hic scitust sycophanta, qui quidem meus sit pater.
Obseruatote *, quam blande mulieri palpabitur.
AL. Ecastor te experior quanti facias uxorem tuam.
IV. Satin habes, si feminarum nulla est quam aeque diligam ?
ME. Edepol ne illa si istis rebus te sciat operam dare,
Ego faxim te<d> Amphitruonem esse malis quam Iouem.
AL. Experiri istuc mauellem me quam mihi memorarier.
Prius abis quam lectus ubi cubuisti concaluit locus.
Heri uenisti media nocte, nunc abis. Hoccine placet ?

Acte I, scène 3

<SCÈNE 3>

JUPITER, ALCMÈNE, MERCURE

Jupiter. – Adieu, Alcmène, veille à la bonne marche de notre maison comme tu le fais, et prends bien soin de toi, je t'en prie : tu vois que le nombre de mois est arrivé à terme. Personnellement, je dois m'en aller ; quant au futur nouveau-né, procède à sa reconnaissance en l'élevant de terre [1].

Alcmène. – Quelle est donc cette affaire, mon cher mari, qui te fait quitter si précipitamment le foyer ?

Jupiter. – Par Pollux, ce n'est pas que je sois las de ta présence ou du foyer, mais quand le commandant en chef n'est pas sur place à l'armée, il s'y fait plus vite ce qui n'est pas nécessaire que ce qui est requis.

Mercure (*à part*). – Il est le roi des enjôleurs, oui, lui, mon propre père. Observez bien de quelle manière flatteuse il va cajoler la dame.

Alcmène. – Par Castor [2], je vois bien par expérience tout le cas que tu fais de ta femme.

Jupiter. – N'est-ce pas suffisant que je n'aime aucune femme autant que toi ?

Mercure (*à part*). – Par Pollux, si celle qui est là-haut [3] savait que tu t'adonnes à pareils jeux, je suis prêt à parier que tu aimerais mieux être Amphitryon que Jupiter.

Alcmène. – J'aimerais mieux des preuves tangibles que de belles déclarations. Tu pars avant même d'avoir réchauffé la place où tu as couché dans notre lit. Tu es

---

1. Acte par lequel le père reconnaît un enfant : l'enfant est posé devant lui, sur le sol, s'il le soulève en le prenant dans ses bras, il reconnaît sa légitimité et s'engage à l'élever ; sinon, l'enfant est abandonné dans la rue.
2. Le serment par Castor est réservé aux femmes Les hommes jurent par Pollux.
3. Junon, divinité parèdre et épouse de Jupiter, dont la jalousie était très vive. Elle ferait payer cher à Jupiter ce genre d'infidélité, si elle venait à l'apprendre.

ME. Accedam atque hanc appellabo et subparasitabor patri.
Numquam edepol quemquam mortalem credo ego uxorem suam
Sic ecflictim amare, proinde ut hic te efflictim deperit.
IV. Carnufex, non ego te noui ? abin e conspectu meo ?
Quid tibi hanc curatio est rem, uerbero, aut muttitio ?
Quoi<i> ego iam hoc scipione...
AL. Ah ! noli.
IV. Muttito modo.
ME. Nequiter paene expediuit prima parasitatio.
IV. Verum quod tu dicis, mea uxor, non te mihi irasci decet.
Clanculum abi*i* | a legione : operam hanc subrupui tibi,
Ex me primo prima <ut> scires, rem ut gessissem publicam.
Ea tibi omnia enarraui. Nisi te amarem plurimum,
Non facerem.
ME. Facitne ut dixi ? timidam palpo percutit.
IV. Nunc, ne legio persentiscat, clam illuc redeundum est mihi,
Ne me uxorem praeuertisse dicant prae re publica.
AL. Lacrimantem ex abitu concinnas tu tuam uxorem.
IV. Tace ;
Ne corrumpe oculos : redibo actutum.
AL. Id 'actutum' diu est.
IV. Non ego te hic lubens relinquo neque abeo abs te.
AL. Sentio :
Nam qua nocte ad me uenisti, eadem abis.
IV. Cur me tenes ?
Tempus <est> ; exire ex urbe prius quam lucescat uolo.

arrivé hier au milieu de la nuit, maintenant tu t'en vas. Où est le plaisir ?

MERCURE (*à part*). – Je vais m'approcher et aborder la dame et jouer auprès de mon père les parasites. (*À Alcmène.*) Par Pollux, je crois qu'il n'y eut jamais aucun mortel aussi éperdument amoureux de sa femme comme lui se meurt d'un amour éperdu pour toi.

JUPITER (*à Mercure*). – Bourreau, est-ce que je ne te connais pas ? Vas-tu t'éloigner de ma vue ? Pourquoi te mêles-tu de cette affaire, coquin, qu'as-tu à marmonner ? Avec ce bâton, je m'en vais te...

ALCMÈNE. – Ah, non, je t'en prie...

JUPITER (*à Mercure*). – Dis seulement un mot et...

MERCURE (*à part*). – Mon premier rôle de parasite a bien failli mal tourner pour moi.

JUPITER. – Quant à ce que tu dis, ma femme, ta colère à mon égard est déplacée. Je suis parti en cachette loin de mes troupes : je me suis libéré de cette obligation pour toi, pour te faire en avant-première la primeur de mon récit sur mes succès dans la conduite des opérations. Je t'ai raconté tout cela en détail. Si je ne t'aimais plus que tout, je n'agirais pas ainsi.

MERCURE (*à part*). – N'agit-il pas comme j'ai dit ? La belle est craintive mais il la comble de flatteries [1].

JUPITER. – Maintenant, pour que mes troupes ne s'aperçoivent de rien, je dois les rejoindre à leur insu afin que l'on ne me reproche pas d'avoir donné à ma femme la préséance sur l'intérêt de l'État.

ALCMÈNE. – Ton départ fait verser des larmes à ton épouse.

JUPITER. – Ne dis plus rien : n'abîme pas tes beaux yeux ; je serai bientôt de retour.

ALCMÈNE. – Voilà un « bientôt » qui est bien long.

JUPITER. – Ce n'est pas de gaieté de cœur que je te laisse ici et que je m'en vais loin de toi.

ALCMÈNE. – Je le vois bien : la même nuit a vu à la fois ton arrivée et ton départ.

JUPITER. – Pourquoi cherches-tu à me retenir ? Le moment est venu : je veux sortir de la ville avant le lever

---

1. Jupiter se comporte comme on le fait avec un animal rétif.

Nunc tibi hanc pateram, quae dono mihi ill*i* ob uir-
tutem dat*a*st,
Pterela rex qui potitauit, quem ego mea occidi
manu,
Alcumena, tibi condono.
AL. Facis ut alias res soles.
Ecastor condignum donum, qualest qui donum
dedit.
ME. Immo sic : condignum donum, qualest cui dono
datu\<m\>st.
IV. Pergin autem ? nonne ego possum, furcifer, te per-
dere ?
AL. Noli amabo, Amphitr*u*o, irasci Sosiae causa mea.
IV. Faciam ita ut uis.
ME. Ex amore hic admodum quam s*a*euus est !
IV. Numquid uis ?
AL. Vt quom absim me ames, me tuam te absent*ei*
tamen.
ME. Eamus, Amphitr*u*o ; lucescit hoc iam.
IV. Abi prae, Sosia ;
Iam ego sequar. Numquid uis ?
AL. Etiam : ut actutum aduenias.
IV. Licet ;
Pr*i*us tua | opinione hic adero. Bonum animum
habe.
Nunc te, Nox, quae me mansisti, mitto ut \<con\>ce-
das di*e*,
Vt mortalis inlucescat luce clara et candida.
Atque quanto, Nox, fuisti longior hac proxuma,

Acte I, scène 3 111

du jour. Et maintenant, cette coupe [1], qui m'a été là-bas offerte en présent pour prix de ma vaillance, la coupe où buvait le roi Ptérélas, que j'ai tué de ma propre main, je te la donne, chère Alcmène.

ALCMÈNE. – Tu agis en cela selon ta manière habituelle. Par Castor, le présent est tout à fait digne de celui qui le donne.

MERCURE. – Dis plutôt : le cadeau est tout à fait digne de celle qui en est gratifiée.

JUPITER. – Tu recommences ? Qu'est-ce qui me retient, pendard [2], de te faire périr ?

ALCMÈNE. – Je t'en prie, Amphitryon, ne te mets pas en colère contre Sosie à cause de moi.

JUPITER. – Je ferai comme tu le désires.

MERCURE (*à part*). – C'est fou ce que l'amour le rend agressif.

JUPITER (*à Alcmène*). – Veux-tu encore quelque chose [3] ?

ALCMÈNE. – Je veux que tu m'aimes en mon absence, moi qui t'appartiens tout entière, malgré ton absence.

MERCURE. – Partons, Amphitryon ; le jour se lève déjà.

JUPITER. – Pars le premier, Sosie. Je vais te suivre à l'instant. (*À Alcmène.*) Veux-tu encore quelque chose ?

ALCMÈNE. – Oui : que tu reviennes au plus vite.

JUPITER. – Soit, je te l'accorde ; je serai ici plus tôt que tu ne penses [4]. Aie bon courage. (*Jupiter, resté seul.*) Maintenant, ô Nuit, toi qui m'as attendu, va, cède la place au jour pour qu'il répande sur les mortels sa lumière, sa clarté et son éclat. Par ailleurs, autant, ô Nuit, tu as

---

1. Cette coupe est dans un coffret que Jupiter présente à Alcmène.
2. Mercure est traité de *furcifer*, « porteur de la fourche » (on dirait aujourd'hui : « gibier de potence »). La fourche était un instrument de supplice réservé aux esclaves. La tête était placée entre les deux branches d'une fourche qui formaient une sorte de carcan où ils étaient suspendus.
3. Formule habituelle par laquelle on prend congé de quelqu'un : « As-tu encore quelque chose à me dire ? » La réponse était la formule de séparation : *Valeas* (Porte-toi bien). Plus bas, de nouveau, Alcmène prend l'expression à la lettre et demande à Amphitryon de revenir le plus vite possible.
4. Le véritable Amphitryon ne va pas tarder à être là et le retour de Jupiter est prévu

Tanto breuior dies ut fiat faciam, ut aeque disparet.
E*i* ; dies e nocte accedat. Ibo et Mercurium subse-
quar.

<ACTVS II>

AMPHITRVO   SOSIA

AM. Age i tu secundum.
SO.   Sequor, subsequor te.
AM. Scelestissimum te arbitror.
SO.   Nam quam l ob rem ?
AM. Quia id quod neque est neque fuit neque futurum
est
  Mihi praedicas.
SO.   Eccere, iam tuatim
  Facis, ut tuis nulla apud te *f*ides *s*it.
AM. Quid est ? quomodo ? iam quidem hercle ego tibi
istam
  Scelestam, scelus, linguam abscidam.
SO.   Tuus sum :
    Proinde ut commodums*t* et lubet, quidque facias.
  Tamen quin loquar haec uti facta sunt hic,
  Numquam ullo modo me potes deterrere.
AM. Scelestissime, audes mihi praedicare id,
  Domi te esse nunc, qui hic ades ?
SO.   Vera dico.
AM. Malum quod tibi di dabunt, atque ego hodie
  Dabo.
SO.   Istuc tibist in manu ; nam tuus sum.
AM. Tun me, uerbero, audes erum ludificari ?
  Tune id dicere audes, quod nemo umquam homo
antehac

dépassé en longueur la nuit précédente, autant j'abrégerai le jour, pour que l'équilibre soit rétabli. Va ; que le jour succède à la nuit. Je vais aller rejoindre Mercure.

<ACTE II>

<SCÈNE 1>

AMPHITRYON, SOSIE

AMPHITRYON. – Allons [1], toi, suis-moi [2].
SOSIE. – Je te suis, je t'emboîte le pas.
AMPHITRYON. – Je te tiens pour un fieffé coquin.
SOSIE. – Pourquoi donc ?
AMPHITRYON. – Parce que tu me soutiens une chose impossible, qui n'est pas, n'a jamais été et ne sera jamais.
SOSIE. – C'est cela, voilà bien comment tu es, tu n'as aucune confiance en tes gens.
AMPHITRYON. – Quoi ? Comment ? Par Hercule, je m'en vais, scélérat, t'arracher ta langue scélérate !
SOSIE. – Je suis ta propriété, tu peux me traiter comme tu veux, à ta guise et selon ton bon plaisir. Mais, m'empêcher de dire comment ces faits se sont déroulés en ce lieu même, en aucune façon tu ne saurais y arriver.
AMPHITRYON. – Fieffé coquin, tu oses prétendre que tu es en ce moment à la maison, toi qui es à mes côtés.
SOSIE. – Ce que je dis est vrai.
AMPHITRYON. – Le vrai, c'est la punition, oui, que les dieux vont t'administrer et qu'aujourd'hui même je m'en vais personnellement t'administrer.
SOSIE. – Tu en as le pouvoir : je suis ta propriété.
AMPHITRYON. – As-tu le front, pendard, de te moquer de moi, ton maître ? Tu oses soutenir une chose que

---

1. Sosie revient du port avec Amphitryon, bien décidé à rentrer chez lui. Il n'a pas cru un mot du récit de son valet qui lui a expliqué qu'il existait un autre Sosie devant sa porte
2. Ici commence un *canticum* essentiellement composé de bacchiaques (v. 551-573). La fin de la scène est du récitatif en septénaires trochaïques (v. 585-632).

                    Vidit nec potest fieri, tempore uno
                    Homo idem duobus locis ut simul sit ?
        SO.   Profecto, ut loquor, res ita est.
        AM.   Iuppiter te
                    Perdat !
570   SO.   Quid mali sum, ere, tua ex re promeritus ?
        AM.   Rogasne, improbe, etiam qui ludos facis me ?
        SO.   Merito maledicas mihi, si non id ita factum est.
                    Verum haud mentior, resque uti facta dico.
        AM.   Homo hic ebrius est, ut opinor.
        SO.   Vtinam ita essem !
575   AM.   Optas quae facta.
        SO.   Egone ?
        AM.   Tu istic. Vbi bibisti ?
        SO.   Nusquam equidem bibi.
        AM.   Quid hoc sit
                    Hominis ?
        SO.   Equidem decies dixi :
                    Domi ego sum, inquam ; ecquid audis ?
                    Et apud te adsum Sosia idem.
                    Satin hoc plane, satin diserte,
                        Ere, nunc uideor
                    Tibi locutus esse ?
        AM.   Vah !
                    Apage te a me.
580   SO.   Quid est negoti ?
        AM.   Pestis te tenet.
        SO.   Nam quor istuc
                    Dicis ? equidem ualeo et saluus
                    Sum recte, Amphitruo.
583   AM.   At te ego faciam
                    Hodie proinde ac meritus es
                    Vt minus ualeas et miser sis,
                    Saluus domum si rediero. Iam
585   Sequere sis, erum qui ludificas dictis delirantibus,
                    Qui quoniam erus quod imperauit neglexisti per-
                                                                    sequi,

Acte II, scène 1 115

jamais homme auparavant n'a vue, une chose impossible, qu'un même individu se trouve en même temps en deux endroits différents ?

Sosie. – Absolument, il en est bien comme je le dis.

Amphitryon. – Que Jupiter te perde !

Sosie. – En quoi ai-je mal agi, maître, à ton égard ?

Amphitryon. – Tu le demandes, vaurien, toi qui continues à te payer ma tête !

Sosie. – Tu m'adresserais des injures justifiées, si les faits n'étaient pas avérés. Mais je ne mens pas et je dis les choses comme elles se sont passées.

Amphitryon. – Cet homme est soûl, je crois bien.

Sosie. – Puissé-je l'être !

Amphitryon. – Tu souhaites une chose accomplie.

Sosie. – Moi ?

Amphitryon. – Oui, toi. Où as-tu bu ?

Sosie. – Je n'ai bu nulle part.

Amphitryon. – Quelle espèce d'individu ceci peut-il être[1] ?

Sosie. – Je te l'ai dit dix fois. Je suis à la maison, te dis-je : est-ce clair ? Et je suis auprès de toi, moi, le même Sosie. Est-ce que je te semble avoir parlé assez clairement, assez explicitement, maître ?

Amphitryon. – Ah, éloigne-toi de moi !

Sosie. – Quel est le problème ?

Amphitryon. – Tu es pestiféré.

Sosie. – Mais pourquoi dis-tu cela ? Je me sens bien et suis en parfaite santé, Amphitryon.

Amphitryon. – Eh bien, je veillerai personnellement à ce que, comme tu l'as mérité, tu te portes moins bien et te sentes mal, si je rentre sans dommage à la maison. Maintenant, suis-moi, veux-tu, toi qui te moques de ton maître avec tes propos délirants, et qui, parce que tu as négligé d'accomplir ce qu'a ordonné ton maître, viens de

---

1. Amphitryon se demande s'il n'a pas affaire à un prodige, à un phénomène qui sort de l'ordre naturel, le don d'ubiquité ou un phénomène particulier de gémellité. La réponse serait « un monstre d'homme » (*monstrum hominis*). Mais le terme conserve sa valeur péjorative : Sosie n'est qu'un esclave, un vaurien, et il est peut-être complètement ivre ou a perdu la raison, ce qui le met aussi en marge de l'humanité.

> Nunc uenis etiam ultro inrisum dominum : quae neque fieri
> Possunt neque fando umquam accepit quisquam, profers, carnifex.
> Quoius ego hodie in ter*gum* faxo ista expetant mendacia.

SO. Amphitr*uo*, miserrima istaec miseria est seruo bono,
Apud erum qui uer*a* loquitur, si id ui uerum uincitur.

AM. Quo id, malum, pacto potest nam – mecum argumentis puta –
Fieri, nunc ut<i> tu <et> hic sis et domi ? id dici uolo.

SO. Sum profecto et hic et illic : hoc cuiuis mirari licet,
Neque tibi istuc <hilo> mirum magis uidetur quam mihi.

AM. Quo modo ?
SO. Nihilo, inquam, mirum magis tibi istuc quam mihi ;
Neque, ita me di ament, credebam primo mihimet Sosiae,
Donec Sosia ille egomet <me> fecit sibi uti crederem.
Ordine omn*ia*, ut quicque actum est, dum apud hostis sedimus,
Edissertauit ; tum formam un*a* abstulit cum nomine.
Neque lac lacti<s> magis est simile quam ille ego simil*e*st mei.
Nam ut dudum ante lucem a portu me praemisisti domum –

AM. Quid igitur ?
SO. Prius multo ante aedis stabam quam illo adueneram.

AM. Quas, malum, nugas ? satin tu sanus es ?
SO.   Sic sum ut uides.

AM. Huic homini nescioquid est mali mala obiectum manu,
Postquam a me abiit.
SO.   Fateor : nam sum obtusus pugnis pessume.
AM. Quis te uerberauit ?
SO.   Egomet memet, qui nunc sum domi.

surcroît maintenant te moquer ouvertement de ce maître : tu me racontes, bourreau, des choses qui ne peuvent arriver et dont personne n'a jamais entendu parler. Eh bien, je vais aujourd'hui m'employer à faire retomber sur ton dos tes mensonges.

Sosie. – Amphitryon, pour un honnête esclave, il n'est pas d'épreuve plus éprouvante, quand il dit la vérité à son maître, que de voir la vérité vaincue par la force.

Amphitryon. – Comment, diantre, est-il possible – réfléchis avec moi raisonnablement – que tu te trouves à la fois ici et à la maison ? Je veux que tu me le dises.

Sosie. – Je suis effectivement à la fois ici et là : chacun peut s'en étonner et cela me semble à moi tout aussi étonnant qu'à toi.

Amphitryon. – Comment ?

Sosie. – Cela, te dis-je, me semble à moi tout aussi étonnant qu'à toi ; et – les dieux me protègent – tout d'abord je ne me croyais pas moi-même, Sosie, jusqu'à ce que ce Sosie, cet autre moi-même, ait fait en sorte que je le croie. Il m'a raconté par le menu tous les événements dans le détail de leur déroulement, pendant tout le temps où nous avons séjourné en territoire ennemi ; il a alors pris mon apparence en même temps que mon nom. Une goutte de lait ne ressemble pas davantage à une goutte de lait que cet autre moi me ressemble. Ainsi quand, tout à l'heure, avant le jour, tu m'as envoyé en avant, du port à la maison...

Amphitryon. – Eh bien, alors ?

Sosie. – J'étais en place devant la maison bien avant d'y être arrivé.

Amphitryon. – Quelles sornettes, diantre, racontes-tu là ? As-tu toute ta raison ?

Sosie. – Comme tu vois.

Amphitryon (*à part*). – Je ne sais quel mal a malencontreusement frappé cet homme, après qu'il m'eut quitté.

Sosie. – C'est bien vrai : j'ai été, fort malencontreusement, meurtri à coups de poing.

Amphitryon. – Qui t'a donné des coups ?

Sosie. – Moi-même, le moi qui est maintenant à la maison.

AM. Caue quicquam, nisi quod rogabo te, mihi responderis.
   Omnium primum iste qui sit Sosia, hoc dici uolo.
SO. Tuus est seruus.
610 AM.   Mihi quidem uno te plus etiam est quam uolo.
   Neque, postquam sum natus, habui nisi te seruum Sosiam.
SO. At ego nunc, Amphitru*o*, dico : Sosiam seru*u*m tuum
   Praeter me alterum, inquam, adueniens faciam ut offendas domi,
   Dauo prognatum patre eodem quo ego sum, forma, aetate item
   Qua ego sum. Quid opu*s*t uerbis ? geminus Sosia hic factu*s*t tibi.
615 AM. Nimia memoras mira. Sed uidistin uxorem meam ?
SO. Quin intro ire in aedis numquam licitum est.
AM.   Quis te prohibuit ?
SO. Sosia ille, quem iam dudum dico, is qui me contudit.
AM. Quis istic Sosia est ?
SO.   Ego, inquam. Quotiens dicendum est tibi ?
AM. Sed quid ais ? num obdormiuisti dudum ?
620 SO.   Nusquam gentium.
AM. Ibi forte istum si uidisses quendam in somnis Sosiam.
SO. Non soleo ego somniculose eri | imperia persequi.
   Vigilans uidi, uigilans †nunc uideo, uigilans fabulor,
   Vigilantem ille me iam dudum uigilans pugnis contudit.
AM. Quis homo ?
SO.   Sosia, inquam, ego ille. Quaeso, nonne intellegis ?
625

AMPHITRYON. – Garde-toi de répondre en dehors des questions que je te pose. Tout d'abord, qui est le Sosie dont tu parles, voilà ce que je veux t'entendre dire.

SOSIE. – Ton esclave.

AMPHITRYON. – Vraiment, rien qu'avec toi, je suis comblé au-delà de mes vœux. Et d'ailleurs, depuis que je suis né, je n'ai pas eu d'autre Sosie que toi comme esclave.

SOSIE. – Eh bien, moi, Amphitryon, je te dis ceci : je te ferai rencontrer, te dis-je, chez toi, quand tu t'y présenteras, un second Sosie, ton esclave, en dehors de moi, né du même père que moi, Dave [1], avec les mêmes traits et le même âge que moi. Trêve de discours, ce Sosie que tu vois, tu en as deux maintenant à ta disposition.

AMPHITRYON. – Voilà un récit bien étrange. Mais as-tu vu ma femme ?

SOSIE. – Mais c'est qu'il ne m'a jamais été permis d'entrer dans la maison.

AMPHITRYON. – Qui t'en a empêché ?

SOSIE. – Ce Sosie, dont je te parle depuis un moment, celui qui m'a roué de coups.

AMPHITRYON. – Qui est ce Sosie dont tu parles ?

SOSIE. – Moi, te dis-je. Combien de fois faut-il te le dire ?

AMPHITRYON. – Dis-moi, est-ce que tu n'as pas piqué un petit somme tout à l'heure ?

SOSIE. – Pas le moins du monde.

AMPHITRYON. – Une supposition : tu aurais pu voir en rêve ce Sosie dont tu parles.

SOSIE. – Ce n'est pas dans mes habitudes d'exécuter en dormant les ordres de mon maître. C'est éveillé que je l'ai vu, comme éveillé je te vois et éveillé je te parle. J'étais bien éveillé et il était bien éveillé quand tout à l'heure il m'a rossé à coups de poing.

AMPHITRYON. – Qui donc ?

SOSIE. – Sosie, te dis-je, l'autre qui est à ma place. Voyons, tu ne comprends pas ?

---

1. La mention de cette filiation est une nouvelle parodie de la tragédie (cf. note 2, p. 91).

AM. Qui, malum, intellegere quisquam potis est ? ita
    nugas blatis !
SO. Verum actutum nosces, qu*o*m illum nosces seruum
    Sosiam.
AM. Sequere hac igitur me ; nam mihi istuc primum
    exquisito est opus.
    Sed uide ex naui efferantur quae *i*mperaui *i*am
    omnia.
630 SO. Et memor sum et diligens, ut quae imperes compa-
    reant.
    Non ego cum uino simitu ebibi imperium tuum.
AM. Vtinam di faxint, infecta dicta r*e* eueniant tua !

———

ALCVMENA   AMPHITRVO   SOSIA

AL. Satin parua res est uoluptatum in uita atque in
    aetate agunda,
    Praequam quod molestum est ? ita cuique compa-
    ratum est in aetate hominum ;
    Ita di<ui>s est placitum, uoluptatem ut maeror
635   comes consequatur ;
    Quin incommodi plus malique ilico adsit, boni si
    optigit quid.
    Nam ego id nunc experior domo atque ipsa de me
    scio, cui uoluptas
    Parumper datast, dum uiri mei †mihi potestas
    uidendi fuit
    Noctem unam modo ; atque is repente abiit a me *
    hinc ante lucem.
    Sola hic mihi nunc uideor, quia ille hinc abest,
640   quem ego amo praeter omnis.
    Plus aegri ex abitu uiri quam ex aduentu uoluptatis
641-642   c*e*pi. Sed hoc me beat
    Saltem, qu*o*m perduellis uicit et domum laudis

AMPHITRYON. – Comment, diantre, pourrait-on s'y retrouver ? Tu débites de telles balivernes !

SOSIE. – Eh bien, tu vas bientôt connaître la vérité, quand tu vas faire la connaissance de cet esclave Sosie.

AMPHITRYON. – Suis-moi donc par ici ; il faut d'abord que je fasse la lumière sur cette question. Mais veille à ce que l'on apporte du bateau tout ce que j'ai ordonné.

SOSIE. – J'ai une bonne mémoire et du zèle à revendre pour que tes ordres s'exécutent. Je n'ai pas avalé tes ordres en les noyant dans un verre de vin.

AMPHITRYON. – Fassent les dieux que ce que tu as dit ne s'accomplisse pas dans la suite des événements [1].

<SCÈNE 2>

ALCMÈNE, AMPHITRYON, SOSIE

ALCMÈNE (*sortant de chez elle sans voir Amphitryon ni Sosie*). – Combien pèsent peu nos plaisirs, dans la vie et le cours d'une existence ici-bas, face au fardeau de nos chagrins ! Tel est le lot de chacun dans le cours de sa vie terrestre. Ainsi l'ont voulu les dieux : le plaisir est indissociable du chagrin qui le suit ; bien plus, un cortège de désagréments et de maux survient aussitôt, si quelque avantage vous a été accordé, j'en fais aujourd'hui l'expérience vécue personnellement et je le sais par moi-même, moi qui ai eu droit à un peu de plaisir, le temps qu'il me fut accordé de voir mon mari, l'espace d'une seule nuit. Et voilà, il est parti brusquement avant le lever du jour. Je me sens maintenant seule ici, du fait de l'absence de celui qui m'est le plus cher au monde. J'ai éprouvé plus de chagrin du départ de mon mari que de plaisir de son arrivée. Mais je suis cependant heureuse, puisqu'il a vaincu nos ennemis et qu'il est revenu chez

---

1. La fin de la scène (v. 622-631), parfois considérée comme un passage remanié, a pu être ajoutée, ainsi que le souligne A. Ernout dans son édition, « pour éliminer de la scène suivante le rôle de Sosie ». Auquel cas, Amphitryon aurait envoyé son esclave au bateau.

643-644   compos reuenit. Id solacio est.
          Absit dum modo laude parta domum recipiat se ;
645   feram et perferam usque
          Abitum eius animo forti atque offirmato, id modo
                                    si mercedis
          Datur mihi, ut meus uictor uir belli clueat : satis
          Mihi esse ducam. Virtus praemium est optimum,
             Virtus omnibus rebus anteit profecto.
          Libertas, salus, uita, res et parentes, patria et pro-
650   gnati
                  Tutantur, seruantur.
          Virtus omnia in sese habet, omnia adsunt bona
                         quem penest uirtus.
    AM. Edepol me uxori exoptatum credo aduenturum
                                    domum,
          Quae me amat, quam contra amo ; praesertim re
655   gesta bene,
          Victis hostibus ; quos nemo posse superari ratust,
          Eos auspicio meo atque *d*uctu primo coetu uicimus.
          Certe enim me illi expectatum optato uenturum
                                      scio.
    SO. Quid ? me non rere expectatum amicae uenturum
                                     meae ?
    AL. Meus uir hicquidem est.
    AM.   Sequere hac tu me.
660 AL.   Nam quid ille reuortitur,
          Qui dudum properare s*e* a*i*bat ? an ille me temptat
                                    sciens
          Atque id s*e* uult experiri, suum *a*bitum ut deside-
                                    rem ?
          Ecastor me<d> haud inuita se domum recipit suam.
    SO. Amphitruo, redire ad nauem meliu*s*t nos.
    AM.   Qua gratia ?

lui couvert de gloire. J'y puise du réconfort. Qu'il soit loin de moi, pourvu qu'il regagne son foyer avec les lauriers de la gloire ; je supporterai, j'endurerai jusqu'au bout son absence avec courage et fermeté, pourvu que j'obtienne en échange de voir mon mari célébré comme vainqueur à la guerre : je m'estimerai alors satisfaite. La vaillance est la plus noble des récompenses, elle surpasse sans contestation tous les avantages. Liberté, sécurité, vie, biens et parents, patrie et enfant, trouvent en elle leur assise et leur salut. La vaillance est la condition de tous les avantages ; celui qui est doté de la vaillance dispose de tous les biens.

AMPHITRYON (*sans voir Alcmène*). – Par Pollux, je crois bien que ma venue au foyer va combler les vœux de ma femme qui m'aime et que j'aime en retour ; et surtout, après un succès, une victoire sur les ennemis ; ces ennemis dont personne n'envisageait la défaite, eh bien, sous mes auspices et sous mon commandement, nous les avons vaincus dès la première rencontre. Oui, je le sais, j'en suis sûr, mon arrivée est attendue avec impatience et va combler ses vœux.

SOSIE. – Eh quoi ? Tu ne crois pas que mon amie aussi est impatiente de me voir revenir [1] ?

ALCMÈNE (*apercevant Amphitryon*). – Mais c'est bien mon mari qui est là.

AMPHITRYON (*à Sosie*). – Toi, suis-moi par ici.

ALCMÈNE (*à part*). – Pourquoi donc revient-il, lui qui tout à l'heure se prétendait si pressé ? Est-ce qu'il me met délibérément à l'épreuve et veut voir comment je regrette son départ ? Par Castor, ce n'est pas sans contentement que je le vois revenir à la maison.

SOSIE (*à Amphitryon*). – Amphitryon, il vaudrait mieux que nous retournions au bateau.

AMPHITRYON. – Et pour quelle raison ?

---

1. On apprend ici que Sosie a une « petite amie ». Un couple d'esclaves est le reflet du couple des maîtres. Le mariage n'avait pas d'existence légale entre esclaves. Mais il pouvait exister une sorte de concubinage entre valets et servantes plus ou moins toléré par le maître de maison qui y trouvait son avantage, car les naissances pouvaient accroître la *familia*. Chez Molière, l'histoire du couple des valets est parallèlement développée à celle du couple des maîtres

SO. Quia domi daturus nemo est prandium aduenienti-
bus.
AM. Qui tibi †nunc istuc in mentem uenit ?
SO. Qui<a> enim sero aduenimus.
AM. Qui ?
SO. Quia Alcumenam ante aedis stare saturam intel-
lego.
AM. Grauidam ego illanc hic reliqui, quom abeo.
SO. Ei ! perii miser.
AM. Quid tibi est ?
SO. Ad aquam praebendam commodum adueni
domum,
Decumo post mense, ut rationem te ductare intel-
lego.
AM. Bono animo es.
SO. Scin quam bono animo sim ? si situlam [iam]
cepero,
Numquam edepol tu mihi †diuini quicquam creduis
post hunc diem,
Ni ego illi puteo, si occepso, animam omnem inter-
traxero.
AM. Sequere hac me modo. Alium ego isti re allegabo,
ne time.
AL. Magis nunc <me> meum officium facere, s<i> huic
eam aduersum, arbitror.
AM. Amphitruo uxorem salutat laetus speratam suam,
Quam omnium Thebis uir unam esse optimam diiu-
dicat,
Quamque adeo ciues Thebani uero rumiferant pro-
bam.
Valuistin usque ? expectatun aduenio ?
SO. Haud uidi magis.
Expectatum eum salutat magis haud quisquam
quam canem.
AM. Et quom [te] grauidam et quom te pulchre plenam
aspicio, gaudeo.

Sosie. – Parce que nous ne trouverons personne à la maison pour nous servir à déjeuner à notre retour.

Amphitryon. – Comment cette idée te passe-t-elle par la tête ?

Sosie. – C'est que nous arrivons trop tard.

Amphitryon. – Comment cela ?

Sosie. – C'est que je comprends qu'Alcmène qui se tient devant la maison a la panse pleine [1].

Amphitryon. – Je l'ai laissée enceinte à mon départ.

Sosie. – Hélas, je suis perdu, pauvre de moi !

Amphitryon. – Qu'est-ce qui te prend ?

Sosie. – Je suis revenu au bon moment pour tirer de l'eau, au dixième mois, dans la mesure où je comprends ta façon de calculer.

Amphitryon. – Aie bon courage !

Sosie. – Je vais te dire combien j'ai du courage ! Une fois que j'aurai pris le seau, puisses-tu ne jamais m'accorder ta confiance si, une fois à l'œuvre, je ne tire pas toute l'âme du puits [2].

Amphitryon. – Contente-toi de me suivre par ici. Je chargerai quelqu'un d'autre de la besogne, n'aie crainte.

Alcmène [3] (à part). – Il serait plus convenable maintenant pour moi, je pense, d'aller à sa rencontre.

Amphitryon. – Amphitryon salue avec joie sa femme qui lui a tant manqué – celle que son époux juge entre toutes les Thébaines la meilleure, celle dont les citoyens de Thèbes eux-mêmes proclament la vertu. T'es-tu toujours bien portée ? Mon retour était-il attendu avec ferveur ?

Sosie (à part). – Je n'ai jamais vu plus de ferveur. Ce mari tant attendu, on ne met pas plus de ferveur à le saluer qu'on ne fait à un chien.

Amphitryon. – À te voir enceinte et porteuse d'une heureuse grossesse, je me réjouis.

---

1. Les questions d'Amphitryon ne font qu'amener une plaisanterie un peu lourde, mais qui devait faire rire le public romain
2. L'âme du puits réside dans l'eau, comme le principe vital de la vie humaine réside dans le sang.
3. Il subsiste un doute sur l'attribution de cette réplique : Alcmène ? Amphitryon ?

AL. Obsecro ecastor, quid tu me derideriduli gratia
    Sic salutas atque appellas, quasi dudum non uideris,
    Quasi qui nunc primum recipias te domum huc ex hostibus ?
    [Atque me nunc proinde appellas, quasi multo post uideris ?]
AM. Immo equidem te nisi nunc hodie nusquam uidi gentium.
AL. Cur negas ?
AM.   Quia uera didici dicere.
AL.   Haud *a*equum facit,
    Qui quod didicit id dediscit. An periclitamini
    Quid animi habeam ? sed quid huc uos reuortimini tam cito ?
    An te auspicium commoratum est an tempestas continet,
    Qui non ab<i>isti ad legiones, ita ut<i> dudum dixeras ?
AM. Dudum ? quam dudum istuc factum est ?
AL.   Temptas : iam dudum [pridem], modo.
AM. Qui istuc potis est fieri, quaeso, ut dicis : iam dudum, modo ?
AL. Quid enim censes ? te ut deludam contra, lusorem meum,
    Qui nunc primum te aduenisse dicas, modo qui hinc abieris ?
AM. Haec quidem deliramenta loquitur.
SO.   Paulisper mane,
    Dum edormiscat unum somnum.

ALCMÈNE. – Je t'en prie, par Castor, pourquoi, par dérision, me salues-tu et m'abordes-tu comme si tu ne m'avais pas vue depuis longtemps, comme si maintenant, pour la première fois, tu rentrais ici chez toi, au retour de la guerre ? [Et tu m'abordes maintenant comme si tu ne m'avais pas vue depuis longtemps [1].]

AMPHITRYON. – Mais non vraiment, en dehors de maintenant, je ne t'ai vue nulle part au monde (depuis mon départ).

ALCMÈNE. – Pourquoi nies-tu ?

AMPHITRYON. – Parce qu'on m'a appris à dire la vérité.

ALCMÈNE. – On se fourvoie, à désapprendre ce qu'on a appris. Est-ce que vous venez (tous les deux) éprouver la réalité de mes sentiments ? Pourquoi revenez-vous ici avec une telle hâte ? As-tu été retardé par ta consultation augurale [2] ou le mauvais temps t'empêche-t-il de partir rejoindre tes troupes, comme tu l'as annoncé tout à l'heure ?

AMPHITRYON. – Tout à l'heure ? Combien de temps s'est écoulé depuis l'événement ?

ALCMÈNE. – Tu me mets à l'épreuve : tout à l'heure, il n'y a pas longtemps.

AMPHITRYON. – Comment, je te prie, ces choses ont-elles pu se produire comme tu prétends : tout à l'heure, il n'y a pas longtemps ?

ALCMÈNE. – Qu'est-ce que tu t'imagines ? Moi, je répondrais par des plaisanteries à tes propres plaisanteries, à toi qui prétends que tu viens d'arriver pour la première fois, alors que tu es parti d'ici tout à l'heure ?

AMPHITRYON. – Cette femme tient des propos délirants.

SOSIE. – Attends un peu, le temps qu'elle achève ce premier sommeil.

---

1. Le vers 685 répète sans raison le vers 683 Il s'agit certainement d'une erreur de rédaction.
2. Toute l'activité de l'*imperator* est commandée par une prise d'auspices ou une consultation augurale préalable. Le général qui a quitté l'armée et franchi l'enceinte de la ville doit à nouveau consulter les dieux et obtenir des signes favorables pour rejoindre ses troupes. Ces contraintes sont un trait typiquement romain dans le cadre de cette comédie à la grecque.

AM. Quaene uigilans somniat ?
AL. Equidem ecastor uigilo et uigilans id quod factum
 est fabulor.
 Nam dudum ante lucem et istunc et te uidi.
AM. Quo in loco ?
AL. Hic in *a*edibus ubi tu habitas.
AM. Numquam factum est.
SO. Non taces ?
 Quid si e portu nauis huc nos dormientis detulit ?
AM. Etiam tu quoque adsentaris huic ?
SO. Quid uis fieri ?
 Non tu scis ? Bacchae bacchanti si uelis aduersarier,
 Ex insana insaniorem facies, feriet *sa*epius.
 Si obsequar*e*, una resoluas plaga.
AM. At pol qui certa res
 Hanc est obiurgare, quae me hodie aduenientem
 domum
 Noluerit salutare.
SO. Inritabis crabrones.
AM. Tace.
 Alcumena, unum rogare te uolo.
AL. Quiduis [rogare] roga.
AM. Nu*m* tibi aut stultitia accessit aut superat superbia ?
AL. Qui istuc in mente<m> est tibi ex me, mi uir, per-
 contarier ?
AM. Quia salutare aduenientem me solebas antidhac,

AMPHITRYON. — Elle, qui rêve tout éveillée ?

ALCMÈNE. — Certes, par Castor, je suis bien éveillée et c'est bien éveillée que je raconte ce qui s'est passé. Oui, tout à l'heure, avant le jour, je vous ai vus, et lui et toi.

AMPHITRYON. — En quel endroit ?

ALCMÈNE. — Ici, dans la maison où tu habites.

AMPHITRYON. — Cela ne s'est jamais produit.

SOSIE. — Tu insistes ? Suppose que le bateau nous ait transportés du port jusqu'ici pendant notre sommeil ?

AMPHITRYON. — Toi aussi, à ton tour, tu abondes dans son sens ?

SOSIE. — Que veux-tu que l'on fasse ? Tu ne sais pas ? Si l'on veut contrarier une bacchante en ses transes bachiques [1], on la fera passer de sa fureur à une plus grande fureur, elle redoublera ses coups. Si l'on obtempère, on s'en tire avec un seul coup.

AMPHITRYON. — Non, par Pollux, je suis bien décidé à la tancer vertement : avoir refusé de me saluer aujourd'hui, à mon retour au foyer !

SOSIE. — Tu vas exciter un nid de frelons.

AMPHITRYON. — Silence ! (*Se tournant vers Alcmène.*) Alcmène, je veux te poser une question, une seule.

ALCMÈNE. — Pose-moi toutes les questions que tu veux.

AMPHITRYON. — La folie s'est-elle emparée de toi ou est-ce l'orgueil qui est le plus fort [2] ?

ALCMÈNE. — Comment a-t-il pu te passer par la tête, mon mari, de me poser cette question ?

AMPHITRYON. — C'est que jusqu'à présent tu avais coutume de me saluer à mon retour, de m'adresser les mots

---

1. Élément de datation pour la comédie : le scandale des Bacchanales éclate à Rome en 186 av. J.-C. Les bacchantes, possédées par Dionysos, erraient en proie à un délire religieux, une sorte de *furor* qui leur faisait perdre la raison ; elles frappaient d'un bâton orné d'une guirlande de lierre les passants qu'elles rencontraient et déchiraient leurs propres vêtements De nombreux ornements de temple, en terre cuite, montrent des cortèges de silènes et de ménades, autre nom des bacchantes. Les silènes sont des génies des forêts ressemblant à des satyres (avec des oreilles velues et des pieds de cheval). Silène est le nom du père nourricier de Bacchus.
2. Le latin comporte un jeu de mots entre *superbia* (orgueil) et le verbe *superare* (dominer), impossible à rendre en français.

>
> Appellare itidem ut pudicae suos uiros quae sunt solent.
> Eo more expertem te factam adueniens offendi domi.

AL. Ecastor equidem te certo heri aduenientem | ilico
     Et salutaui et ualuissesne usque exquisiui simul,
     Mi uir, et manum praehendi et osculum tetuli tibi.
SO. Tun heri hunc salutauisti ?
AL.   Et te quoque etiam, Sosia.
SO. Amphitruo, speraui ego istam tibi parituram filium ;
     Verum non est puero grauida.
AM.   Quid igitur ?
SO.   Insania.
AL. Equidem sana sum et deos quaeso, ut salua pariam filium ;
     Verum tu malum magnum habebis, si hic suum officium facit.
     Ob istuc omen, ominator, capies quod te condecet.
SO. Enim uero praegnati oportet et malum et malum dari,
     Vt quod obrodat sit, animo si male esse occeperit.
AM. Tu me heri hic uidisti ?
AL.   Ego, inquam, si uis decies dicere.
AM. In somnis †fortasse ?
AL.   Immo uigilans uigilantem.
AM.   Vae misero mihi !

que les honnêtes femmes adressent habituellement à leurs maris. À mon retour, j'ai trouvé en toi, à la maison, une femme qui a oublié ces manières.

ALCMÈNE. – Mais, parbleu, hier, dès ton arrivée, je t'ai aussitôt salué et je t'ai demandé immédiatement des nouvelles de ta santé, cher mari, je t'ai pris la main et t'ai embrassé la première.

SOSIE (*à Alcmène*). – Tu l'as salué, lui, hier ?

ALCMÈNE. – Comme je l'ai fait pour toi, Sosie.

SOSIE. – Amphitryon, j'ai eu l'espoir qu'elle te donnerait un fils, mais ce n'est pas un enfant qu'elle porte en ses flancs.

AMPHITRYON. – Et quoi donc ?

SOSIE. – C'est la folie.

ALCMÈNE. – Je suis parfaitement bien et je demande aux dieux d'accoucher d'un fils dans d'heureuses conditions ; quant à toi, tu recevras une bonne correction, si Amphitryon fait son devoir. Pour tes paroles de mauvais augure, mauvais prophète [1], tu recevras ce qui te revient.

SOSIE. – Voilà le traitement et le fruit [2] qu'il faut donner à une femme enceinte, il lui faut quelque chose à grignoter, si elle se met à ressentir les signes d'un malaise.

AMPHITRYON. – Tu m'as donc vu ici hier ?

ALCMÈNE. – Absolument, te dis-je, si tu veux que je le répète dix fois.

AMPHITRYON. – En songe, peut-être ?

ALCMÈNE. – Mais non, les yeux dans les yeux grands ouverts.

AMPHITRYON. – Malheur à moi !

---

1. Les mots ont dans l'esprit des Latins une valeur nominale, ils constituent des présages, des signes, des avertissements En envisageant une *insania* (nom de la folie), Sosie prononce un mot qui peut laisser présager des conséquences néfastes. Des divinités étaient chargées de veiller sur le bon déroulement de l'accouchement et la naissance de l'enfant (Juno Lucina, Carmenta, les *Nixi* ou *Nixae*).
2. Sosie joue sur le mot *malum* qui selon la quantité vocalique peut signifier « mauvais traitement » (*malum* avec un *a* bref) ou fruit, pomme (*malum* avec un *a* long).

SO. Quid tibi est ?
AM.   Delirat uxor.
SO.   Atra bili percita est.
    Nulla res tam delirantis homines concinnat cito.
AM. Vbi primum tibi sensisti, mulier, impliciscier ?
AL. Equidem ecastor sana et salua sum.
730 AM.   Quor igitur praedicas
    Te heri me uidisse, qui hac noctu in portum aduecti
                                                    sumus ?
    Ibi cenaui atque ibi quieui in naui noctem perpetem,
    Neque meum pedem huc intuli etiam in aedis, ut
                                            cum exercitu
    Hinc profectus sum ad Teloboas hostis eosque ut
                                                uicimus.
AL. Immo mecum cenauisti et mecum cubuisti.
735 AM.   Quid [id] est ?
AL. Vera dico.
AM.   Non de hac quidem hercle re ; de | aliis
                                                nescio.
AL. Primulo diluculo abiisti ad legiones.
AM.   Quo modo ?
SO. Recte dicit, ut commeminit : somnium narrat tibi.
    Sed, mulier, postquam experrecta es, te prodigiali
                                                    loui
740 Aut mola salsa hodie aut ture conprecatam oportuit.

Sosie. – Qu'est-ce qui te prend ?
Amphitryon. – Ma femme est folle.
Sosie. – Elle est agitée de bile noire [1]. Rien ne jette si promptement les humains dans des accès de délire.
Amphitryon. – Dis, ma femme, quand as-tu ressenti les premiers troubles ?
Alcmène. – Mais, parbleu, j'ai tout mon sens et suis en pleine forme.
Amphitryon. – Pourquoi donc prétends-tu m'avoir vu hier, alors que nous avons abordé dans le port cette nuit ? C'est là que j'ai dîné, là que j'ai dormi, à bord, la nuit entière, et je n'ai pas encore mis un pied ici à la maison, depuis qu'avec mon armée je suis parti d'ici pour combattre les ennemis Téléboens et depuis notre victoire sur eux.
Alcmène. – Mais non, tu as dîné avec moi et tu as couché avec moi.
Amphitryon. – Que dis-tu là [2] ?
Alcmène. – Rien que la vérité.
Amphitryon. – Non, en tout cas, par Hercule, pas sur ce sujet ; pour le reste, je ne sais.
Alcmène. – Aux premières lueurs de l'aube, tu es parti rejoindre tes légions.
Amphitryon. – Comment ?
Sosie (*à Amphitryon*). – Elle fait un récit exact, d'après ses souvenirs : elle te raconte son rêve. (*À Alcmène.*) Mais, femme, une fois sortie du sommeil tu aurais dû adresser une prière à Jupiter Prodigial [3] avec une offrande de farine salée et de l'encens [4].

---

1. Selon la théorie des « humeurs », la bile noire provoque des accès de folie et de fureur (la mélancolie au sens propre). Ceux qui sont atteints des poussées de ce mal sont des « atrabilaires » portés à l'irritation et à la colère (la « mauvaise humeur »)
2. La perspective d'une infidélité se fait jour dans l'esprit d'Amphitryon et fait rebondir le débat qui va alors croître en intensité.
3. Épiclèse exceptionnelle et fantaisiste appliquée à Jupiter, à travers laquelle Jupiter serait invoqué spécialement pour détourner les mauvais présages. D'après Varron (*Sur la langue latine*, VII, 102) et Aulu-Gelle (*Nuits attiques*, V, 12, 14) les pontifes connaissaient un dieu Averruncus que l'on invoquait pour détourner les malheurs.
4. Aspects du *ritus romanus*. La *mola salsa* est une offrande composée de blé torréfié, mêlé de sel. Elle constituait une sorte de gâteau d'of-

AL. V*ae* capiti tuo !
SO. Tua istuc refert –, si curaueris.
AL. Iterum iam hic in me inclementer dicit, atque id sine malo.
AM. Tace tu. Tu dic : egone abs te abii hinc hodie cum diluculo ?
AL. Quis igitur nisi uos narrauit mihi illi ut fuerit proelium ?
AM. An etiam id tu scis ?
745 AL. Quippe qui ex te audiui ut urbem maximam Expugnauisses regemque Pterelam tute occideris.
AM. Egone istuc dixi ?
AL. Tute istic, etiam adstante hoc Sosia.
AM. Audiuistin tu me narrare haec hodie ?
SO. Vbi ego audiuerim ?
AM. Hanc roga.
SO. Mequidem praesente numquam factum*s*t, quod sciam.
AL. Mirum quin te aduersus dicat.
750 AM. Sosia, age, me huc aspice.
SO. Specto.
AM. Vera uolo loqui te, nolo adsentari mihi. Audiuistin tu hodie me illi dicere ea quae illa autumat ?

ALCMÈNE. – Le malheur s'abatte sur ta tête !

SOSIE. – C'est sur toi que cela retombe... de t'occuper de l'affaire [1].

ALCMÈNE (*à part*). – C'est déjà la seconde fois qu'il m'adresse ici des propos insolents et cela sans qu'il lui en cuise.

AMPHITRYON (*à Sosie*). – Toi, tais-toi. (*À Alcmène.*) Et toi, parle. Suis-je vraiment parti d'ici aujourd'hui, dès le point du jour, en prenant congé de toi ?

ALCMÈNE. – Qui donc, à part vous, m'a raconté comment s'est déroulée là-bas la bataille ?

AMPHITRYON. – Tu sais cela aussi ?

ALCMÈNE. – Oui, puisque j'ai appris de toi comment tu avais pris d'assaut une ville très importante et comment tu avais tué le roi Ptérélas.

AMPHITRYON. – Moi, je t'ai dit cela ?

ALCMÈNE. – Oui, toi que voilà, et même en présence de ce Sosie-là.

AMPHITRYON (*à Sosie*). – M'as-tu entendu raconter pareille chose aujourd'hui ?

SOSIE. – Où aurais-je pu l'entendre ?

AMPHITRYON. – Demande-le-lui.

SOSIE. – En ma présence, en tout cas, cela ne s'est jamais produit, que je sache.

ALCMÈNE (*à Amphitryon*). – C'est curieux qu'il ne te contredise pas.

AMPHITRYON. – Sosie, allons, regarde-moi bien.

SOSIE. – Je te regarde.

AMPHITRYON. – Je veux que tu me dises la vérité, je ne veux pas de connivence. M'as-tu entendu aujourd'hui lui raconter ce qu'elle prétend ?

---

frande que l'on répandait sur la tête des victimes sacrifiées (d'où le terme *immolatio* qui correspond à cette phase du sacrifice). Parmi les offrandes, figurait également l'encens qui était donc importé en Italie très tôt. Les offrandes viennent appuyer la vertu efficace des prières adressées aux dieux.
1. La reprise de Sosie est à double sens. Elle est d'abord insolente, puis Sosie corrige quelque peu sa repartie. Sosie dit d'abord que l'affaire retombe sur elle (au sens où le malheur retombe sur elle), et repousse ainsi la malédiction. Puis il corrige la fin de sa phrase que l'on peut ainsi comprendre : « C'est ton intérêt de prendre ce soin. » Il faut absolument conjurer les effets d'un mauvais rêve.

SO. Quaeso edepol, num tu quoque etiam insanis, quom
                               id me interrogas,
     Qui ipsus equidem nunc primum istanc tecum
                               conspicio simul ?
AM. Qui<d> nunc, mulier ? audin illum ?
755 AL.   Ego uero, ac falsum dicere.
AM. Neque tu illi neque mihi uiro ipsi credis ?
AL.   Eo fit, quia mihi
    Plurimum credo et scio istaec facta proinde ut pro-
                               loquor.
AM. Tun me heri aduenisse dicis ?
AL.   Tun te abisse hodie hinc negas ?
AM. Nego enim uero et me aduenire nunc primum aio
                               ad te domum.
AL. Obsecro, etiamne hoc negabis, te auream pateram
760   mihi
    Dedisse dono hodie, qua te illi donatum esse dixe-
                               ras ?
AM. Neque edepol dedi neque dixi ; uerum ita animatus
                               fui,
    Itaque nunc sum, ut ea te patera donem. Sed quis
                               istuc tibi
    Dixit ?
AL.   Ego equidem ex te audiui, et ex tua accepi
                               manu
    Pateram.
AM.   Mane, mane, obsecro te. Nimis demiror,
765   Sosia,
    Qui illaec illic me donatum esse aurea patera sciat,
    Nisi tu dudum hanc conuenisti et narrauisti haec
                               omnia.
SO. Neque edepol ego dixi neque istam uidi nisi tecum
                               simul.
AM. Quid hoc sit hominis ?
AL.   Vin proferri pateram ?
AM.   Proferri uolo.

Sosie. — De grâce, par Pollux, est-ce que tu te mets aussi à délirer, à me poser cette question, à moi qui la vois maintenant pour la première fois, en même temps que toi ?

Amphitryon. — Eh bien, femme, tu l'entends ?

Alcmène. — Je l'entends, et même débiter des mensonges.

Amphitryon. — Tu ne nous crois pas, ni lui, ni même moi, ton mari en personne ?

Alcmène. — Il en est ainsi parce que c'est en moi que j'ai le plus confiance et que je sais que ces événements se sont déroulés comme je l'affirme.

Amphitryon. — Tu prétends que je suis venu ici hier ?

Alcmène. — Et toi, tu nies être parti d'ici ce matin ?

Amphitryon. — Je le nie en effet et j'affirme que je viens ici maintenant pour la première fois, auprès de toi, à la maison.

Alcmène. — De grâce, nieras-tu également m'avoir aujourd'hui fait présent d'une coupe d'or, qui, à ce que tu m'as dit, t'a été offerte là-bas ?

Amphitryon. — Par Pollux, je ne t'ai rien donné ni rien dit de tel ; mais j'avais bien l'intention et je l'ai encore, de t'offrir cette coupe. Mais qui te l'a dit ?

Alcmène. — C'est de toi que je l'ai appris et c'est de ta propre main que j'ai reçu la coupe.

Amphitryon. — Attends, attends, s'il te plaît. Je me demande avec le plus grand étonnement, Sosie, comment elle peut savoir que j'ai reçu là-bas une coupe d'or, si tu ne l'as pas rencontrée tantôt et si tu ne lui as pas raconté toute cette affaire.

Sosie. — Non, par Pollux, je ne lui ai rien dit et je ne l'ai pas vue en dehors de notre rencontre actuelle.

Amphitryon. — Quelle espèce de créature est-ce là [1] ?

Alcmène. — Tu veux que je fasse apporter la coupe ?

Amphitryon. — Fais-le, je le veux.

---

1. Cette réplique s'adresse à Alcmène dont les pouvoirs divinatoires commencent à impressionner Amphitryon Certains, comme A. Ernout, ont trouvé l'emploi de *homo* bien forcé. Mais le terme s'applique à tout être humain et traduit l'étonnement d'Amphitryon. A. Ernout traduit : « Quel drôle est-ce là ? »

770 AL. Fiat. <I> tu, Thessala, intus pateram proferto foras,
 Qua hodie meus uir donauit me.
 AM. Secede huc tu, Sosia.
 Enim uero illud praeter alia mira miror maxime,
 Si haec habet pateram illam.
 SO. An etiam credis id, quae in hac cistellula
 Tuo signo obsignata fertur ?
 AM. Saluum signum est ?
 SO. Inspice.
 AM. Recte : ita est ut obsignaui.
775 SO. Quaeso, quin tu istanc iubes
 Pro cerrita circumferri ?
 AM. Edepol qui facto est opus :
 Nam haec quidem edepol laruarum plenast.
 <AL.> Quid uerbis opust ?
 Em tibi pateram : eccam.
 AM. Cedo mi.
 <AL.> Age, aspice huc sis nunciam,
 Tu qui quae facta infitiare, quem ego iam hic
 conuincam palam.
 Estne haec patera qua donatu's illi ?
780 AM. Summe Iuppiter,
 Quid ego uideo ? haec ea est profecto patera. Perii,
 Sosia.

Acte II, scène 2   139

ALCMÈNE. – Soit. (*À sa suivante.*) Thessala [1], de l'intérieur, apporte-nous ici dehors la coupe que mon mari m'a donnée aujourd'hui.

AMPHITRYON. – Viens par ici, Sosie. Vraiment, parmi tant de sujets d'étonnement, ce qui m'étonne le plus, c'est qu'elle soit en possession de cette coupe.

SOSIE (*montrant le coffret*). – Voyons, est-ce que tu vas le croire, quand la coupe est transportée dans ce coffret, scellé de ton sceau ?

AMPHITRYON. – Le sceau est intact ?

SOSIE. – Regarde.

AMPHITRYON. – Parfaitement : il est exactement comme je l'ai placé.

SOSIE. – Dis-moi, pourquoi ne la soumets-tu pas à une cérémonie purificatoire, elle qui est possédée [2] ?

AMPHITRYON. – Par Pollux, cela s'impose. Oui, par Pollux, elle est habitée par des esprits [3].

ALCMÈNE (*prenant la coupe que lui a donnée Thessala*). – À quoi bon des discours ! Tiens, voici la coupe.

AMPHITRYON. – Donne-la-moi.

ALCMÈNE. – Allons, regarde ici à présent, s'il te plaît, toi qui nies ce qui s'est passé, pour que je te convainque ici même, publiquement. N'est-ce pas là la coupe qu'on t'a donnée là-bas ?

AMPHITRYON. – Très Grand Jupiter, qu'est-ce que je vois ? C'est bien là assurément la coupe en question. Je suis perdu, Sosie.

---

1. Cette servante n'a pas de présence effective dans le jeu des acteurs. Certains éditeurs la font cependant figurer parmi les personnages dans la didascalie de la pièce.
2 Alcmène est qualifiée de « possédée de Cérès ». Cérès est une divinité chez qui se mêlent des aspects agraires (fécondité) et infernaux ; à Rome elle fut assimilée à Déméter, déesse éleusinienne en l'honneur de qui étaient célébrés des mystères et des rites initiatiques. Sur Cérès, cf. H. Le Bonniec, *Le Culte de Cérès à Rome*, Paris, Klincksieck, 1958. La purification d'un être « possédé » se faisait en promenant autour de lui (*lustratio*) une victime sacrificielle et de l'eau lustrale.
3. Les *Laruae* sont des sortes de spectres, des fantômes. Dans les croyances populaires, les morts pouvaient revenir hanter les maisons des vivants : lors des Lemuria du mois de mai, le maître de maison les reconduisait hors du foyer en prononçant des formules et en se livrant à un rituel presque magique que rapporte Ovide dans ses *Fastes* (V, 429-444).

SO. Aut pol haec praestigiatrix multo mulier maxima est,
Aut pateram hic inesse oportet.
AM. Agedum, exsolue cistulam.
SO. Quid ego istam exsoluam ? obsignatast recte. Res gesta est bene :
Tu peperisti Amphitruonem <alium>, alium ego peperi Sosiam.
Nunc si patera pateram peperit, omnes congeminauimus.
AM. Certum est aperire atque inspicere.
SO. Vide sis signi quid siet,
Ne posterius in me culpam conferas.
AM. Aperi modo.
Nam haec quidem nos delirantis facere dictis postulat.
AL. Vnde haec igitur est nisi abs te, quae mihi dono data est ?
AM. Opus mi est istuc exquisito.
SO. Iuppiter, pro Iuppiter !
AM. Quid tibi est ?
SO. Hic patera nulla in cistulast.
AM. Quid ego audio ?
SO. Id quod uerumst.
AM. At cum cruciatu iam, nisi apparet, tuo.
AL. Haec quidem apparet.
AM. Quis igitur tibi dedit ?
AL. Qui me rogat.
SO. Me captas, quia tute ab naui clanculum huc alia uia
Praecucurristi atque hinc pateram tute exemisti atque eam
Huic dedisti, posthac rursum obsignasti clanculum.
AM. Ei mihi, iam tu quoque huius adiuuas insaniam ?
Ain heri nos aduenisse huc ?
AL. Aio, adueniensque ilico
Me salutauisti, et ego te, et osculum tetuli tibi.

Sosie. — Par Pollux, ou cette femme est la reine des ensorceleuses ou (*montrant le coffret*) la coupe doit se trouver ici dedans.

Amphitryon. — Allons, ouvre le coffret.

Sosie. — À quoi bon ouvrir ce coffret ? Il est bien scellé. L'opération a parfaitement réussi : tu as engendré un autre Amphitryon, moi j'ai engendré un autre Sosie. Et maintenant si la coupe a engendré une coupe, nous avons tous notre propre jumeau.

Amphitryon. — Je suis résolu à ouvrir et à regarder à l'intérieur.

Sosie. — Veux-tu, s'il te plaît, examiner l'état du sceau pour ne pas ensuite faire retomber sur moi la faute ?

Amphitryon. — Pour le moment, ouvre. Car elle veut assurément nous faire perdre la tête avec ses racontars.

Alcmène. — Cette coupe que j'ai reçue en cadeau, qui me l'a donc donnée, sinon toi ?

Amphitryon. — Il me faut voir ça de plus près.

Sosie. — Jupiter, ô Grand Jupiter !

Amphitryon. — Qu'as-tu donc !

Sosie. — La coupe ne se trouve plus ici, dans le coffret.

Amphitryon. — Qu'est-ce que j'entends ?

Sosie. — La vérité.

Amphitryon. — Ce sera le supplice pour toi, si elle ne refait pas son apparition.

Alcmène. — Celle-ci, en tout cas, est bien apparente.

Amphitryon. — Qui donc te l'a donnée ?

Alcmène. — Celui qui pose la question.

Sosie (*à Amphitryon*). — Tu veux me prendre au piège : quittant secrètement le navire, tu as couru en avant jusqu'ici par un autre chemin, puis tu as retiré la coupe du coffret et la lui as offerte et ensuite tu as de nouveau apposé ton sceau à l'insu de tout le monde.

Amphitryon. — Pauvre de moi, voilà qu'à ton tour tu abondes dans le sens de sa folie ? (*À Alcmène.*) Tu affirmes qu'hier nous sommes venus ici ?

Alcmène. — Oui, je l'affirme, et à peine arrivé, tu m'as salué, je t'ai salué à mon tour, et je t'ai donné un baiser.

SO. Iam illuc non placet principium de osculo.
<AM.> Perge exsequi.
AL. Lauisti.
AM. Quid postquam laui ?
AL. Accubuisti.
SO. Euge, optime.
Nunc exquire.
AM. Ne interpella. Perge porro dicere.
AL. Cena adposita est. Cenauisti mecum ; ego accubui simul.
AM. In eodem lecto ?
AL. In eodem.
SO. Ei ! non placet conuiuium.
AM. Sine modo argumenta dicat. Quid postquam cenauimus ?
AL. Te dormitare a*i*bas : mensa ablata est ; cubitum hinc abi*i*mus.
AM. Vbi tu cubuisti ?
AL. In eodem lecto tecum una in cubiculo.
AM. Perdidisti.
SO. Quid tibi est ?
AM. Haec me modo ad mortem dedit.
AL. Quid iam, amabo ?
AM. Ne me appella.
SO. Quid tibi est ?
AM. Perii miser,
Quia pudicitiae huius uitium me hic absente est additum.

Sosie (*à part*). – D'emblée, voilà un début qui n'est pas de mon goût, avec un baiser [1].

AMPHITRYON. – Continue.

ALCMÈNE. – Tu as pris un bain.

AMPHITRYON. – Et après m'être baigné ?

ALCMÈNE. – Tu as pris place sur le lit de table.

SOSIE. – Très bien, parfait. Poursuis tes investigations.

AMPHITRYON (*à Sosie*). – Ne nous interromps pas. (*À Alcmène.*) Continue de faire ton récit.

ALCMÈNE. – Le dîner [2] a été servi. Tu as dîné avec moi. J'ai pris place à tes côtés.

AMPHITRYON. – Sur le même lit ?

ALCMÈNE. – Sur le même.

SOSIE. – Ah ! Ce festin n'est pas de mon goût !

AMPHITRYON. – Laisse-la exposer ses arguments librement. Alors, après que nous eûmes dîné ?

ALCMÈNE. – Tu disais avoir sommeil : la table a été desservie et, sur ce, nous sommes allés nous coucher.

AMPHITRYON. – Où as-tu couché, toi ?

ALCMÈNE. – Dans le même lit que toi, dans notre chambre.

AMPHITRYON. – Tu as causé ma perte.

ALCMÈNE. – Qu'as-tu donc ?

AMPHITRYON. – Cette femme vient de me donner un coup mortel.

ALCMÈNE. – Qu'y a-t-il, de grâce ?

AMPHITRYON. – Ne m'adresse pas la parole.

ALCMÈNE. – Qu'as-tu donc ?

AMPHITRYON. – Malheureux, je suis perdu, on a porté atteinte à l'honneur de ma femme pendant mon absence.

---

1. Cette réplique est peut-être à attribuer à Amphitryon comme invitent à le faire les manuscrits. Amphitryon comprend sa future infortune de mari trompé à partir de cet échange de tendresse.
2. La *cena* est le repas principal de la journée. Les Romains se mettaient à table en fin d'après-midi À midi, ils déjeunaient simplement (*prandium*). Selon les convenances, les femmes mangent assises, à part, elles ne partagent pas le même lit de table (à la différence des femmes étrusques que l'on peut voir sur les fresques des nécropoles). Pour leurs retrouvailles, Amphitryon (Jupiter) et Alcmène se livrent à une festivité exceptionnelle. Tout ces détails excitent la jalousie du véritable Amphitryon.

AL. Obsecro ecastor, cur istuc, mi uir, ex te*d* audio ?
AM. Vir ego tuus sim ? ne me appella, fals*a*, falso nomine.
SO. Haeret haec res, si quidem h*i*c iam mulier facta est ex uiro.
AL. Quid ego feci, qua istaec propter dicta dicantur mihi ?
AM. Tute edictas facta tua ; ex me quaeris, quid deliqueris ?
AL. Quid ego tibi deliqui, si cui nupta sum tecum fui ?
AM. Tu*n* mecum fueris ? quid illac inpudente audacius ? Saltem, tute si pudoris egeas, sumas mutuum.
AL. Istuc facinus, quod tu insimulas, nostro generi non decet.
Tu si me inpudicitia*i* captas, capere non potes.
AM. Pro di immortal*es* ! cognoscin tu me saltem, Sosia ?
SO. Propemodum...
AM. Cenauin ego heri in naui in portu Persico ?
AL. Mihi quoque adsunt testes, qui illud quod ego dicam adsentiant.
<SO.> Nescio quid istuc negoti dicam, nisi si quispiamst Amphitr*u*o alius, †qui forte te hic absente tamen Tuam rem curet teque absente hic munus fungatur tuum.
Nam qu*om* de illo subditiuo Sosia mirum nimis*t*, Certe de istoc Amphitr*u*one iam alterum mirum est *magis*.
<AM.> Nescioquis praestigiator hanc frustratur mulierem.
AL. Per supremi regis regnum iuro et matrem familias Iunonem, quam me uereri et metuere est par maxime,

ALCMÈNE. – Je t'en prie, par Castor, pourquoi, mon mari, me tiens-tu de tels propos ?

AMPHITRYON. – Moi, que je sois ton mari ! Ne me donne plus, menteuse, ce nom mensonger.

SOSIE (*à part*). – La situation devient compliquée, si le mari est devenu la femme.

ALCMÈNE. – Qu'ai-je donc fait, pour que tu me tiennes de tels propos ?

AMPHITRYON. – C'est toi qui me révèles ta conduite et tu me demandes de quoi tu es coupable ?

ALCMÈNE. – De quoi me suis-je rendue coupable envers toi, si j'ai couché avec toi, avec qui je suis mariée ?

AMPHITRYON. – Toi, avec moi ? Cette impudente a dépassé les bornes de l'effronterie ! Si tu es dépourvue de pudeur, tu devrais au moins t'en procurer par emprunt.

ALCMÈNE. – L'acte dont tu m'accuses est indigne de ma race. Si tu m'accuses d'avoir manqué à l'honneur, tu ne peux m'en convaincre.

AMPHITRYON. – Ô dieux immortels ! Tu me reconnais, toi, du moins, Sosie ?

SOSIE. – Grosso modo...

AMPHITRYON. – N'ai-je pas dîné hier à bord, dans le port persique ?

ALCMÈNE. – Moi aussi, j'ai des témoins pour confirmer ce que j'avance.

SOSIE. – Je ne sais que dire de cette affaire, à moins que, peut-être, il n'existe un autre Amphitryon qui s'occupe de tes affaires en ton absence et, en ton absence, remplit ici tes fonctions. Déjà l'histoire du Sosie substitué tout à l'heure est bien étrange, mais bien plus étrange encore est l'histoire de cet Amphitryon.

AMPHITRYON. – Je ne sais quel ensorceleur se joue de cette femme.

ALCMÈNE. – J'en atteste la royauté du roi suprême [1] et, je le jure par Junon, chaste matrone, que je dois vénérer

---

1. Jupiter est le garant des serments et de la foi jurée (*fides*). La *matrona* honore tout particulièrement Junon, qui veillait sur la maternité (Junon Lucine, déesse de l'accouchement) et d'une manière générale sur la « condition des femmes ». Elle est associée à Jupiter sur le Capitole et honorée comme Junon Reine sur l'Aventin.

Vt mihi extra unum te mortalis nemo corpus cor-
pore
Contigit, quo me impudicam faceret.
AM. Vera istaec uelim.
AL. Vera dico, sed nequiquam, quoniam non uis cre-
dere.
AM. Mulier es, audacter iuras.
AL. Quae non deliquit, decet
Audacem esse, confidenter pro se et proterue loqui.
AM. Satis audacter.
AL. Vt pudicam decet.
AM. †In uerbis proba's.
AL. Non ego illam mihi dotem duco esse, quae dos dici-
tur,
Sed pudicitiam et pudorem et sedatum cupidinem,
Deum metum, parentum amorem et cognatum
concordiam,
Tibi morigera atque ut munifica si*m* bonis, prosim
probis.
SO. Ne ista edepol, si haec uera loquitur, examussim est
optima.
AM. Delenitus sum profecto ita, ut me qui sim nesciam.
SO. Amphitru*o* es profecto ; caue sis ne tu te usu per-
duis,
Ita nunc homines inmutantur, postquam peregre
aduenimus.
AM. Mulier, istam rem inquisitam certum est non amit-
tere.
AL. Edepol me libente facies.
AM. Quid ais ? responde mihi :
Quid si adduco tuum cognatum huc ab naui Nau-
cratem,
Qui mecum una uectus*t* una naui, atque is si dene-
gat

et craindre par-dessus tout, jamais aucun mortel, en dehors de toi, n'a touché mon corps de son corps, pour me faire manquer à la pudeur.

AMPHITRYON. – Je voudrais bien que ce fût la vérité.

ALCMÈNE. – Je dis la vérité, mais en vain, puisque tu ne veux pas me croire.

AMPHITRYON. – Tu es une femme, tu jures avec audace.

ALCMÈNE. – Une femme qui n'a pas failli a le droit de montrer de l'audace, de se défendre avec assurance et hardiesse.

AMPHITRYON. – Tu ne manques pas d'audace.

ALCMÈNE. – Comme il sied à une femme honnête.

AMPHITRYON. – Honnête en paroles, oui.

ALCMÈNE. – Ce que moi je considère comme ma dot ce n'est pas ce que l'on appelle communément de ce nom mais la chasteté, la pudeur [1], la maîtrise des sens, la crainte des dieux, l'amour des parents, la bonne entente dans la famille, être pour toi une épouse docile, me montrer généreuse envers les bons, rendre service aux honnêtes gens.

SOSIE. – Par Pollux, si cette femme dit vrai, elle est un parangon de vertu.

AMPHITRYON. – Je suis complètement envoûté par son charme, au point de ne plus savoir qui je suis en réalité.

SOSIE. – Tu es Amphitryon, cela ne fait pas de doute, mais prends garde, s'il te plaît, de ne pas te laisser déposséder de l'usage de ta personne, tant les hommes subissent aujourd'hui d'avatars, depuis que nous sommes revenus de l'étranger.

AMPHITRYON. – Femme, je suis bien décidé à ne pas laisser cette affaire non résolue.

ALCMÈNE. – Par Pollux, je te saurai gré de le faire.

AMPHITRYON. – Écoute, réponds-moi : si je fais venir ici du bateau ton cousin Naucratès, qui a fait la traversée

---

[1]. Alcmène énumère les qualités de la parfaite *matrona*, la principale étant le *pudor*, sentiment de retenue qui impose la maîtrise des sens et qui est une forme du respect que l'on se doit Pareilles qualités se retrouvent mentionnées dans des inscriptions funéraires du IIe siècle av. J.-C., ce qui montre qu'elles reflètent une tendance profonde de la mentalité romaine.

		Facta quae tu facta dicis, quid tibi aequum est fieri ?
		Numquid causam dicis, quin te hoc multem matri-monio ?
	AL.	Si deliqui, nulla causa est.
	AM.	Conuenit. Tu, Sosia,
		Duc hos intro. Ego huc ab naui mecum adducam Naucratem. –
	SO.	Nunc quidem praeter nos nemo est ; dic mihi uerum serio ;
855		
		Ecquis alius Sosia intust, qui mei similis siet ?
	AL.	Abin hinc a me, dignus domino seruus ?
	SO.	Abeo, si iubes.
	AL.	Nimis ecastor facinus mirum est, qui illi conlibitum siet
		Meo uiro, sic me insimulare falso facinus tam malum.
		Quicquid est, iam ex Naucrate cognato id cognoscam meo.
860		

<ACTVS III>

IVPPITER

Ego sum ille Amphitruo, cui est seruus Sosia,
Idem Mercurius qui fit quando commodumst,

avec moi, sur le même navire, et s'il dément formellement la réalité des faits que tu affirmes, quel sort mérites-tu ? Peux-tu m'invoquer une raison pour m'empêcher de rompre notre mariage ?

ALCMÈNE. – Si j'ai commis une faute, aucune.

AMPHITRYON. – C'est entendu. Toi, Sosie, fais entrer ces gens [1]. Moi je vais chercher Naucratès au bateau pour le ramener ici.

SOSIE (*à Alcmène, après le départ d'Amphitryon*). – Maintenant, il n'y a plus que nous ; dis-moi la vérité, sérieusement ; y a-t-il à l'intérieur un autre Sosie, qui me ressemble ?

ALCMÈNE. – Éloigne-toi de moi, loin d'ici, esclave digne de ton maître !

SOSIE. – Je m'en vais, si tu l'ordonnes.

ALCMÈNE. – C'est, parbleu, une conduite vraiment étrange qui a poussé mon mari à se mettre dans la tête de m'accuser à tort d'une si mauvaise action. Quoi qu'il en soit, je vais être éclairée sur ce point par mon cousin Naucratès.

<ACTE III>

<SCÈNE 1>

JUPITER

JUPITER. – Je suis l'Amphitryon [2] qui a pour esclave Sosie, le Sosie qui redevient Mercure quand cela nous

---

1. Sosie est chargé de faire entrer à la maison les esclaves avec les bagages.
2. Le mètre redevient ici celui du dialogue Les deux premières scènes de l'acte III sont en sénaires iambiques, vers du *diverbium*. Le monologue de Jupiter fait un peu double emploi avec le Prologue de Mercure. Il n'apporte pas véritablement d'éléments nouveaux. Cette scène de transition paraît toutefois nécessaire après la longue scène qui met fin à l'acte II, pour rendre le public attentif.

In superiore qui habito cenaculo,
Qui interdum fio Iuppiter, quando lubet.
Huc autem quo<m> extemplo aduentum adporto,
ilico
Amphitr*u*o fio et uestitum inmuto meum.
Nunc huc honoris uestri uenio gratia,
Ne hanc inco*h*atam transigam com*o*ediam.
Simul Alcumenae, quam uir insontem probri
Amphitr*u*o accusat, ueni ut auxilium feram.
Nam mea sit culpa, quod egomet contraxerim,
Si id Alcumenae | innocenti | expetat.
Nunc Amphitr*u*onem memet, ut occepi semel,
Esse adsimulabo | atque in horum familiam
Frustrationem | hodie iniciam maxumam.
Post igitur demum faciam res fiat palam,
Atque Alcumenae in tempore auxilium feram,
Faciamque ut uno fetu, et quod grauida est uiro,
Et me quod grauidast, pariat sine doloribus.
Mercurium iussi me continuo consequi,
Si quid uellem imperare. Nunc hanc adloquar.

ALCVMENA   IVPPITER

AL. Durare nequeo in aedibus. Ita me probri,
Stupri, dedecoris a uiro argutam meo !
Ea quae sunt facta †infectare est at †clamitat ;
Quae neque sunt facta neque ego in me admisi,
arguit,

arrange. C'est moi qui occupe l'étage supérieur [1] et qui redeviens Jupiter, à mon gré. Mais, à peine arrivé-je en ce lieu, aussitôt je me transforme en Amphitryon et je change de costume. Maintenant c'est par considération pour vous que je viens ici, pour ne pas laisser cette comédie inachevée. En même temps, c'est à Alcmène que je suis venu porter secours, Alcmène que son mari accuse de s'être déshonorée, alors qu'elle est innocente. Car je serais bien répréhensible si je laissais retomber sur Alcmène, qui est innocente, la responsabilité de ce que j'ai personnellement combiné. Pour l'heure, je vais feindre d'être moi-même Amphitryon, comme je l'ai entrepris une fois, et je vais plonger toute cette maisonnée dans une confusion inimaginable. Seulement, après, je m'emploierai à tirer l'affaire au clair, je viendrai en aide à Alcmène, le moment venu, et je ferai en sorte qu'elle accouche en une seule fois, sans douleurs, de l'enfant qu'elle porte de son mari et de celui qu'elle porte de moi. J'ai ordonné à Mercure de me suivre sans délai au cas où j'aurais un ordre à lui donner. Maintenant, je vais m'entretenir avec Alcmène.

<SCÈNE 2>

ALCMÈNE, JUPITER

ALCMÈNE. – Je ne puis rester plus longtemps dans cette maison [2]. Moi, être ainsi accusée d'infamie, d'adultère, de déshonneur par mon propre mari ! Il soutient que ce qui est arrivé n'est pas vrai [3], il gronde ; ce qui n'a pas eu lieu et ce que je n'ai pas commis, il m'en accuse et il

---

1. Le décor laisse apparaître un niveau supérieur, un étage. En même temps Jupiter joue sur sa situation réelle : il est le premier des *di superi*, les dieux d'En haut.
2. La deuxième scène de l'acte III se poursuit en sénaires iambiques : c'est la première scène « parlée » de la pièce, fondée sur un véritable « dialogue ».
3. Le vers 884 est mal établi dans la tradition manuscrite.

Atque id me susque deque esse habituram putat.
Non edepol faciam neque me perpetiar probri
Falso insimulatam, quin ego illum aut deseram
Aut satis faciat mihi ille atque adiuret insuper
890 Nolle esse dicta quae in me insontem protulit.
IV. Faciundum est mihi illud fieri quod illaec postulat,
Si me illam amantem ad sese studeam recipere.
Quando ego quod feci, factum id Amphitruoni
                        offuit

Atque illi dudum meus amor negotium
895 Insonti exhibuit, nunc autem insonti mihi
Illius ira in hanc et maledicta expetent.
AL. <S>ed eccum uideo, qui me miseram | arguit
Stupri, dedecoris.
IV.   Te uolo, uxor, conloqui.
Quo te auertisti ?
AL.   Ita <ingeni> ingenium meum est :
900 Inimicos semper osa sum optuerier.
IV. Heia autem, inimicos ?
AL.   Sic est, uera praedico ;
Nisi etiam hoc falso dici insimulaturus es.
IV. Nimis iracunda es.
AL.   Potin ut abstineas manum ?
Nam certo si sis sanus aut sapias satis,
905 Quam tu inpudicam esse arbitrere et praedices,
Cum ea tu sermonem nec ioco nec serio
Tibi habeas, nisi sis stultior stultissimo.
IV. Si dixi, nihilo magis es neque ego esse arbitror,
Et id huc reuorti |, ut me purgarem tibi.
910 Nam numquam quicquam meo animo fuit aegrius

s'imagine que ça ne me fera ni chaud ni froid [1]. Non, parbleu, je ne l'admettrai pas et je ne tolérerai pas d'être à tort accusée d'infamie : ou je le quitterai ou il fera amende honorable et, en plus de cela, il déclarera solennellement qu'il regrette d'avoir tenu les propos qu'il a proférés contre la femme innocente que je suis.

JUPITER. – Il me faut passer par ses exigences si j'aspire à retrouver ses bonnes grâces et ses faveurs. Puisque, en agissant comme je l'ai fait, j'ai fait du tort à Amphitryon et puisque mon amour a été pour lui tout à l'heure, alors qu'il n'y était pour rien, une source de tracas, maintenant, en retour, bien que je n'y sois pour rien moi-même, c'est sur moi que vont retomber les effets de sa colère et de ses insultes envers sa femme.

ALCMÈNE. – Mais le voici, je le vois, celui qui m'a accusée, malheureuse que je suis, d'adultère, de déshonneur.

JUPITER. – Je veux, ma femme, te parler. Pourquoi t'es-tu détournée ?

ALCMÈNE. – Ainsi le veut ma nature profonde. J'ai toujours détesté avoir devant les yeux des ennemis.

JUPITER (*étonné*). – Comment donc, des ennemis ?

ALCMÈNE. – Hé oui, je proclame la vérité. À moins que tu n'ailles encore m'accuser de mentir sur ce point.

AMPHITRYON (*esquivant un geste pour l'attirer près de lui*). – Tu t'énerves trop facilement.

ALCMÈNE. – Retire ta main, veux-tu ? Assurément, à supposer que tu aies assez de bon sens et de raison, tu ne saurais, avec une femme infidèle, comme tu le penses et le proclames, avoir d'entretien, ni plaisant ni sérieux, ou alors, dans le monde des sots, il n'y a pas plus sot que toi.

JUPITER. – Si je l'ai dit, mes propos ne portent en rien atteinte à ton honnêteté et une telle pensée ne m'effleure pas l'esprit. Et si je suis revenu ici, c'est précisément pour faire amende honorable car jamais je n'ai éprouvé une

---

[1]. L'idée d'indifférence est rendue en latin par deux adverbes signifiant « de bas en haut comme de haut en bas » Nous proposons de rendre, en l'absence de tournure équivalente, par l'expression française « ni chaud ni froid ».

Quam postquam audiui te<d> esse iratam mihi.
Cur dixisti ? inquies. Ego expediam tibi.
Non edepol quo te esse inpudicam crederem ;
Verum periclitatus sum animum tuum,
915 Quid faceres et quo pacto id ferre induceres.
Equidem ioco illa dixeram dudum tibi,
Ridiculi causa. Vel hunc rogato Sosiam.
AL. Quin huc adducis meum cognatum Naucratem,
Testem quem dudum te adducturum dixeras,
Te huc non uenisse ?
920 IV.   Si quid dictum est per iocum,
Non aequum est id te serio praeuortier.
AL. Ego illum scio quam doluerit cordi meo.
IV. Per dexteram tuam te, Alcumena, oro obsecro,
Da mihi | hanc ueniam, ignosce, irata ne sies.
925 AL. Ego istaec feci uerba uirtute irrita.
Nunc quando factis me impudicis abstin*i*,
Ab impudicis dictis auorti uolo.
Valeas, tibi habeas res tuas, reddas meas.
Iuben m*i* ire comites ?
IV.   Sanan es ?
AL.   Si non iubes,
930 Ibo egomet ; comitem mihi Pudicitiam duxero.

telle souffrance en moi-même qu'après avoir compris que tu étais en colère contre moi. Pourquoi ai-je tenu ces propos, diras-tu ? Je vais te l'expliquer. Par Pollux, ce n'est pas que j'aie cru que tu étais infidèle, mais j'ai voulu mettre ton cœur à l'épreuve, pour voir comment tu réagirais et comment tu te résoudrais à supporter l'épreuve. C'est par jeu, à la vérité, que j'avais dit cela, pour plaisanter. Demande plutôt à Sosie, que voici.

ALCMÈNE. – Pourquoi ne ramènes-tu pas ici mon cousin Naucratès que tu devais présenter, as-tu dit tout à l'heure, comme témoin attestant que tu n'étais pas venu à la maison ?

JUPITER. – Ce qui a été dit sous forme de plaisanterie, il n'est pas juste que tu le prennes au sérieux.

ALCMÈNE. – Mais, moi, je sais bien quelle douleur mon cœur en a ressentie.

JUPITER. – Par ta main droite [1], Alcmène, je te prie, te supplie, accorde-moi la grâce que je te demande, pardonne-moi, renonce à ta colère.

ALCMÈNE. – Ma vertu a ôté tout fondement à tes propos. Mais puisque je me suis abstenue de toute indécence dans ma conduite, je veux être préservée de toute indécence même en paroles. Adieu, garde tes biens, rends-moi les miens [2]. Veux-tu me faire accompagner [3] ?

JUPITER. – Es-tu sérieuse ?

ALCMÈNE. – Si tu ne veux pas, je m'en irai seule, j'emmènerai avec moi la Pudeur [4] pour compagne de route.

---

1. Situation paradoxale : Jupiter, souverain des dieux, dans une attitude de suppliant face à une mortelle. Jupiter ne s'abaisse pas jusqu'à embrasser les genoux (l'une des attitudes de la supplication, *per genua*).
2. Telle est la formule utilisée dans la procédure de divorce. On en trouve l'expression dès le plus ancien droit romain tel qu'il est fixé au milieu du Ve siècle av. J.-C. dans les lois des XII Tables.
3. Une femme de la bonne société ne saurait circuler toute seule. Cette règle est valable à Rome et en Grèce (où la loi pouvait même punir celles qui contrevenaient à cette règle).
4. *Pudicitia* est une entité divinisée, une abstraction symbolisant la pudeur, la chasteté : Tite-Live, dans son *Histoire romaine* (X, 23, 4), mentionne un temple de la Pudeur patricienne, situé près du temple rond d'Hercule, accessible aux matrones vertueuses et n'ayant eu qu'un

| IV. | Mane, arbitratu tuo ius iurandum dabo,
| | Me meam pudicam esse uxorem arbitrarier.
| | Id ego si fallo, tum te, summe Iuppiter,
| | Quaeso Amphitruoni ut semper iratus sies.
| AL. | A, propitius sit potius !
| IV. | Confido fore ;
| | Nam ius iurandum uerum te aduorsum dedi.
| | Iam nunc irata non es ?
| AL. | Non sum.
| IV. | Bene facis.
| | Nam in hominum aetate multa eueniunt huius modi :
| | Capiunt uoluptates, capiunt rursum miserias ;
| | Irae interueniunt, redeunt rursum in gratiam.
| | Verum irae si quae forte eueniunt huius modi
| | Inter eos, rursum si reuentum in gratiam est,
| | Bis tanto amici sunt inter se quam prius.
| AL. | Primum cauisse oportuit ne diceres ;
| | Verum eadem si idem purgas mihi, patiunda sunt.
| IV. | Iube uero uasa pura adornari mihi,
| | Vt quae apud legionem uota uoui, si domum
| | Redissem saluus, ea ego | exsoluam omnia.
| AL. | Ego istuc curabo.
| IV. | Euocate huc Sosiam,
| | Gubernatorem, qui in mea naui fuit,
| | Blepharonem arcessat, qui nobiscum prandeat.
| | Is adeo inpransus * ludificabitur,
| | Cum ego Amphitruonem collo hinc obstricto traham.

JUPITER. – Attends ; selon la formule que tu dicteras, je jurerai que je suis convaincu de l'honnêteté de ma femme. Si je fais un faux serment, veuille, ô Très Grand Jupiter, manifester une colère éternelle contre Amphitryon.

ALCMÈNE. – Ah, qu'il lui soit plutôt favorable !

JUPITER. – Je suis bien convaincu qu'il le sera. Car le serment que j'ai prononcé devant toi exprime la vérité. Tu n'es plus en colère ?

ALCMÈNE. – Non.

JUPITER. – Voilà une sage conduite. Car dans la vie des hommes se produisent bien des événements de ce genre : on éprouve des plaisirs, on éprouve ensuite des chagrins ; surgissent des accès de colère et, par un mouvement inverse, vient le temps de la réconciliation. Mais quand éclatent des brouilles comme la nôtre et qu'on s'est ensuite réconciliés, les liens d'affection sont deux fois plus forts qu'auparavant.

ALCMÈNE. – La première chose à faire eût été de te garder de tels propos. Mais si toi-même tu fais amende honorable de tes propos, je dois m'incliner.

JUPITER. – Fais-moi préparer les vases sacrés [1], afin que je m'acquitte complètement des vœux que j'ai prononcés à l'armée, au cas où je reviendrais sain et sauf à la maison.

ALCMÈNE. – Je vais m'en charger.

JUPITER. – Que l'on convoque ici Sosie, qu'il aille chercher Blépharon, le pilote de notre bateau, pour qu'il dîne avec nous. (*À part.*) Il n'aura rien à manger et il sera joliment berné [2] lorsque je mettrai Amphitryon à la porte en l'attrapant par le cou.

---

mari. À la suite d'un incident, en 295 av. J.-C , une romaine consacra un autel à la Pudeur plébéienne.

1. Le terme *vasa* comprend le matériel nécessaire aux offrandes, libations et sacrifices (coupes, patères, couteau sacrificiel, récipient, vases). Au vers 966, il est question d'un sacrifice ; Amphitryon a prononcé un vœu, sorte de contrat passé avec la divinité, s'engageant à lui offrir un sacrifice, un don, une gratification en cas de succès : en s'engageant, il était *voti reus* ; le succès le met dans l'obligation d'accomplir cet engagement : il devient *voti damnatus*.

2. Le vers 952 comporte une lacune : il faut supposer, selon une tournure habituelle, un adverbe tel que *lepide*, avec le verbe *ludificabitur*.

AL. Mirum quid solus secum secreto ille agat.
955   Atque aperiuntur aed*e*s ; exit Sosia.

SOSIA   IVPPITER   ALCVMENA

SO. Amphitr*u*o, assum ; si quid opus est, impera, impe-
                                                rium exequar.
IV. <Sosia> *o*ptume aduenis.
SO.   Iam pax est inter uos duos ?
    Nam quia uos tranquillos uideo, gaudeo et uolupe
                                                est mihi.
    Atque ita seruum par uidetur frugi sese instituere :
    Proinde eri ut sint, ipse item sit ; uultum e uultu
960   comparet ;
    Tristis sit, si eri sint tristes ; hilarus sit, si gaudeant.
    Sed age responde : iam uos redistis in concordiam ?
IV. Derides, qui scis haec [iam] dudum me dixisse per
                                                iocum.
SO. An id ioco dixisti| ? equidem serio ac uero ratus.
IV. Habui expur*i*gationem : facta pax est.
965 SO.   Optume est.
IV. Ego rem diuinam intus faciam, uota quae sunt.
SO.   Censeo.
IV. Tu gubernatorem a naui huc euoca uerbis meis
    Blepharonem, <q>u*i* re diuina facta mecum pran-
                                                deat.
SO. Iam hic ero, cum illic censebis esse me.

ALCMÈNE. – Je me demande ce qu'il peut bien mijoter tout seul dans son coin. Mais voici que s'ouvre la porte : c'est Sosie qui sort.

<SCÈNE 3>

SOSIE, JUPITER, ALCMÈNE [1]

SOSIE. – Amphitryon, me voici. Si tu as besoin de quelque chose, ordonne, j'exécuterai ton ordre.
JUPITER. – Ah, Sosie, tu tombes très bien.
SOSIE. – La paix est-elle désormais rétablie entre vous deux ? À voir le calme régner entre vous, je me réjouis et cela me fait plaisir. Telle me paraît devoir être la ligne de conduite d'un honnête serviteur : à l'image de ses maîtres, voilà comment il doit être ; il doit composer ses traits sur les leurs : être triste, si ses maîtres sont tristes ; être gai, s'ils sont joyeux. Mais, voyons, réponds-moi : vous voici donc maintenant réconciliés ?
JUPITER. – Tu galèjes, tu sais bien que tout à l'heure je plaisantais.
SOSIE. – Tu plaisantais vraiment ? J'ai bien cru que tu parlais sérieusement et disais la vérité.
JUPITER. – J'ai fait amende honorable : la paix est conclue.
SOSIE. – C'est très bien.
JUPITER. – Je vais accomplir, à l'intérieur [2], le sacrifice que j'ai promis dans mon vœu.
SOSIE. – Je suis de cet avis.
JUPITER. – Toi, va au navire chercher le pilote, et invite-le ici en mon nom, pour qu'il déjeune en ma compagnie après le sacrifice.
SOSIE. – Je serai de retour, quand tu me croiras encore là-bas.

---

1. Avec la fin du dialogue (*diverbium*), on revient au récitatif en vers trochaïques (septénaires 956-973). La fin de la scène est en sénaires iambiques (v. 974-983).
2. Au foyer domestique qui comprend un autel et des statuettes des dieux lares.

IV.	Actutum huc redi. –
AL.	Numquid uis, quin abeam iam intro, ut apparentur quibus opust ?
IV.	I sane et quantum potest parata fa*c* sint omnia.
AL.	Quin uenis quando uis intro ? faxo haud quicquam sit mor*a*e.
IV.	Recte loquere et proinde diligentem ut uxorem decet. –

Iam hi\<sce\> ambo, et seruus et era, frustra sunt duo,
Qui me Amphitr*u*onem rentur esse : errant probe.
Nunc tu diuine | huc fac adsis Sosia.
Audis quae dico, tametsi praesens non ades.
Fac Amphitr*u*onem | aduenientem ab aedibus
Vt abigas ; quouis pacto fac commentus s*i*s.
Volo deludi illum, dum cum hac usuraria
Vxore nunc mihi morigero. Haec curata s*i*nt
Fac sis, proinde adeo ut uelle me\<d\> intellegis,
Atque ut ministres mihi, *m*ihi *c*um sacruficem.

MERCVRIVS

Concedite atque abscedite omnes, de uia decedite,
Nec quisquam †tam audax fuat homo qui obuiam obsistat mihi.
Nam mihi quidem hercle qui minus liceat deo minitarier
Populo, ni decedat mihi, quam seruolo in comoediis ?
Ille nauem saluam nuntiat aut irati aduentum senis :

JUPITER. — Reviens sans tarder. (*Sosie sort.*)
ALCMÈNE. — As-tu encore besoin de moi ou puis-je rentrer pour faire les préparatifs nécessaires ?
JUPITER. — Va, tu peux disposer et tâche que tout soit prêt au plus vite.
ALCMÈNE. — Tu peux venir quand tu veux. Je veillerai à ce qu'il n'y ait pas le moindre contretemps.
JUPITER. — Sages propos et dignes d'une épouse accomplie. (*Alcmène rentre à l'intérieur de la maison.*) En voilà déjà deux de bernés, la maîtresse et l'esclave, qui me prennent pour Amphitryon : ils se trompent bien. Maintenant à toi, divin Sosie, de me prêter main forte. Tu as beau ne pas te trouver en personne à mes côtés, tu entends mes propos. Arrange-toi pour repousser Amphitryon de la maison quand il arrivera ; de n'importe quelle manière, invente un stratagème de ton cru. Je veux qu'il soit berné, pendant que je satisferai mon désir avec cette épouse d'emprunt. Veille, s'il te plaît, à régler tout cela, exactement comme tu saisis mes volontés, et prête-moi ton concours, pendant le sacrifice que je m'offre à moi-même.

<SCÈNE 4>

MERCURE [1]

MERCURE (*il arrive en courant*). — Arrière, écartez-vous, tous, hors de mon chemin, qu'aucun homme ne montre assez d'audace pour me faire obstacle. Et oui, par Hercule, comment, en ma qualité de dieu, aurais-je moins le droit qu'un méchant esclave de comédie de menacer les éventuels passants qui ne me céderaient pas le passage ! Il annonce le retour en bon état d'un navire ou

---

1. Mercure, seul en scène, joue le rôle du *servus currens*, il arrive précipitamment, manteau retroussé, et débite sa tirade, en octonaires iambiques, sur un rythme haletant, en sautillant sur place. Autres scènes : *Asinaria*, 267-271 ; *Curculio*, 280-302 ; *Epidicus*, 192-200 ; *Mercator*, 111-125 ; *Mostellaria*, 348-362.

Ego sum Ioui dicto audiens, eius iussu nunc huc me
adfero.
Quam ob rem mihi magis par est uia decedere et conce-
dere.
Pater uocat me, eum sequor, eius dicto imperio sum
audiens.
Vt filium bonum patri esse oportet, itidem ego [ego] sum
patri.
Amanti subparasitor, hortor, adsto, admoneo, gaudeo.
Si quid patri uolupest, uoluptas ea mihi multo maxumast.
Amat : sapit ; recte facit, animo quando obsequitur suo.
Quod omnis homines facere oportet, dum id modo fiat
bono.
Nunc Amphitruonem uult deludi meus pater ; faxo probe
Iam hic deludetur, spectatores, uobis <in> spectantibus.
Capiam coronam mihi in caput, adsimulabo me esse
ebrium.
Atque illuc sursum escendero ; inde optume aspellam
uirum
De supero, cum huc accesserit ; faciam ut sit madidus
sobrius.
Deinde illi actutum sufferet suus seruus poenas Sosia.
Eum fecisse ille hodie arguet, quae ego fecero hic : quid
<id> mea ?
Meo me aequumst morigerum patri : eius studio seruire
addecet.
Sed eccum Amphitruonem : aduenit. Iam ille hic delu-
detur probe,
Siquidem uos uultis auscultando operam dare.
Ibo intro, ornatum capiam qui potis decet.
Dein susum escendam in tectum, ut illum hinc prohi-
beam.

l'arrivée d'un vieillard en colère. Moi j'obéis à une instruction de Jupiter et c'est sur son ordre que je me déplace ici. Aussi ai-je davantage de droits à ce que l'on se range et fasse place nette devant moi. Mon père m'appelle, je le suis, je suis prêt à exécuter l'ordre qu'il me donne. Ce que doit être un bon fils à l'égard de son père, je le suis à l'égard de mon père. Dans ses amours, je joue le rôle d'un bon parasite [1]. Je l'encourage, je l'assiste, je lui prodigue des conseils, je me réjouis. Tout plaisir éprouvé par mon père me fait atteindre à moi le paroxysme du plaisir. Il fait l'amour, il a bien raison ; il agit comme il faut en suivant ses penchants. Tous les hommes devraient en faire autant, pourvu que cela ne fasse de tort à personne. Maintenant, mon père veut que l'on mystifie Amphitryon ; je vais m'employer à monter une telle mystification, spectateurs [2], et vous allez en être les premiers témoins. Je vais me mettre une couronne [3] sur la tête et faire semblant d'être soûl. Je vais monter sur la terrasse et, de là-haut, je n'aurai aucun mal à le repousser quand il s'approchera ; je ferai en sorte qu'il soit ivre sans avoir rien bu. Puis, dans la foulée, ce sera Sosie, son propre esclave, qui supportera la punition. L'autre le rendra responsable aujourd'hui des opérations que j'aurai montées : que m'importe ? Je dois faire preuve de docilité envers mon père : il convient que je sois au service de ses désirs. Mais voici Amphitryon : il approche. Il sera ici joliment berné, si vous voulez bien suivre attentivement le jeu. Je vais entrer et prendre la tenue qui convient aux buveurs. Puis je monterai là-haut, sur la terrasse [4], pour le repousser d'ici.

---

1. Tout parasite, dans la perspective d'être accueilli à la table du maître, se montre un zélé serviteur et un flatteur empressé.
2. La scène du *servus currens* marque une rupture de l'illusion dramatique, qui se confirme au cours du monologue.
3. La présence d'une couronne sur la tête est le signe d'une participation à un banquet ou à une beuverie entre jeunes gens.
4. Il s'agit d'un toit « plat » en forme de terrasse, comme dans les pays méditerranéens, où l'on peut prendre aisément place. Ici intervient vraisemblablement une pose, pendant que Mercure gagne sa position et en attendant le retour d'Amphitryon.

<ACTVS IV>

AMPHITRVO

Naucratem quem conuenire uolui, in naui non erat,
Neque domi neque in urbe inuenio quemquam qui illum uiderit ;
Nam omnis plateas perreptaui, gymnasia et myropolia ;
Apud emporium atque in macello, in palaestra atque in foro,
In medicinis, in tonstrinis, apud omnis aedis sacras
Sum defessus quaeritando, nusquam inuenio Naucratem.
Nunc domum ibo atque ex uxore hanc rem pergam exquirere,
Quis fuerit quem propter corpus suum stupri compleuerit.
Nam me quam illam quaestionem inquisitam hodie amittere
Mortuum satius*t*. Sed aedis occluserunt. Eugepae.
Pariter hoc fit atque ut alia facta sunt. Feriam foris.
Aperite hoc ; heus, ecquis hic est ? ecquis hoc aperit ostium ?

MERCVRIVS   AMPHITRVO

ME. Quis ad foris est ?
AM.   Ego sum.
ME.   Quid 'ego sum' ?
AM.   Ita loquor.

<ACTE IV>

<SCÈNE 1>

AMPHITRYON

AMPHITRYON (*il arrive par la coulisse de gauche*). – Naucratès, que je voulais rencontrer, ne se trouvait pas à bord et, ni chez lui ni en ville, je ne trouve personne qui l'ait vu ; j'ai arpenté toutes les artères, tous les gymnases, toutes les boutiques des parfumeurs [1] ; sur le port comme au marché, à la palestre comme au forum, chez les médecins, les barbiers, dans tous les édifices sacrés je me suis échiné à chercher, et aucune trace de Naucratès. Maintenant, je vais rentrer à la maison et je vais poursuivre mes investigations auprès de ma femme pour savoir avec qui elle a eu des relations coupables. Mieux vaudrait pour moi être mort plutôt que de classer cette affaire sans faire la lumière. Mais il ont fermé la maison. À merveille ! C'est à l'avenant de tout ce qui s'est passé jusqu'ici. Je vais frapper à la porte. Ouvrez ! Holà, y a-t-il quelqu'un ici ? Est-ce que quelqu'un m'ouvre cette porte ?

<SCÈNE 2>

MERCURE, AMPHITRYON

MERCURE (*du haut de la terrasse*). – Qui est à la porte ?
AMPHITRYON. – C'est moi.
MERCURE. – Qui ça, « moi » ?
AMPHITRYON. – Moi, te dis-je.

---

1. La topographie est plus grecque que romaine On le voit aux termes mêmes qui sont grecs pour désigner des réalités grecques (*gymnasium*, *myropolium*) La présence d'un port à Rome (*emporium*) n'est pas signalée chez Tite-Live avant l'année 193 av J.-C. (*Histoire romaine*, XXXV, 10). On pourrait voir là un élément de datation.

ME.   Tibi Iuppiter
　　　Dique omnes irati certo sunt, qui sic frangas foris.
AM. Quo modo ?
ME.   Eo modo, ut profecto uiuas aetatem
　　　　　　　　　　　　　　　　　　　　　　　　miser.
AM. Sosia !
ME.   Ita : sum Sosia, nisi me esse oblitum existi-
　　　　　　　　　　　　　　　　　　　　　　　　　mas.
　　　Quid nunc uis ?
1025 AM.   Sceleste, at etiam quid uelim, id tu me rogas ?
ME.   Ita, rogo : paene effregisti, fatue, foribus cardines.
　　　An foris censebas nobis publicitus praeberier ?
　　　Quid me aspectas, stolide ? quid nunc uis tibi aut
　　　　　　　　　　　　　　　　　　　　quis tu es homo ?
AM. Verbero, etiam quis ego sim me rogitas, ulmorum
　　　　　　　　　　　　　　　　　　　　　　　Accheruns ?
　　　Quem pol ego hodie ob istaec dicta faciam feruen-
1030　　　　　　　　　　　　　　　　　　　　　tem flagris.
ME. Prodigum te fuisse oportet olim in adulescentia.
AM. Quidum ?
ME.   Quia senecta aetate a me mendicas
　　　　　　　　　　　　　　　　　　　　　　　　malum.
AM. Cum cruciatu tuo istaec hodie, uerna, uerba fundi-
　　　　　　　　　　　　　　　　　　　　　　　　　tas.
ME. Sacrufico ego tibi.
AM.   Qui ?
ME.   Quia enim te macto infortunio.

MERCURE. — Vraiment Jupiter et tous les dieux sont en colère contre toi, pour que tu veuilles briser ainsi la porte [1].

AMPHITRYON. — Comment ça ?

MERCURE. — Comment [2] ? En te condamnant à n'être jamais qu'un malheureux toute ta vie.

AMPHITRYON. — Sosie !

MERCURE. — Oui, c'est moi, Sosie, à moins que tu n'ailles croire que je l'ai oublié. Que veux-tu ?

AMPHITRYON. — Tu oses, bandit, me demander ce que je veux ?

MERCURE. — Oui, je te le demande. Insensé, tu as failli arracher les gonds de la porte ; pensais-tu donc que les portes nous sont fournies aux frais de l'État ? Qu'as-tu à me regarder, imbécile ? Qu'est-ce que tu veux encore ? Qui es-tu ?

AMPHITRYON. — Pendard, tu oses même me demander qui je suis, abîme à ormeaux [3] ! Par Pollux, pour ce que tu viens de dire, je te ferai chauffer le dos à coups d'étrivières.

MERCURE. — Tu as dû faire preuve de prodigalité autrefois, quand tu étais jeune.

AMPHITRYON. — Comment donc ?

MERCURE. — Pour mendier des coups sur mon compte dans ta vieillesse [4].

AMPHITRYON. — Il va t'en cuire de débiter aujourd'hui de telles fadaises, bouffon [5].

MERCURE. — Je veux t'offrir un sacrifice.

AMPHITRYON. — Comment ?

MERCURE. — En te consacrant une bonne volée.

---

1. Mercure accuse implicitement Amphitryon d'être fou. La folie est un châtiment envoyé par Jupiter pour punir les hommes
2 La réponse d'Amphitryon est l'indignation : « Quoi ? » Mercure feint de la prendre au sens propre.
3 L'expression latine utilise le nom du fleuve des Enfers, dont Charon est le passeur : « Achéron des ormeaux ». Les verges dont on se servait pour punir les esclaves étaient fabriquées en bois d'ormeau
4. Amphitryon, qui attend la naissance d'un enfant, n'est pas à proprement parler un vieillard (on est *senex* à partir de soixante-quatre ans). Mais il tient cet emploi dans la comédie en tant que *pater familias*.
5. Le terme latin (*uerna*) souligne la condition de Sosie, qui est celle d'un esclave né dans la maison.

<FRAGMENTA>

I <AM.> At ego *te* cruce et cruciat*u* mactab*o*, mastigia.
II <ME.> Erus Amphitr*uo*(st) occupatus.
III <ME.> abiendi nunc tibi etiam occasio est.
IV <ME.> Optimo iure infringatur aula cineris in caput.
V <ME.> Ne tu postules matulam unam tibi †aquam infundi in caput
VI <ME.> Laruatu's. Edepol hominem miserum! medicum quaerita[t].
VII <AL.> Exiurauisti te mihi dixe per iocum.
VIII <AL.> Quaeso, aduenienti morbo medicari iube :
Tu certe aut laruatu*s* aut cerritus *es*
IX <AL.> Nisi hoc ita factum est, proinde ut factum esse autumo,
Non causam dico *q*uin *uero in*simules probri.
X <AM.> †cuiusque† me absente corpus u*o*lga*uit* suum.

[*Lacune*]

<FRAGMENTS [1]>

I. <AMPHITRYON>. – La croix et le gibet, voilà ce que je vais te consacrer, vaurien [2].

II. <MERCURE>. – Mon maître Amphitryon est en pleine besogne.

III. <MERCURE>. – L'occasion t'est maintenant encore offerte de t'en aller.

IV. <MERCURE>. – À bon droit, on te briserait sur la tête une marmite de cendres.

V. <MERCURE>. – Tu veux vraiment qu'on te verse un pot d'eau sur la tête ?

VI. <MERCURE>. – Tu es possédé. Par Pollux, le pauvre homme ! Va chercher un médecin.

VII. <ALCMÈNE [3]>. – Tu m'as juré que tu avais parlé par plaisanterie.

VIII. <ALCMÈNE>. – Je t'en prie, fais-toi donner un traitement contre le mal qui te gagne. Assurément, tu es ou ensorcelé ou possédé [4].

IX. <ALCMÈNE>. – Si les choses ne se sont pas déroulées comme j'affirme qu'elles se sont déroulées, je ne rejette par l'accusation d'infamie lancée à bon droit contre moi.

X. <AMPHITRYON>. – ... en mon absence, elle s'est prostituée [5].

---

1. La plupart des fragments sont dus au grammairien Nonius Marcellus, deux proviennent de Priscius (*frag.* III et XII), deux d'une glose de Servius Danielis à l'*Énéide* de Virgile (VIII, 127) et d'une glose de Plaute (*frag.* XIII et XVIII), un du traité de Festus (*frag.* XX). Au XVe siècle, Hermolaüs Barbarus s'est exercé à restituer la partie manquante en vue d'une représentation et certains éditeurs ont accueilli cette restitution
2. Dans un premier temps (*frag.* I-VI), la dispute se poursuit entre Amphitryon et le faux Sosie.
3. Intervention d'Alcmène (*frag.* VII-X).
4. Sur l'adjectif *cerritus*, cf *Amphitryon*, v. 776 et note 2, p. 139.
5. Le début du fragment est incertain.

170 Amphitryon/fragmenta

XI <AM.> Quid minitabas te facturum, si istas pepu-
lissem foris ?
XII <AM.> Ibi scrobes effodito plus sexagenos in
dies.
XIII <AM.> Noli pessimo precari.
XIV <BL.> Animam comprime.
XV <IV.> Manifestum hunc obtorto collo teneo furti
flagiti.
XVI <AM.> Immo ego hunc, Thebani ciues, qui domi
uxorem meam
Impudicitia impediuit, teneo, thesaurum
stupri.
XVII <AM.> Nilne te pudet, sceleste, populi in
conspectum ingredi ?
XVIII <AM.> ... clandestino.
XIX <IV. *siue* AM.> qui nequeas nostrorum uter sit
Amphitruo decernere.
[XX Non ego te noui, naualis scriba, columbar[i] impu-
dens ?]

―――

(BLEPHARO AMPHITRVO IVPPITER)

<BL.> Vos inter uos partite : ego abeo, mihi negotium
est.
1035   Neque ego umquam usquam tanta mira me uidisse
censeo.

XI. <Amphitryon>. – Quelle menace proférais-tu à mon encontre, au cas où j'aurais frappé à cette porte ?

XII. <Amphitryon [1]>. – Là, tu creuseras plus de soixante trous par jour.

XIII. <Amphitryon>. – Pas de supplique en faveur d'un vaurien.

XIV. <Blépharon>. – Retiens ton souffle.

XV. <Jupiter [2]>. – Pris sur le fait ! Je le tiens au collet, ce coupable d'adultère, d'infamie.

XVI. <Amphitryon>. – C'est moi, citoyens de Thèbes, qui tiens celui qui, chez moi, a déshonoré ma femme, ce coffre à outrages.

XVII. <Amphitryon>. – Tu n'as pas honte bandit, de t'avancer en public ?

XVIII. <Amphitryon>. – ... en cachette.

XIX. <Jupiter ou Amphitryon> (*à Blépharon*). – ... puisque tu es incapable de reconnaître lequel de nous deux est Amphitryon.

[XX. Est-ce que je ne te connais pas, scribe naval, impudent [3] ?]

<SCÈNE 3>

BLÉPHARON, AMPHITRYON, JUPITER

BLÉPHARON. – Transigez entre vous : moi, je m'en vais, j'ai affaire. Je crois n'avoir jamais été témoin nulle part de pareil prodige.

---

1. Revenu avec Blépharon, Sosie est aux prises avec Amphitryon qui menace de le punir (*frag.* XI-XIV)
2. L'entrée en scène de Jupiter était suivie d'un échange de répliques entre Amphitryon et Jupiter, qui demandaient à Blépharon, bien embarrassé, de déterminer le véritable Jupiter (*frag* XV-XIX).
3. Le sens de cette glose demeure obscur. Elle figure, sans référence précise à Amphitryon, dans le *Lexique* de Festus qui définit un scribe naval comme un scribe de catégorie inférieure Le mot *columbar* désigne un pigeonnier ou une sorte de carcan Le mot *columbarium* peut s'appliquer à l'ouverture qui permet le passage de la rame dans un navire.

AM. Blepharo, quaeso ut aduocatus mihi adsis neue
abeas.
BL. Vale.
Quid opust me aduocato, qu*i* utri sim aduocatus
nescio ? —
IV. Intro ego hinc eo ; Alcumena parturit.
AM. Perii miser.
Quid ego* quem aduocati iam atque amici dese-
1040 runt ?
Numquam edepol me inultus istic ludifica*b*it quis-
quis est.
[Nam] Iam ad regem recta me ducam resque ut
facta est eloquar.
Ego pol illum ulciscar hodie Thessalum ueneficum,
Qui peruorse perturbauit familiae mentem meae.
Sed ubi illest ? intro edepol abiit, credo, ad uxorem
1045 meam.
Qui me Thebis alter uiuit miserior ? quid nunc
agam ?
Quem omnes mortales ignorant et ludificant ut
lubet.
Certu*m*st, intro rumpam in aed*i*s : ubi quemque
hominem aspexero,
Si[ue] ancillam, seu seruom, siue uxorem, siue
adulterum,
Seu patrem, siue auum uidebo, obtruncabo in aedi-
1050 bus.
Neque me Iuppiter neque di omnes id prohibebunt,
si uolent,
Quin sic faciam ut<i> constitui ; pergam in aed*i*s
nunciam.

———

AMPHITRYON. – Je t'en prie, Blépharon, reste auprès de moi pour m'assister[1], ne t'en va pas.

BLÉPHARON. – Adieu. En quoi est-il besoin de mon assistance, quand je ne sais lequel des deux je dois assister ?

JUPITER (*à part*). – Moi, je rentre ; Alcmène accouche.

AMPHITRYON. – Je suis perdu, malheureux que je suis. Que vais-je devenir, abandonné par mes appuis et mes amis ! Mais, par Pollux, celui-là, quel qu'il soit, ne se jouera pas de moi impunément. Oui, je m'en vais de ce pas trouver le roi et lui exposer le déroulement de l'affaire. Par Pollux, je vais aujourd'hui me venger de ce sorcier thessalien[2], qui est venu semer la pagaille et déranger l'esprit de mes gens. Mais où est-il ? Parbleu, il est rentré, je crois, pour rejoindre ma femme. Se trouve-t-il dans Thèbes un mortel plus malheureux que moi ? Que puis-je faire pour l'heure ? Tout le monde ici-bas m'ignore et me berne à sa guise. C'est décidé, je rentre de force dans la maison : tous ceux qui se présenteront à ma vue, servante, esclave, épouse, amant, père, grand-père, je les tuerai sur place. Ni Jupiter ni tous les dieux ne m'empêcheront, même s'ils le veulent, de mettre à exécution ma résolution. Maintenant, forçons la maison.

Un coup de tonnerre retentit et Amphitryon tombe alors évanoui.

---

1. Trait romain : l'*advocatus* est la personne appelée à assister quelqu'un en justice. En fait, il ne plaide pas, mais assiste l'accusé par ses conseils, et sa seule présence peut constituer une garantie susceptible d'influencer les juges.
2. La Thessalie passait dans l'Antiquité pour le pays des sorcières.

<ACTVS V>

BROMIA   AMPHITRVO

BR. Spes atque opes uitae meae iacent sepultae in pec-
            tore,
    Neque ullast confidentia iam in corde quin amise-
            rim.
    Ita mihi uidentur omnia, mare, terra, caelum conse-
    qui,
    Iam ut opprimar, ut enicer. Me miseram ! quid
            agam nescio.
    Ita tanta mira in aedibus sunt facta. Vae miserae
            mihi !
    Animo malest, aquam uelim ; corrupta sum atque
            absumpta sum.
    Caput dolet, neque audio, nec oculis prospicio satis.
    Nec me miserior femina est neque ulla uideatur
    magis.
    Ita erae meae hodie contigit : nam ubi parturit, deos
            [sibi] inuocat,
    Strepitus, crepitus, sonitus, tonitrus. Vt subito, ut
            prope, ut ualide tonuit !
    Vbi quisque institerat, concidit crepitu. Ibi nescio-
            quis maxuma
    Voce exclamat : 'Alcumena, adest auxilium, ne
            time ;
    Et tibi et tuis propitius caeli cultor aduenit.
    Exsurgite' inquit 'qui terrore meo occidistis prae
            metu'.
    Vt iacui, exurgo ; ardere censui aedis, ita tum
            confulgebant.
    Ibi me inclamat Alcumena ; iam ea res me horrore
            adficit.
    Erilis praeuertit metus ; accurro, ut sciscam quid
            uelit ;
    Atque illam geminos filios pueros peperisse conspi-
            cor.

<ACTE V>

<SCÈNE 1>

BROMIE, AMPHITRYON

BROMIE [1] (*se précipitant hors de la maison, sans remarquer Amphitryon*). – Ce que j'espérais dans ma vie, ce sur quoi je m'appuyais, tout gît désormais enterré dans ma poitrine. Tout sentiment de confiance s'est évanoui dans mon cœur. Tant semblent s'acharner tous les éléments, terre, mer, ciel, pour m'écraser et m'anéantir. Pauvre de moi ! Je suis désemparée. Tant j'ai vu se produire de si grands prodiges en la demeure ! Malheur à moi ! Je me sens mal, je voudrais un peu d'eau [2]. Je suis brisée, je suis anéantie. La tête me fait mal. Je n'entends plus, mes yeux ne voient plus clair. Aucune femme n'est plus malheureuse au monde que moi, aucune ne pourrait l'être davantage. Tant il est arrivé des choses aujourd'hui à ma maîtresse : en effet, dès qu'elle ressent les douleurs, elle invoque les dieux. Alors tout gronde, retentit, résonne et tonne [3]. Quel tonnerre, subit, proche, violent ! À l'emplacement même où il se trouvait, chacun s'effondre, devant ce fracas. Alors une voix très puissante, je ne sais qui, s'exclame : « Alcmène, voici de l'aide, n'aie pas peur, c'est un habitant du ciel qui vient vous seconder, toi et les tiens. Relevez-vous, dit cette voix, vous qui, terrorisés par ma puissance, avez été terrassés de frayeur. » J'étais à terre, je me relève ; j'ai cru que la maison était en flammes, tant les éclairs l'embrasaient. À ce moment, Alcmène crie après moi : son appel me frappe de terreur. Mais la crainte pour ma maîtresse l'emporte, j'accours pour savoir ce qu'elle veut ; alors je constate

---

1. Le nom de cette vieille servante rappelle un surnom de Bacchus, Bromios, qui signifie le Frémissant, le Grondant. Il évoque plaisamment la scène qui va être décrite.
2. Bromios étant en grec un surnom du dieu du vin, le comique naît ici de ce que Bromia, une servante de cette divinité, demande de l'eau.
3. Le latin présente une phrase nominale avec quatre substantifs en *-tus*. Un telle accumulation serait à sa place dans un vers tragique.

Neque nostrum quisquam sensimus, quom peperit,
neque prouidimus.
Sed quid hoc ? qui hic est senex, qui ante aedis
nostras sic iacet ?
Numnam hunc percussit Iuppiter ?
Credo edepol ; nam pro Iuppiter ! sepultust quasi
sit mortuus.
Ibo *ut* cognoscam, quisquis est. Amphitr*uo* †hic qui-
1075 dem erus meus.
Amphitr*uo* !
AM. Perii.
BR. Surge.
AM. Interii.
BR. Cedo manum.
AM. Quis me tenet ?
BR. Tua Bromia ancilla.
AM. Totus timeo, ita me*d* increpuit Iuppiter.
Nec secus est quasi si ab Accherunte ueniam. Sed
quid tu foras
Egressa es ?
BR. Eadem nos formido timidas terrore impulit.
In aedibus, tu ubi habitas, nimia mira uidi. Vae
1080 mihi,
Amphitr*uo*| ; ita mihi animus etiam nunc abest.
AM. Agedum expedi :
Scin me tuum esse erum Amphitr*u*onem ?
BR. Scio.
AM. Vide etiam nunc.
BR. Scio.
AM. Haec sola sa*n*am mentem gestat meorum familia-
rium.
BR. Immo omnes sani sunt profecto.
AM. At me uxor insanum facit
Suis foedis factis.
1085 BR. At ego faciam tu idem ut aliter praedices,
Amphitr*uo* : piam et pudicam esse tuam uxorem ut
scias,
De ea re signa atque argumenta paucis uerbis elo-
quar.
Omnium primum Alcumena geminos peperit filios.
AM. Ain tu, geminos ?
BR. Geminos.
AM. Di me seruant.

qu'elle a mis au monde deux garçons, des jumeaux, sans que personne parmi nous se soit rendu compte de quelque chose au moment de l'enfantement ou ait prévu l'événement. (*Apercevant Amphitryon.*) Mais qu'est ceci ? Quel est ce vieil homme allongé ainsi par terre devant notre maison ? Est-ce donc que Jupiter l'a frappé ? Par Pollux, je le crois ; c'est que, par Jupiter, il est enseveli comme s'il était mort. Je vais voir qui c'est. (*Elle soulève le manteau.*) Mais c'est Amphitryon, mon maître. (*Elle le secoue.*) Amphitryon !

AMPHITRYON. – Je suis mort.

BROMIE. – Relève-toi.

AMPHITRYON. – C'en est fait de moi.

BROMIE. – Donne-moi la main.

AMPHITRYON. – Qui est-ce qui me tient ?

BROMIE. – Ta servante, Bromie.

AMPHITRYON. – Je suis transi de crainte, tellement Jupiter m'a étourdi de son fracas. C'est comme si je revenais de l'Achéron. Mais toi, pourquoi es-tu sortie ?

BROMIE. – Une même épouvante nous a saisies et emportées, toutes terrorisées. Dans la maison où tu habites, j'ai vu de très grands prodiges. Pauvre de moi, Amphitryon, je n'ai toujours pas repris mes esprits.

AMPHITRYON. – Allons, lève le doute : reconnais-tu en moi ton maître Amphitryon ?

BROMIE. – Je te reconnais.

AMPHITRYON. – Regarde encore une fois.

BROMIE. – Oui, je te reconnais.

AMPHITRYON. – Elle est la seule de toute la maison à avoir gardé l'esprit sain.

BROMIE. – Mais tout le monde l'a gardé, je te l'assure.

AMPHITRYON. – Mais, moi, ma femme me fait perdre la tête, par sa mauvaise conduite.

BROMIE. – Eh bien, moi, je te ferai tenir un autre langage, Amphitryon ; pour que tu saches que ta femme est honnête et vertueuse, je vais t'exposer en peu de mots des preuves manifestes sur la question. En premier lieu, Alcmène a donné le jour à deux fils jumeaux.

AMPHITRYON. – Vraiment, des jumeaux ?

BROMIE. – Oui, des jumeaux.

AMPHITRYON. – Les dieux me protègent !

BR. Sine me dicere,
Vt scias tibi tuaeque uxori deos esse omnis propi-
tios.
AM. Loquere.
BR. Postquam parturire hodie uxor occepit tua,
Vbi utero exorti dolores, ut solent puerperae,
Inuocat deos inmortal*i*s, ut sibi auxilium ferant,
Manibus puris, capite operto. Ibi continuo contonat
Sonitu maxumo. Aed*i*s primo ruere rebamur tuas ;
Aed*es* totae confulgebant tuae, quasi essent aureae.
AM. Quaeso, absoluito hinc me extemplo, quando satis
deluseris.
Quid fit deinde ?
BR. Dum haec aguntur, interea uxorem tuam
Neque gementem neque plorantem nostrum quis-
quam audiuimus ;
Ita profecto sine dolore peperit.
AM. Iam istuc gaudeo,
Vtut *me e*rga merita est.
BR. Mitte istaec, atque haec quae dicam accipe.
Postquam peperit, pueros lau*e*re iussit nos. Occe-
pimus.
Sed puer ille quem ego laui, ut magnu*s*t et multum
ualet !
Neque eum quisquam colligare quiuit incunabulis.
AM. Nimia mira memoras. Si istaec uera sunt, diuinitus
Non metuo quin meae | uxori latae suppetiae sient.
BR. Magis iam faxo mira dices. Postquam in cunas
conditu*s*t,
Deuolant angues iubati deorsum in inpluuium duo
Maximi ; continuo extollunt ambo capita.

BROMIE. – Laisse-moi parler, pour que tu saches que tous les dieux vous sont favorables, à ta femme et à toi.

AMPHITRYON. – Parle.

BROMIE. – Après qu'aujourd'hui ta femme eut ressenti les premiers signes de l'accouchement, lorsque se furent manifestées les premières douleurs en son ventre, ce qui est le lot habituel des femmes en couches, elle prie les dieux immortels de lui porter secours, après s'être purifié les mains et avoir mis un voile sur la tête [1]. Aussitôt, il se met à tonner dans un fracas des plus étourdissants. Tout d'abord, nous pensions que c'était ta maison qui s'écroulait : des éclairs l'embrasaient tout entière, comme si elle était en or.

AMPHITRYON. – De grâce, sors-moi vite de cette confusion, quand tu auras fini de te moquer de moi. Qu'advient-il ensuite ?

BROMIE. – Pendant ces événements, personne parmi nous n'a entendu à aucun moment ta femme gémir ou se plaindre ; elle a ainsi, à n'en pas douter, accouché sans douleur.

AMPHITRYON. – Je m'en réjouis, quelle qu'ait été sa conduite à mon égard.

BROMIE. – Oublie cela et écoute ce que je vais te raconter. Après avoir accouché, elle nous ordonna de laver les enfants. Nous nous y sommes mises. Mais l'enfant que j'ai lavé, comme il est grand et quelle robustesse il affiche ! Personne n'a pu le mettre dans des langes.

AMPHITRYON. – C'est un prodige extraordinaire que tu me racontes. Si cela est vrai, je ne doute pas que les dieux eux-mêmes sont venus en aide à ma femme.

BROMIE. – Et je vais provoquer plus encore ton émerveillement. Après que l'enfant eut été placé dans le berceau, voici que deux serpents à crête viennent d'en haut se poser dans la cour intérieure [2], deux serpents d'une très grande taille ; aussitôt ils dressent tous deux la tête.

---

1. Aspect du rituel romain, qui se caractérise par la tête recouverte d'un voile ou d'un pan de toge ou de vêtement dans l'accomplissement des sacrifices et des offrandes et dans la récitation des prières.
2. À l'intérieur de cette cour qui est l'*atrium* de la demeure, se trouvait le bassin carré (*impluvium*) où étaient recueillies les eaux de pluie qui passaient par le *compluvium*.

AM. Ei mihi!
BR. Ne paue. Sed angues oculis omnis circumuisere.
Postquam pueros conspicati, pergunt ad cunas citi.
Ego cunas recessim rursum uorsum trahere et ducere,
Metuens pueris, mihi formidans, tantoque angues acrius
Persequi. Postquam conspexit anguis ille alter puer,
Citus e cunis exilit, facit recta in anguis inpetum,
Alterum altera prehendit eos manu perniciter.
AM. Mira memoras; nimis formidolosum facinus praedicas.
Nam mihi horror membra misero percipit dictis tuis.
Quid fit deinde? porro loquere.
BR. Puer ambo anguis enicat.
Dum haec aguntur, uoce clara exclamat uxorem tuam.
AM. Quis homo?
BR. Summus imperator diuum atque hominum Iuppiter.
Is se dixit cum Alcumena clam consuetum cubitibus,
Eumque filium suum esse, qui illos anguis uicerit;
Alterum tuum esse dixit puerum.
AM. Pol me haud paenitet,
Si licet boni dimidium mihi diuidere cum Ioue.
Abi domum, iube uasa pura actutum adornari mihi,
Vt Iouis supremi multis hostiis pacem expetam.
Ego Teresiam coniectorem aduocabo et consulam
Quid faciundum censeat; simul hanc rem ut facta est eloquar.
Sed quid hoc? quam ualide tonuit! Di, obsecro, uostram fidem!

AMPHITRYON. – Malheur !

BROMIE. – N'aie pas peur. Cependant, les serpents nous examinent tous, avec leurs yeux. Après avoir aperçu les enfants, ils se dirigent droit vers le berceau. Et moi je tirais et ramenais le berceau en arrière, pleine de crainte pour les enfants, de frayeur pour moi et les serpents continuaient avec d'autant plus d'acharnement. Mais, dès qu'il a vu les serpents, l'enfant en question bondit hors de son berceau et s'élance tout droit sur les serpents et en prend un dans chaque main, tout promptement [1].

AMPHITRYON. – C'est un prodige que tu racontes là ; l'exploit dont tu fais le récit suscite un grand effroi. Pauvre de moi, je tremble de tous mes membres à écouter ton récit. Qu'advient-il ensuite ? Continue.

BROMIE. – L'enfant tue les deux serpents. Au milieu de ces faits, d'une voix puissante il appelle ta femme....

AMPHITRYON. – Qui l'appelle ?

BROMIE. – Le maître tout-puissant des dieux et des hommes, Jupiter. Il a annoncé qu'il a eu des relations secrètes avec Alcmène, que cet enfant est son fils, celui qui a vaincu ces serpents. Il dit que l'autre enfant est le tien.

AMPHITRYON. – Par Pollux, je n'ai pas à me plaindre, si je peux faire part égale de mon bien avec Jupiter. Rentre à la maison, fais préparer sur-le-champ les vases sacrés pour que je me concilie la bienveillance du maître des dieux, Jupiter, en lui offrant de nombreuses victimes. Je vais faire venir le devin Tirésias [2] et consulter son avis sur ce que je dois faire ; en même temps, je lui raconterai le détail de cette aventure. Mais qu'est ceci encore ? Quel violent coup de tonnerre a retenti ? Dieux, je vous implore, accordez-moi votre aide.

---

1. Plaute adopte la version selon laquelle Hercule a étouffé les serpents envoyés par Junon dès son berceau. D'autres versions (Apollodore, Théocrite) lui font accomplir l'exploit à l'âge de huit ou dix mois
2. Tirésias est, avec Calchas, l'un des plus célèbres devins de l'Antiquité. Il joue un rôle important dans le cycle thébain, en particulier dans la légende d'Œdipe.

IVPPITER   <AMPHITRVO>

<IV.> Bono animo es ; adsum auxilio, Amphitruo, tibi et
                                                                                                    tuis.
    Nihil est quod timeas. Hariolos, haruspices
    Mitte omnis : quae futura et quae facta eloquar,
    Multo adeo melius quam illi, quom sum Iuppiter.
    Primum omnium Alcumenae usuram corporis
    Cepi et concubitu grauidam feci filio.
    Tu grauidam item fecisti, cum in exercitum
    Profectu's ; uno partu duos peperit simul.
    Eorum alter, nostro qui est susceptus semine,
    Suis factis te inmortali adficiet gloria.
    Tu cum Alcumena uxore antiquam in gratiam
    Redi. Haud promeruit quam ob rem uitio uorteres :
    Mea ui subactast facere. Ego in caelum migro.

AMPHITRVO

Faciam ita ut iubes et te oro, promissa ut serues tua.
Ibo ad uxorem intro ; missum facio Teresiam senem.
Nunc, spectatores, Iouis summi causa clare plaudite.

<SCÈNE 2>

JUPITER AMPHITRYON

JUPITER. – Sois tranquille ; je viens vous apporter mon aide, Amphitryon, à toi et aux tiens. Tu n'as aucune crainte à avoir. Devins, haruspices [1], laisse-les tous : ce qui va arriver, ce qui est arrivé, je vais te le révéler, beaucoup mieux qu'eux, car je suis Jupiter. Tout d'abord, je me suis attribué les faveurs d'Alcmène et, en m'unissant à elle, je lui ai donné un fils. Toi aussi, tu lui as donné un fils, lorsque tu es parti pour l'armée : en un seul accouchement, elle a mis au monde les deux enfants en même temps. Celui des deux qui a été conçu par ma semence te vaudra par ses exploits une gloire immortelle. Toi, renoue les relations affectueuses que tu avais avec ton épouse Alcmène. Elle n'a pas mérité d'être en butte à tes reproches : elle a dû subir ma contrainte. Moi, je regagne le ciel.

<SCÈNE 3>

AMPHITRYON

AMPHITRYON. – Je ferai comme tu m'ordonnes et je te demande par une prière de tenir ta promesse. Je vais rejoindre ma femme à l'intérieur ; je donne congé au vieux Tirésias. Et maintenant, spectateurs, en faveur du Très Grand Jupiter, faites éclater vos applaudissements [2].

---

1. Les haruspices sont les devins étrusques, dont la science repose en particulier sur l'examen des entrailles sacrificielles (extispicine) et sur l'étude des foudres et du tonnerre (voir le chapitre 3 du dossier).
2. Les tout derniers vers sont des septénaires trochaïques comme c'est la règle générale dans les comédies (les deux exceptions sont *Stichus* et *Pseudolus*). Le dernier vers peut avoir été prononcé par l'ensemble de la troupe

DOSSIER

1. *Tragédie, comédie et tragi-comédie*

2. *Un thème légendaire : Alcmène, Amphitryon, et la naissance d'Hercule*

3. *Des dieux et des hommes*

4. *Le thème du double*

5. *Amphitryon 2000*

1 — Tragédie, comédie et tragi-comédie

Dans le Prologue de l'*Amphitryon*, aux vers 59 et 63, Mercure, après avoir pris le ton grave pour évoquer un sujet de tragédie, définit la pièce comme une tragi-comédie pour rassurer ceux qui attendent un spectacle comique et ne sont guère enchantés d'apprendre qu'il vont assister à un spectacle grave. Il forge ainsi un néologisme, avec quelque hésitation sur la forme mais non sans audace et classe la pièce qui va être jouée comme un genre mixte, intermédiaire entre les deux grands genres dramatiques que sont la tragédie et la comédie [1]. Les Modernes sont beaucoup moins attachés à une stricte définition des genres littéraires que ne l'étaient les Anciens dont les théories avaient été systématisées par les catégories aristotéliciennes et obéissaient à une stricte classification. Depuis *Le Cid* et *Le Misanthrope*, le spectateur, devant les personnages de Rodrigue ou d'Alceste, est habitué à passer du rire aux larmes et cette tendance n'a fait que se confirmer avec le drame romantique. La tragi-comédie s'est surtout développée en France sous le règne de Louis XIII, suscitant un grand engouement

---

1. Les manuscrits donnent, non sans hésitation, la forme *tragico-comœdia* que les éditeurs (Leo, Lindsay) corrigent en *tragicomœdia*. Le grec ignore cette forme : on trouve seulement le nom *kômôidotragôidia* (comédie-tragédie). De telles compositions sont attribuées à Alcée et à un poète de l'Ancienne comédie, Anaxandridès.

de 1625 à 1650 environ. Les règles du genre avaient été fixées en 1582 par une pièce de Robert Garnier, *Bradamante*, et précisées par Jean de Schélandre dans la Préface de *Tyr et Sydon* en 1608•. Jean de Rotrou (1609-1650), qui devait par ses *Sosies* donner à Molière l'idée d'imiter *Amphitryon,* en a été l'un des principaux représentants (il a composé dix-sept tragi-comédies). Le chef-d'œuvre du genre est, évidemment, *Le Cid* de Corneille, qui précède d'ailleurs de peu le déclin du genre. La distinction des genres, leur rigoureuse séparation apparaît comme un dogme presque toujours respecté. Rares sont les grands génies dramatiques à s'illustrer à la fois dans la comédie et dans la tragédie. Si les premiers poètes de langue latine, Livius Andronicus (280 ?-207) et Naevius (270-200) ont composé, ou plutôt seulement adapté des modèles grecs, à la fois des tragédies et des comédies, Plaute et Térence n'ont, eux, écrit que des comédies. Si l'inspiration épique et tragique peut se trouver chez un même poète, comme Ennius (qui a composé un poème épique, les *Annales* et de nombreuses tragédies), il est plus rare que la veine comique et tragique alimente l'œuvre d'un seul auteur en un vaste ensemble homogène.

• *La tragi-comédie met en scène des personnages héroïques en proie à la passion amoureuse. À travers un ton mêlé, tragique et bourgeois, sans s'astreindre à tenir compte des unités classiques, l'auteur multiplie les péripéties pour aboutir à un dénouement heureux.*

À cet égard, la situation originale d'*Amphitryon* mérite d'être soulignée car la tentative n'a pas connu d'exemples comparables. Mercure définit cette pièce comme mixte : l'atmosphère particulière y est immédiatement sensible, si l'on s'abstrait quelque peu des péripéties bouffonnes fondées sur les quiproquos et le thème des Sosies. On y relève des éléments mythologiques épiques (récits de batailles, intervention de Jupiter, amours divines, naissance miraculeuse du héros Héraclès) à travers une atmosphère empreinte de poésie (la Nuit divinisée favorise les amours). L'infortune d'Amphitryon pourrait prêter à rire, mais, par l'intervention du *deus ex machina* qui a été l'un des héros de la pièce, le dénouement sera heureux.

En fait, dans la composition de l'*Amphitryon*, Plaute a mêlé des éléments divers appartenant à la comédie sicilienne, à la farce mégarienne et à la tradition italienne proprement dite. Le mélange des genres est une forme de *satura*. Du reste, les personnages divins comme Zeus et surtout Héraclès sont déjà intervenus dans le genre comique, l'hilaro-tragédie, illustrée par un auteur du nom de Rhinthon.

LA DISTINCTION DES GENRES

ARISTOTE, *POÉTIQUE*

Pour Aristote, la poésie, comme tous les arts, est fondée sur le principe de l'imitation, la *mimêsis* : elle est née du plaisir que l'homme éprouve naturellement à imiter. Ce sont les procédés et les objets de l'imitation qui permettent de définir les principaux genres, épopée, tragédie, comédie. La *Poétique* d'Aristote comprenait deux livres ou deux parties : nous n'avons plus que la première consacrée à la tragédie et à l'épopée, la seconde, qui devait traiter précisément de la comédie, a disparu. Mais, dès le premier livre, Aristote a amorcé une définition de la comédie et analysé les rapports que les deux genres, comique et tragique, entretiennent entre eux.

Aristote souligne les liens historiques et profonds qui unissent le théâtre au culte de Dionysos : la comédie et la tragédie ont puisé leur origine religieuse dans les fêtes en l'honneur du dieu du vin qui procure l'ivresse libératrice ; la tragédie remonte au dithyrambe (*Poétique* 1449 a)•. Le nom de la comédie vient du terme *kômos* qui désigne cette fête publique accompagnée de chants et de danses. Aristote souligne en particulier les liens de la comédie avec les *phallika* chantés au cours de la procession où l'on promenait un symbole sexuel masculin taillé dans un bâton de figuier, le phallus (voir *Les Acharniens* d'Aristophane, vers 241-279). L'œuvre d'Homère est par ailleurs la source de tous les genres : il a traité non seulement les sujets élevés qui forment la substance de la tragédie et de l'épopée mais il a donné une forme dramatique au comique en composant une œuvre aujourd'hui perdue et qui lui a été longtemps attribuée : le *Margitès*. Le héros, Margitès, est une sorte d'anti-Ulysse, dont toutes les actions entraînent une cascade de catastrophes. Le *Margitès* mêlait des vers iambiques aux hexamètres dactyliques de l'épopée.

• *Le dithyrambe est à l'origine un hymne en l'honneur de Dionysos. Les chanteurs de dithyrambe étaient déguisés en satyres, compagnons de Dionysos, représentés comme des hommes aux pieds de boucs (tragédie signifie « chant du bouc »).*

Voilà pourquoi, au dire de certains, ces œuvres sont aussi appelées des drames : elles imitent des personnages en action. C'est aussi la raison pour laquelle les Doriens revendiquent l'invention de la tragédie et de la comédie (la comédie est revendiquée par les Mégariens, ceux d'ici qui prétendent qu'elle serait née du temps où ils étaient en démocratie, et par ceux de Sicile [Mégara Hyblaea] : le poète Épicharme, bien antérieur à Chionidès [1] et à Magnès, était ori-

---

1. Chionidès fut le premier poète à se voir officiellement attribuer un chœur comique en 486 av. J.-C. Entre Chionidès et Aristophane, plusieurs noms de poètes comiques sont cités par les Anciens : Magnès, vainqueur en 473 av. J.-C., avait composé des comédies intitulées *Les Grenouilles*, *Les Oiseaux*,

ginaire de Mégare ; la tragédie est revendiquée par quelques Doriens du Péloponnèse ; les termes employés constituent pour eux des indices. Ils disent qu'ils donnent le nom de *kômai* aux bourgades situées aux environs des villes tandis que les Athéniens les appellent *dèmes* et que les comédiens tirent leur nom non pas du verbe *kômazéin,* « célébrer les fêtes en l'honneur de Dionysos », mais du fait que, chassés avec mépris de la ville, ils erraient dans les *kômai* [1].

Après avoir expliqué l'origine du terme qui désigne la comédie, Aristote envisage l'origine du genre dramatique lui-même et montre comment à partir d'Homère sont nées la tragédie (qui entretient des rapports avec l'*Iliade* et l'*Odyssée*) et la comédie (qui se rattache au *Margitès* attribué à Homère). Certains poètes composaient en vers héroïques, c'est-à-dire utilisaient l'hexamètre dactylique, le vers de l'épopée ; un autre vers était utilisé pour lancer des railleries, le vers iambique.

Lorsque la tragédie et la comédie eurent fait leur apparition, les poètes portés vers l'un ou l'autre genre selon leur nature propre devinrent les uns poètes comiques au lieu de poètes iambiques et les autres poètes tragiques au lieu de poètes épiques parce que ces nouvelles formes littéraires étaient plus considérables et plus

---

Les Joueuses de Lyre. Cratinos aurait composé plus de 21 comédies (pièces représentées entre 450 et 425) ; la tradition attribue à Eupolis (contemporain d'Aristophane) 17 comédies. On trouve chez Cratinos des pièces qui prennent pour thème une légende mythologique et la traitent sous une forme parodique (par exemple l'aventure d'Ulysse chez les Cyclopes ou le jugement de Pâris sur l'Ida). Parmi les comédies d'Eupolis, on trouve des titres évoquant des thèmes mythologiques (*Autolycos*, nom du grand-père d'Ulysse ; l'*Âge d'Or*). Cratès (contemporain de Cratinos) fut le premier à abandonner les attaques personnelles pour mettre en scène des sortes d'allégories philosophiques.
1. Aristote, *Poétique,* 1448 a.

estimées que les précédentes. Quant à examiner si la tragédie dès lors a atteint son plein développement, en ses différentes parties constitutives, le juger en soi ou par rapport aux représentations théâtrales, c'est une autre question. Étant donc, à l'origine, née d'une improvisation (la tragédie, tout comme la comédie, remonte aux auteurs de dithyrambes ; la comédie remonte aux auteurs de chants phalliques encore en honneur aujourd'hui dans maintes cités), la tragédie grandit peu à peu par le développement de ce qui manifestement lui appartenait en propre, puis, après de nombreux changements, elle se fixa, une fois en possession de sa nature propre [1].

Les personnages de la comédie se définissent par leur humanité moyenne et se prêtent à la critique de vices et de défauts qui n'entraînent pas de douleurs ou de dommages considérables.

La comédie est, comme nous l'avons dit, l'imitation (*mimêsis*) d'hommes d'un rang inférieur, non en envisageant le vice dans sa totalité, mais selon la partie du laid moral qui est risible. Car le comique repose sur un défaut ou une laideur qui n'entraînent ni douleur ni dommage ; aussi, par exemple, le masque comique est laid et difforme mais n'exprime pas de douleur [2].

LES GENRES INTERMÉDIAIRES :
LE DRAME SATYRIQUE,
LA COMÉDIE MYTHOLOGIQUE

En dépit des strictes classifications aristotéliciennes, l'histoire littéraire de la Grèce révèle l'existence de genres dramatiques et de spectacles théâtraux qui constituent des catégories moins tranchées et dont le ton pourrait être qualifié de moyen. C'est le

---

1. Aristote, *Poétique*, 1449 a 1-15.
2. *Ibid.*, 1449 a 31-35.

cas du drame satyrique et de certaines comédies mythologiques d'Épicharme.

Dans les concours tragiques, les poètes présentaient trois tragédies (la seule trilogie complète qui nous ait été conservée est constituée par les trois drames d'Eschyle : *Agamemnon*, *Les Choéphores*, *Les Euménides* qui racontent comment Oreste vengea le meurtre d'Agamemnon en tuant sa mère Clytemnestre et Égisthe. À la suite de cet ensemble, le poète était tenu de présenter une pièce bouffonne, le drame satyrique, mettant en scène Silène et des satyres, les compagnons qui forment le joyeux cortège de Dionysos. Quelquefois, il s'agissait d'une pièce sans satyres mais où des éléments burlesques se mêlaient au pathétique comme dans *Alceste* d'Euripide où Héraclès – hôte bon vivant – délivre Alceste qui s'est sacrifiée pour son époux et la ramène des Enfers. Ces pièces délassaient les spectateurs et terminaient la représentation « tragique » sur une impression heureuse.

Dans son *Art poétique*, ou *Épître aux Pisons* (v. 225-239), fondement de la doctrine classique, Horace définit le drame satyrique par opposition à la tragédie : il insiste sur la présence de satyres rieurs et railleurs aux côtés des dieux et des héros drapés dans la pourpre et l'or. Distinct de la tragédie, le drame satyrique ne se confond pas pour autant avec la comédie : le style doit être plus recherché, la langue plus noble par le recours à des figures et à des expressions figurées, la verve bouffonne doit s'abstenir du ton vulgaire. Le seul drame satyrique conservé reprend un épisode célèbre du chant IX de l'*Odyssée* : il s'agit du *Cyclope* d'Euripide qui constitue le chef-d'œuvre du genre. Le poète y a introduit les satyres et le personnage de Silène, esclaves du monstre, qui entrent en contact avec Ulysse et ses compagnons et participent à la ruse imaginée par Ulysse. À la légende odysséenne, Euripide a ajouté nombre de détails pittoresques : Silène joue le rôle d'un valet de comédie ivrogne, le Cyclope étant présenté comme un goinfre qui sera finalement le jouet des satyres quand il aura été privé de la vue. Il subsiste aussi une partie importante d'un drame de Sophocle, *Les Limiers*, inspiré de l'*Hymne* homérique à Hermès : les satyres sont à la recherche de celui qui a dérobé les vaches du troupeau d'Apollon ; ils découvrent le coupable, Hermès, dieu pillard et musicien, inventeur de la lyre. Dans ce drame Apollon et Hermès côtoient donc bien Silène et les satyres.

Épicharme, qui vécut en Sicile à la fin du VIe et au début du Ve siècle, en particulier à Syracuse où il connut les tyrans Gélon et Hiéron, est considéré par Platon comme le maître de la comédie : « Parmi les poètes, les maîtres de l'un et l'autre genre sont Épicharme pour la comédie, Homère pour la tragédie » (*Théétète* 152 e). Homère est rapproché par Platon des poètes tragiques parce que l'épopée et la tragédie offrent toutes deux une imitation de la vie et une peinture des passions. Horace compare la verve du poète sicilien à la fougue des comédies de Plaute (*Épîtres* II, 1, 58). À côté de comédies populaires et réalistes offrant un tableau de la vie courante (*Les Paysans*, *La Richesse*, *Les Rapines*), Épicharme avait composé des comédies mythologiques où apparaissaient sur scène des dieux et des héros, en particulier le personnage d'Héraclès à Table (*Héphaïstos*, *Héraclès insensé*, *Chiron*, *Le Centaure*, *Les Troyens*, *Ulysse transfuge*). On trouve chez lui un portrait de parasite qui annonce le parasite dans *Les Ménechmes* de Plaute, Péniculus. Épicharme est bien le maître de la comédie sicilienne et il a contribué au progrès du genre comique qui devait s'épanouir dans l'Athènes du Ve siècle.

De la Comédie Ancienne à la Comédie Nouvelle

La Comédie Ancienne, illustrée par Aristophane (445-385 environ) qui avait composé quarante-quatre pièces (il en reste onze), était une satire violente de la société, une charge virulente contre les contemporains Aristophane n'a cessé d'attaquer les orateurs et les démagogues qui conduisirent la politique athénienne à la fin du IVe siècle (les Cléon, les Hyperbolos, les Cléophon...). Il a mis son énergie à pourfendre les premiers maîtres de rhétorique qui illustrèrent la sophistique (Gorgias, Prodicos, Protagoras, ces personnages que l'on retrouve dans les *Dialogues* de Platon) ; il s'en est pris avec force à Socrate (dans *Les Nuées*) le considérant comme le représentant de la sophistique à qui il reproche son manque de respect envers les dieux ; il s'en est pris aussi à Euripide qui représente au théâtre cet esprit de chicane et de discussion qui conduit la cité à sa perte (dans *Les Acharniens* ou dans *Les Grenouilles*). Mais Aristophane ne met pas en scène les dieux pour les tourner en ridicule ou pour faire rire les spectateurs à leurs dépens, sinon à titre exceptionnel ou dans le cadre d'une intrigue où ils vont intervenir. Les dieux qui apparaissent chez Aristophane sont précisément ceux qui ont un lien étroit avec le genre dramatique : Dionysos lié à l'essence même du genre théâtral et Héraclès, héros populaire par excellence. Dans *Les Grenouilles*, Dionysos, après être descendu aux Enfers et avoir franchi le Styx (dans cette partie se place le fameux chant des grenouilles et un chœur constitué par des initiés aux mystères d'Éleusis), arbitre un tournoi poétique opposant Eschyle et Euripide : Héraclès aide Dionysos dans cette descente aux Enfers et Pluton intervient à la fin de la comédie pour donner ses instructions à Eschyle qui remonte chez les vivants avec Dionysos. À la fin des *Oiseaux* apparaît Prométhée, qui annonce l'arrivée d'une délégation des dieux se plaignant de ne plus recevoir de sacrifices : elle est composée de Poséidon, d'Héraclès et d'un dieu barbare, Triballe. Dans le cours de la comédie Iris est aussi apparue en messagère des dieux pour présenter la même plainte. Dans *La Paix*, le héros, un vigneron du nom de Trygée qui veut délivrer son pays des malheurs de la guerre (Polémos personnifie la guerre), s'envole, à califourchon sur un escarbot, jusqu'à la demeure des dieux et il est reçu à la porte du séjour olympien par Hermès qui lui apprend que les dieux, lassés des sottises humaines, ont émigré jusqu'au fin fond du ciel pour ne plus en entendre parler. Les dieux entrent dans l'univers comique imaginé puissamment par Aristophane mais la comédie aristophanesque n'est pas une comédie mythologique. Ce n'est pas dans la comédie aristophanesque qu'il faut rechercher la source qui a inspiré Plaute quand il a conçu l'univers comique qui va mettre face à face Amphitryon et Zeus. On peut suggérer un premier rapprochement avec une pièce de l'Ancienne Comédie, celle de Platon le Comique intitulée *La Longue Nuit* (*Nyx Makra*) dont nous ne possédons que quatre fragments. Platon le Comique avait précisément composé des comédies mythologiques (un *Zeus affligé* par exemple [1]) et le titre même autorise bien un rapprochement avec le thème de la nuit prolongée pour permettre les amours de Zeus et d'Alcmène. Les fragments préservés ne permettent toutefois pas d'aller au-delà de cette hypothèse [2]. Un fragment paraît correspondre à une remarque d'Alcmène qui ne comprend pas l'attitude de celui qui se fait passer pour son mari : « N'est-il pas étrange que mon mari s'intéresse si peu à moi ? » Un autre fragment mentionne une lampe à deux mèches, qui constituait peut-être un moyen pour distinguer le vrai du faux Amphitryon. Un second rapprochement s'esquisse avec un auteur, Archippus, qui a composé un *Amphitryon* dont Athénée (III, 95 d-e et X, 426 b) nous a conservé deux citations. Ce poète est à la transition entre l'Ancienne Comédie et la Moyenne Comédie, puisqu'il a remporté ses premiers succès vers la fin du IVe siècle.

Les difficultés qui ont mis fin à la suprématie athénienne (guerre du Péloponnèse marquée par la victoire de Sparte en 404 avant J.-C., oligarchie des Trente en 403

---

1. Les apparitions de Zeus sur une scène tragique ou comique sont exceptionnelles. On peut cependant citer une tragédie d'Eschyle perdue, intitulée *La Pesée des âmes* (*Psychostasia*) où Thétis et Éos pèsent la vie d'Achille et celle de Memnon, qui se trouve être la plus légère.
2. J. E. Edmonds, *The Fragments of Attic Comedy* I, Leyde, 1957, p. 516-517, fragments 83-86.

qui instituent une tyrannie et limitent la satire personnelle) marquent aussi la fin de la Comédie Ancienne telle que l'avait illustrée Aristophane. La comédie, où le chœur fut supprimé et où le chant n'intervint plus, se tourna vers la peinture des mœurs, des caractères et des conditions sociales : ainsi naquit une forme transitoire appelée Comédie Moyenne illustrée par des poètes comme Antiphane (il vécut de 405 à 330 environ) ou Alexis (né en Grande Grèce, à Thurium, il fut citoyen d'Athènes et mourut centenaire vers 290 av. J.-C.) dont nous ne possédons que des fragments. Athénée, dans ses *Deipnosophistes* (*Le Banquet des sophistes*) nous a conservé un fragment où Antiphane opposait la tragédie et la comédie : de la tragédie, le spectateur connaît par cœur tous les sujets, dans la comédie, au contraire, il faut tout inventer : noms, situation des personnages, entrée en matière, dénouement. La Comédie Moyenne ne fut que le point de départ d'une nouvelle forme de comique qui prit conscience de sa nature et de ses ressources avec les poètes de la Comédie Nouvelle, dont les plus illustres représentants furent Philémon (331-262 av. J.-C.), Diphile (360/350-289 av. J.C.) et surtout Ménandre (340-292 av. J.-C.), dont les papyrus égyptiens ont permis de reconstituer des fragments importants de plusieurs comédies. Parmi les comédies de Philémon, figure une pièce intitulée *La Nuit* (*Nyx*) : il est impossible de dire avec précision si elle a été la source de Plaute pour *Amphitryon* car nous n'en connaissons pas le sujet exact. Un seul vers peut en être restitué. Le sujet des œuvres de la Comédie Nouvelle repose le plus souvent sur un amour contrarié (inégalité des conditions, opposition des pères, méprises) ; elle montre peu d'événements, se contentant d'une succession de scènes habilement ménagées et utilise des signes de reconnaissance permettant d'identifier un personnage (anneaux, bijoux d'enfant...). C'est de la Comédie Nouvelle (la *Néa*) que va s'inspirer la comédie latine dite *palliata*.

LA COMÉDIE GRECQUE À ROME

LES PERSONNAGES DE LA *PALLIATA*

La comédie plautinienne se caractérise par un certain nombre de personnages insérés dans une intrigue fondée sur les mêmes ressorts dramatiques : un jeune homme de famille amoureux d'une jeune fille dont l'origine sociale est inconnue ou servile, a besoin de s'assurer les services de son esclave rusé pour se procurer la somme d'argent qui lui permettra d'acheter sa maîtresse à un *leno*•, au besoin en dupant son propre père. Généralement la ruse réussit mais tout rentre dans l'ordre quand une péripétie révèle que la jeune fille est libre et peut épouser le jeune homme. D'une pièce à l'autre on retrouve les mêmes personnages : les jeunes gens prodigues, libertins, en révolte contre leurs pères ; les vieillards faciles à duper, cacochymes et toujours enclins à la débauche ; les matrones chagrines, acariâtres, bavardes et dépensières ; les esclaves rusés, intelligents, mais dénués de scrupules, insolents ; le *leno* avide, cynique et corrompu ; les soldats fanfarons, vantards et pleins de couardise ; les parasites qui vivent au crochet de leur hôte et dans l'esclavage de leur gourmandise ; les cour-

• Leno : *marchand de femmes et d'esclaves.*

tisanes avides et coquettes ; les jeunes filles libres, aimables et sympathiques. Ces personnages constituent l'univers de la comédie en *pallium*, la *palliata*. On retrouve les mêmes personnages dans les six comédies de Térence, mais ils ont quelque peu évolué : les jeunes gens sont plus réfléchis et respectueux de leurs pères ; les vieillards sont empreints d'une certaine dignité ; les esclaves se montrent moins effrontés ; les femmes sont remplies de délicatesse, même les courtisanes comme Bacchis dans l'*Hécyre* font preuve de générosité, voire d'une certaine vertu ; le *leno* cesse d'être repoussant (Sannio dans *Les Adelphes*), le parasite devient un fin épicurien (Gnatho dans l'*Eunuque*) ; le seul soldat fanfaron (Thraso dans l'*Eunuque*) apparaît plutôt sous les traits d'un bel esprit vaniteux que d'un redoutable Matamore. L'*Amphitryon* innove donc en introduisant Jupiter et Mercure dans une action comique mais, en même temps, Plaute conserve une convention traditionnelle en ramenant le merveilleux divin dans un cadre burlesque et en travestissant Jupiter en Amphitryon et Mercure en Sosie : en reproduisant le couple maître-valet les dieux deviennent des acteurs, vont jouer sur scène le rôle des hommes et, inversement, des acteurs vont prendre la place des dieux.

Formes italiques du comique : La *togata*

Dès le milieu du IIe siècle et du vivant même de Térence, la comédie romaine abandonna le *pallium* pour revêtir le vêtement national des Romains, la toge, et ainsi naquit une forme nouvelle de comé-

• *La* togata *dépeint la vie des petites villes du Latium, la « vie de province » ou la vie domestique des petites gens de la société romaine, avec leurs défauts et leurs ridicules.*

•• *La* tabernaria *(de* taberna*, nom du cabaret) dépeint le monde des tavernes, des cabarets, des boutiques, la vie du petit peuple de Rome.*
••• *La* trabeata *met en scène des chevaliers portant la trabée, manteau blanc bordé de pourpre, vêtement distinctif de l'ordre équestre.*

die, la *togata*•, inspirée aussi par le désir de donner un pendant comique à la tragédie romaine, la « prétexte ». Dans ce genre de comédies, les rôles des femmes semblent prédominer sur les rôles d'hommes et les classes sociales sont toujours rigoureusement respectées : ainsi un esclave ne doit jamais se montrer supérieur à son maître. On peut distinguer deux sous-genres de ce type de comédie, en fonction du milieu social : la *tabernaria*•• et la *trabeata*••• qui apparaîtra plus tardivement, sous Auguste.

Le genre de la *togata* a été illustré par trois auteurs, Titinius (*Les Foulons, La Jumelle, Le Campagnard, La Jurisconsulte, La Joueuse de cithare, la Joueuse de flûte*), Afranius, (*L'Augure, La Femme de Brindisium, Le Coiffeur, Les Cousins germains, L'Accusation, Le Divorce, Les Belles-Sœurs, Le Beau-Fils, Le Simulateur....*), Atta (*La Comédie aux édiles, L'Entremetteur, Les Eaux chaudes, Les Actions de grâces...*). Les fragments de ces auteurs ont été étudiés et publiés par A. Daviault [1].

Le théâtre de Plaute ne repose pas sur une plate imitation de la Comédie Nouvelle, se contentant de combiner deux intrigues empruntées à un ou deux auteurs grecs pour donner forme à une nouvelle pièce (procédé de la *contaminatio*). Le rapide tableau de l'histoire du genre comique ne saurait effacer la persistance sur le sol italique de formes originales, telles que les chants fescennins, la *satura* dramatique et l'*atellana*. Il existait par ailleurs en Sicile une forme particulière de fable mytholo-

---

1. A. Daviault, *Comœdia togata, Fragments* (collection des Universités de France) Paris, 1981.

gique, la *rhinthonica* ou hilaro-tragédie. C'est dans cette veine comique qu'il faut se situer pour comprendre l'atmosphère particulière dans laquelle baigne l'*Amphitryon* de Plaute. Les chants fescennins• étaient des improvisations satiriques en vers saturniens••, consistant en plaisanteries grossières et en quolibets, que les paysans échangeaient lors des fêtes annuelles suivant la moisson : Horace en a conservé le souvenir dans un passage de ses *Épîtres* (II, 1, 139-155). Ils appartiennent au vieux fonds italique. Ces échanges dialogués ne forment pas encore le genre dramatique dont la naissance fut plus tardive. Dans la page célèbre de son *Histoire romaine* (VII, 2, 4-13) où il a retracé les grandes lignes du genre dramatique à Rome, Tite-Live a souligné le rôle de l'apport étrusque par l'introduction de la danse : lors d'une crise religieuse (épidémie à Rome) en 364 avant J.-C. le Sénat fait venir des bateleurs étrusques (*histriones* mot dérivé de l'étrusque *ister*). La jeunesse romaine goûte vivement ces représentations de danses accompagnées de musique et se met à imiter les acteurs étrusques. Mais, selon le procédé traditionnel de la *contaminatio,* les jeunes romains ont mêlé à cet élément étranger la forme dialoguée des plaisanteries fescennines et ainsi naquit la satire dramatique (*satura*) combinant à des degrés divers la parole, le chant, la musique et la danse. La satire dramatique ne constitue pas encore le drame, qui exige une intrigue, c'est-à-dire un plan et une action, ainsi que la peinture des caractères. Le drame naîtra avec les premières adaptations du théâtre grec qui furent au milieu du IIIe siècle avant J.-C. l'œuvre de Livius Andronicus. Néanmoins,

• *Voir Présentation p. 46.*
•• *Le vers saturnien est le vers latin primitif, antérieur à l'hexamètre dactylique.*

les anciennes formes rudimentaires de spectacles continuèrent à être pratiquées par des acteurs non professionnels, des jeunes gens, et les spectacles pouvaient se terminer sur l'exécution de farces et de petites pièces comiques dénommées *exodia*, que Tite-Live rapproche de la farce campanienne, l'atellane, qui doit son nom à la petite ville d'Atella, située sur la route qui va de Capoue à Naples. Bâtie sur un canevas rudimentaire, sur lequel brode la fantaisie des acteurs, cette farce populaire met aux prises, dans une intrigue très simple, des types ou personnages traditionnels qui ont pour nom Maccus (un jocrisse, un benêt, un niais professionnel), Bucco (le bavard impénitent, la grande bouche, le menteur aux grosses joues), Pappus (le vieillard gâteux), Dossennus (le bossu, ancêtre de Polichinelle), Sannio (le bouffon, arlequin faiseur de grimaces). Au terme d'une longue évolution, deux contemporains du dictateur Sylla, Lucius Pomponius et Novius, transformeront cette farce grossière en une comédie de mœurs, dépeignant des ridicules locaux ou professionnels [1]. Les *atellanes* étaient jouées après les grandes pièces, comme le drame satyrique des Grecs lors des représentations tragiques. L'*atellane* a pu s'introduire à Rome à la fin du IIIe siècle, lorsque la Campanie fut définitivement conquise par les Romains au moment où la comédie latine prit son essor. Les jeunes Romains qui les jouaient ne perdaient pas leurs droits de citoyens en montant sur la scène.

---

1. Ils ont exploité le thème de la gémellité. Novius dans ses *Gemini* et Pomponius dans ses *Macci gemini priores* et ses *Gemini*. Cf. P. Frassinetti, *Fabularum Atellanarum Fragmenta,* Turin, Paravia, 1955, p. 16-18 et p. 57.

À côté de l'*atellane*, une autre forme de comique populaire est à rechercher dans le mime : un mime dansant au son de la flûte apparaît dès 211 avant J.-C., à l'occasion des Jeux apollinaires. La longue scène comique qui oppose Mercure et Sosie avec ses procédés mécaniques et sa mimique particulière repose en grande partie sur une forme d'expression dramatique apparentée au mime : Mercure prend un malin plaisir à jouer le rôle d'un rôdeur qui cherche une victime à dépouiller. Il se livre à une mimique inquiétante : il prend l'attitude de quelqu'un qui va se battre, joue des poings, esquisse des mouvements. Devant pareille mimique, Sosie est terrorisé. On peut imaginer Sosie se retirant devant les offensives de Mercure, cherchant à se protéger, l'un avançant, l'autre reculant. Le jeu consistait en une sorte de parade comprenant des danses parodiques plus ou moins lascives, des grimaces, des clowneries, des sketches réalistes. Une action simple était menée par un acteur principal, *Archimimus*, vêtu d'une sorte de manteau d'Arlequin, entouré d'acteurs secondaires, le plus connu étant un jocrisse bafoué et battu du nom de *Stupidus*. Les acteurs ne portaient ni masque ni chaussures spéciales. Au Ier siècle avant notre ère, les deux auteurs Décimus Labérius et Publilius Lochius Syrus transformèrent le mime en un genre littéraire, en y faisant entrer la peinture des caractères et la satire religieuse, littéraire et politique et en y introduisant des sentences et des formules de morale pratique.

RHINTHON ET L'HILARO-TRAGÉDIE

L'Italie du Sud connaissait une autre forme d'art dramatique populaire, parodiant le genre tragique qui, née peut-être en Sicile au contact de la farce mégarienne, s'était développée à Tarente, où un auteur lui conféra une sorte de dignité littéraire (malheureusement ses œuvres sont perdues) : Rhinthon. La *phlyax* ou hilarotragédie est une parodie des légendes héroïques mettant en scène des divinités. Le nom de ces phlyaques évoque l'idée d'un flux de paroles, une sorte de logorrhée : bref, les farces phlyaques mettent en scène des bavards. D'autres rapprochent le terme d'une racine désignant une abondance de biens : les phlyaques seraient des génies de la nature féconde un peu comparables aux satyres.

Rhinthon [1] a eu une grande activité littéraire sous le règne de Ptolémée Sôtêr, soit entre 323 et 282 avant J.-C. Peut-être est-il, comme Épicharme et Sophron, les créateurs du comique burlesque, originaire de Syracuse en Sicile, où le théâtre fut adapté à ce genre de représentation, mais la plus grande partie de son activité a dû se situer en Italie du Sud à Tarente. Rhinthon a composé trente-huit pièces et, sur les neuf titres connus, huit évoquent le répertoire d'Euripide : *Amphitryon* [2], *Héraclès*, *Iphigénie à Aulis* et *en Tauride*, *Médée*, *Méléagre*, *Oreste* et *Télèphe* (la neuvième aurait concerné les compagnons de Silène qui chevauchent des ânes). Les héros s'abaissent à des actes indignes de leur condition : Héraclès en particulier se fait rabrouer pour sa goinfrerie ; Silène

---

1. Cf. P. Wuilleumier, *Tarente, des origines à la conquête romaine*, Paris, 1939, p. 617-632 ; Fragments dans E. Volker, *Rhinthonis fragmenta*, Halle, 1887. Cf. M. Bieber, *The History of the Greek and Roman Theater*, Princeton, 1961 p. 129-146.
2. Pour *Amphitryon* cf. Athénée, *Deipnosophistes* III, 111 et XIV, 620.

réclame un pourboire ; Iphigénie reçoit comme cadeau de noces des bottes de cavalier. À un héros qui s'écrie, sur un ton tragique : « Dionysos en personne puisse-t-il t'exterminer ! », son interlocuteur répond : « Le vers est faux. » Les grammairiens ont cité Rhinthon quand ils ont retenu des termes dialectaux appartenant au vocabulaire tarentin. Un autre poète tarentin, représentant lui aussi la comédie italiote, Sciras, a imité Rhinthon : une de ses pièces, *Méléagre*, parodiait Euripide en détournant de leur sens les vers tragiques.

Une centaine de vases italiotes, qui s'échelonnent de 375 à 272 environ, illustrent des scènes de phlyaques. Des statuettes et des masques de terre cuite attestent aussi la vogue du genre. L'acteur porte un haut *polos* ou un béret plat, un masque grimaçant, avec ou sans barbe ; un tricot lui enveloppe les jambes, un manteau descend jusqu'aux genoux ; il a un ventre rebondi et un phallus énorme ; les masques sont monstrueux (bosses, sourcils énormes, yeux dissymétriques, nez difformes, larges bouches).

Héraclès est l'un des héros les plus représentés dans ce genre de scènes. Un vase du peintre de Paestum, Asstéas, conservé au musée archéologique de Madrid (daté des années 350-340 av. J.-C.), illustre la folie d'Héraclès et s'inspire vraisemblablement d'un *Héraklès* de Rhinthon. Le bûcher est fait d'ustensiles domestiques et de mobilier hétéroclite empilés ; Héraclès, tenant son enfant dans ses bras, porte un casque avec des plumes gigantesques ; dans une sorte d'étage supérieur apparaissent les figures de Mania (la Folie ou la Fureur), Iolaos, son compagnon, et Alcmène, mère du héros ; Mégara apparaît dans un coin du décor, sortant de la maison. Cette scène nous donne une idée de ce que peut être le niveau supérieur (étage, terrasse) où réside Jupiter dans la pièce de Plaute et où Mercure tient Amphitryon à distance de la maison.

Un vase du musée du Vatican [1], attribué au peintre Asstéas, illustre parfaitement le cadre de la comédie plautinienne des amours de Zeus (il provient de la région de Naples). On y retrouve trois de nos héros : Zeus et Mercure au premier plan, Alcmène à la fenêtre en arrière-plan, richement parée et coiffée, observant ses visiteurs. Zeus est barbu, il a les traits d'un vieillard lubrique, avec une couronne bien petite pour le roi des dieux ; il porte une échelle pour accéder à la chambre de la belle. Mercure-Hermès est coiffé du pétase, tient un caducée et une lampe pour éclairer son maître. Zeus ne revêt pas ici les traits du mari pour séduire l'épouse, qui ne semble pas repousser la tentative. La scène illustre une *rhinthonica* qui devait être différente de l'intrigue plautinienne. Un vase du IVe siècle du British Museum portant la signature du peintre Python illustre une variante de la légende telle que l'avait exposée Euripide dans son Alcmène (cf. le chapitre 2 du dossier).

Les scènes des vases italiotes sont empruntées aux fables mythologiques ou à la vie quotidienne. Une vingtaine de vases tournent en ridicule les principaux dieux ou héros. On voit Zeus courbé, sur un bâton, rentrer chez lui entre deux compères ou bien menacer de la foudre

---

1. A. D. Trendall, T. B L Webster, *Illustrations of Greek Drama*, Londres, 1971, Pl. IV, 19, p. 135.

Héraclès qui déguste les offrandes destinées au maître des dieux. Une scène représente la naissance d'Hélène : Héphaïstos brandit une hache pour briser l'œuf d'où elle jaillit, en présence de Tyndare et de Léda. Ailleurs, Héraclès, suivi de Xanthias à dos de mulet, s'élance contre une porte pour l'enfoncer à coups de massue. Un vase montre une parodie d'Antigone (Créon fait arrêter Antigone : son masque enlevé, la jeune fille se révèle être un vieillard barbu dont la robe laisse apercevoir un phallus !), un autre montre la poétesse Sappho jouant de la lyre devant Alcée. Une trentaine de vases représentent des scènes courantes de la vie quotidienne, croquées sur le vif. Le chef-d'œuvre en est dû au fameux peintre Asstéas déjà mentionné à propos d'*Amphitryon* : on y voit un vieil avare, Charinos, allongé sur son coffre-fort, et deux voleurs, Gymnilos et Cosilos, chercher à l'en déloger, devant l'esclave Carion qui n'ose pas intervenir. On trouve enfin des scènes de la vie amoureuse (deux vieillards se disputant les faveurs d'une courtisane), des danses plus ou moins obscènes, des personnages qui mangent et qui boivent, des joueurs de flûte ou de cithare. Les acteurs de phlyaques exécutent aussi des danses en présence de Dionysos ou entre un satyre et une ménade. Sur toutes ces scènes, les dieux et les héros sont donc réduits à une humanité sans grandeur, placés dans des situations ridicules : le masque renforce l'expression de leur physionomie, fixant et grossissant leurs sentiments (convoitise, gourmandise, surprise, épouvante). Le costume rappelle celui de la comédie classique, avec un naturalisme accentué (ainsi, par exemple, pour laisser apparaître le phallus) ; les types sont proches de ceux de la Comédie Nouvelle, avec moins de nuances.

Le philosophe Évhémère, dans son *Histoire sacrée* (cet ouvrage du IIIe siècle avait été traduit en latin par Ennius au IIe siècle), ne voyait dans les dieux que des hommes divinisés après leur mort (explication rationaliste) ; le philosophe cynique Ménippe (IVe-IIIe siècles) a exposé une philosophie toute populaire sous une forme bouffonne alliant le vers et la prose, dans un genre où il donnait la parole aux dieux ou aux ombres des philosophes, genre qui aboutira à la satire Ménippée. Varron introduira le genre à Rome au Ier siècle avant J.-C., et sera l'héritier de Ménippe. Cet héritage se retrouve au IIe siècle de notre ère, dans les *Dialogues des morts et des dieux* de Lucien (il existe un *Dialogue* entre le Soleil et Mercure qui pourrait avoir influencé Plaute et surtout Molière dans l'ordre de la fantaisie poétique) ainsi que dans ses satires religieuses. Lucien s'en est pris tout particulièrement au maître des dieux lui-même, pour le montrer dans des postures ridicules (*Zeus confondu*, *Zeus tragédien*). Zeus est affublé de tous les défauts : il est fourbe, menteur et cruel (*Prométhée ou le Caucase*). Dans *L'Assemblée des dieux* le souverain des dieux essaie de faire régner l'ordre parmi ses sujets, dont certains sont des personnages indésirables. C'est dans cette longue tradition qui s'étend d'Aristophane à Lucien, de l'Ancienne Comédie à la nouvelle sophistique, et qui sait allier poésie et réalisme, fantaisie et satire, sans négliger l'art du dialogue, qu'il faut placer une œuvre originale comme l'*Amphitryon* de Plaute.

2 — Un thème légendaire : Alcmène, Amphitryon et la naissance d'Hercule

Sans doute est-il impossible de déterminer avec précision la source qui a pu inspirer Plaute dans la composition de son *Amphitryon* (*La Longue Nuit* de Platon le comique ? la *Nuit de Philémon* ? Rhinton ?), sans préjuger de la possibilité d'une *contaminatio*, la pièce traitant à la fois des amours de Jupiter et de la naissance d'Hercule. On peut toutefois replacer les héros de la pièce (Amphitryon et Alcmène) et l'élaboration du thème (amours de Zeus, guerre contre les Téléboens) dans une tradition légendaire et mythique qui trouve son point de départ dans les poèmes homériques pour connaître ensuite un long développement chez les poètes tragiques et comiques. Un état de cette légende se trouve mis en forme chez des mythographes plus tardifs, tels Apollodore, Diodore ou Hygin. Le personnage d'Hercule a retenu l'attention d'un historien comme Hérodote qui mentionne, dans trois passages de son *Histoire*, la paternité d'Amphitryon (II, 43-44 et 146 ; VI, 53). Hérodote précise en particulier qu'Amphitryon et Alcmène, par Persée, sont de la lignée d'Égyptos, le héros éponyme de l'Égypte. De plus, il prétend avoir vu dans le temple d'Apollon Isménios à Thèbes, en Béotie, un trépied portant l'inscription suivante : « Amphitryon m'a consacré au dieu, sur les dépouilles des Téléboens » (*Histoire* V, 59).

Cette inscription aurait été gravée en un alphabet archaïque propre à la ville de Thèbes, qu'Hérodote appelle des « caractères cadméens » (du nom de Cadmos, fondateur de la cité). L'étude de la tradition montre la richesse et la fécondité du thème et permet, en même temps, de dégager l'originalité de Plaute.

L'historien Charon de Lampsaque (début du Ve siècle av. J.-C.) aurait vu à Sparte, selon Athénée (*Deipnosophistes* XI, 475), la coupe offerte à Alcmène par Zeus déguisé en Amphitryon. Selon l'historien Pausanias, auteur au IIe siècle de notre ère d'une *Description de la Grèce*, on montrait dans le temple d'Héra à Olympie un coffre en cèdre où avait été caché Cypsélos enfant (il s'agit d'un futur tyran de Corinthe vers 650 av. J.-C.) : des scènes de la décoration représentent les amours de Jupiter (Alcmène recevant le présent de Zeus) et la naissance d'Héraclès (V, 17-18).

L'*Amphitryon* de Plaute se rattache donc à l'un des cycles les plus féconds de l'Antiquité : la geste d'Héraclès, puisque la comédie s'achève sur la naissance du héros et de son jumeau moins prestigieux, Iphiclès. La légende d'Hercule s'est très tôt introduite dans l'Italie primitive et répandue dans le Latium par les colonies grecques du sud de la péninsule (Locres, Crotone, Tarente) et par l'influence de la civilisation étrusque à Rome (Herclé est la forme étrusque du nom du héros [1]). Le célèbre Apollon qui ornait le fronton d'un temple de Véies, chef-d'œuvre de la sta-

---

1. J. Bayet, *Les Origines de l'Hercule romain*, Paris, 1926.

tuaire étrusque, fait partie d'un ensemble retraçant un exploit d'Hercule : la lutte entre le dieu et le héros pour la possession de la célèbre biche de Cérynie qu'Hercule avait capturée (c'est le quatrième des Travaux imposés à Hercule par Eurysthée). On a retrouvé au pied du Capitole, à Rome, près de la petite église de San Omobono, en dégageant les restes d'un sanctuaire archaïque remontant à l'époque de Servius Tullius (sanctuaire de la Fortune), un groupe de terre cuite montrant l'apothéose du héros : la déesse Athéna présente le héros aux dieux. Hercule était honoré à Rome dans une zone située entre le Capitole, l'Aventin et les bords du Tibre, où il avait deux sanctuaires : le plus important était le Grand Autel (*Ara maxima*) dont on peut voir encore aujourd'hui les fondations sous la petite église de Santa Maria in Cosmedin, célèbre par le relief circulaire représentant la « bouche de la Vérité »... Certains historiens ont lié la présence d'Hercule sur le site de Rome à l'arrivée des premiers marchands tyriens ou phéniciens à l'embouchure du Tibre. Bref, Hercule est un héros connu des Romains et Auguste aura soin de raviver le souvenir du grand héros civilisateur.

Par la suite, la geste d'Héraclès n'a cessé de s'enrichir jusqu'à la fin de l'Antiquité classique. La partie la plus importante du cycle est évidemment constituée par les Douze Travaux, mais il existe des exploits indépendants accomplis par le héros avec d'autres guerriers, des expéditions (guerres contre Augias, contre Sparte, expédition contre Pylos) ou même des aventures secondaires arrivées précisément au cours de l'accomplissement des Travaux. À côté de cet ensemble on peut définir deux séries d'épisodes relatifs les uns à la naissance, les autres à l'aventure d'Amphitryon et à l'enfance d'Héraclès.

LES POÈMES HOMÉRIQUES ET HÉSIODIQUES

Dans le chant XIV de l'*Iliade*, Zeus énumère les femmes qu'il a désirées et cite Alcmène comme mère d'Héraclès (v. 323-324). Elle est aussi citée dans l'*Odyssée* (XI, 266-268). La paternité d'Amphitryon est mentionnée la première fois dans l'*Iliade* (V, 392-396) : Héraclès y est précisément désigné comme « l'enfant robuste d'Amphitryon ». Aphrodite, qui a été blessée par Diomède, se plaint auprès de sa mère Dioné : celle-ci lui rappelle les blessures reçues par les divinités dans les combats où elles interviennent, citant en particulier Héra qui, au cours d'une guerre menée par Héraclès contre les habitants de Pylos (Nélée, roi de Pylos et père de Nestor, avait chassé Héraclès du pays), fut blessée par une flèche à trois pointes.

Hésiode, qui vécut au milieu du VIIIe siècle avant J.-C., nous a laissé trois poèmes : *La Théogonie*, *Les Travaux et les jours* et *Le Bouclier d'Héraclès*. Le dernier poème compte 480 vers mais seuls les cinquante-quatre premiers seraient vraiment l'œuvre du poète d'Ascra. Ces vers empruntés à un poème perdu, les *Éhées* (poème relevant du genre du *Catalogue* et retraçant l'histoire des femmes célèbres), racontent la naissance d'Héraclès. Ils sont suivis d'un récit épique dont la partie principale repose sur une description du bouclier du héros dans laquelle le poète a voulu rivaliser avec la description homérique du bouclier d'Achille au XVIIIe Chant de l'*Iliade* : le sujet en est le combat d'Héraclès contre Cycnos, fils d'Arès et héros thessalien violent et sanguinaire. Dans le cycle des légendes héracléennes, le combat avec Cycnos est le seul où Héraclès porte l'armement complet du guerrier épique (partout ailleurs, il ne porte que l'arc ou la massue). La partie authentique du *Bouclier* retrace les aventures d'Amphitryon, la guerre contre les Téléboens, et les amours de Jupiter. On y trouve les éléments constitutifs du récit plautinien.

Alcmène dépassait toute femme née femme par la beauté et la stature – pour ne rien dire de l'esprit, où elle était sans rivale entre toutes les mortelles qui jamais devinrent mères par l'étreinte d'un mortel. De son front, de ses yeux d'azur sombre, émanaient des effluves pareils à ceux qu'exhale Aphrodite scintillante d'or. Et, malgré tout cela, elle honorait son époux en son cœur comme jamais encore nulle femme née femme n'honora le sien. Il lui avait pourtant tué son noble père, le domptant sous sa force, un jour, pris de colère, pour un troupeau de bœufs. Abandonnant alors le sol de sa patrie, il s'en était venu à Thèbes, en suppliant, auprès des Cadméens porteurs de boucliers ; et c'est là qu'il demeurait, aux côtés de sa chaste épouse, mais écarté et privé du tendre amour : il n'avait pas le droit de monter dans le lit de l'Électryonide [Alcmène] aux jolies chevilles, avant d'avoir vengé le massacre des frères magnanimes de sa femme et livré au feu dévorant les bourgs des héros Taphiens et Téléboens. C'était le pacte qu'il avait consenti ; les dieux en étaient garants : il craignait leur courroux et il avait hâte d'achever l'orgueilleux exploit dont Zeus lui faisait un devoir. Derrière lui partirent, avides de guerre et de combats, les Béotiens, aiguillonneurs de cavales, qui respirent par-dessus leur bouclier, les Locriens ardents au corps à corps, les Phocidiens magnanimes ; et le valeureux fils Alcée marchait à leur tête, fier de ses guerriers. Mais le père des dieux et des hommes, en son cœur, tramait un autre dessein. Il voulait, pour les dieux autant que pour les hommes, créer un défenseur contre le danger. Il s'élança donc du haut de l'Olympe, bâtissant un piège en son âme et convoitant l'amour de la femme à la belle ceinture. C'était la nuit. Vite, il fut au Typhaonion [montagne de Béotie] ; de là, gagnant le sommet du Phikion [autre montagne de Béotie], le prudent Zeus s'y assit et, en son âme, il méditait alors de merveilleux exploits. La même nuit, uni par l'étreinte d'amour à l'Électryonide aux fines chevilles, il satisfit son désir ; et, la même nuit, Amphitryon, le meneur de guerriers, le héros éclatant, ayant achevé son orgueilleux exploit, rentra en son palais. Il n'avait pas d'abord été trouvé ses serviteurs ou ses bergers aux champs ; il avait voulu avant tout monter au lit de son épouse, tant le désir tenait le cœur de ce chef de guerriers ; [...] et, la nuit tout entière, étendu auprès de sa chaste compagne, il se laissait charmer aux présents d'Aphrodite scintillante d'or. Et elle, ayant subi, après la loi d'un dieu, celle d'un héros, brave entre les braves dans Thèbes aux sept portes, enfanta deux fils jumeaux [1].

• *Les types de l'épouse vertueuse, du guerrier valeureux et de l'amant divin sont déjà bien dessinés chez Hésiode. Le thème de la nuit occupe aussi chez le poète une place importante et contribue à la création de l'atmosphère.*

Dans la construction de la légende, le meurtre du beau-père, la mise à l'épreuve, les rites de purification sont des éléments absents de la tradition plautinienne. Qui plus est, le retour d'Amphitryon correspond à sa première nuit d'amour, consacrée à Aphrodite [2].

---

1. Hésiode, *Bouclier*, v. 1-41, 46-49. Traduction Paul Mazon (les vers 42-45 sont exclus par les éditeurs).
2. Parmi les poètes de la Grèce archaïque, Pindare fait également allusion aux amours de Zeus et d'Alcmène et à la naissance d'Héraclès. Voir *Les Pythiques* (IX, 85), *Les Isthmiques* (VII, 6) et *Les Néméennes* (I, 49-52).

Les tragiques

Les poètes tragiques se sont très tôt intéressés aux personnages d'Alcmène et d'Amphitryon ; malheureusement, leurs drames ne nous sont le plus souvent connus que par leurs titres ou de minces citations. Une glose du grammairien Hésychius d'Alexandrie, qui composa un *Glossaire* ou *Lexique* au Ve siècle de notre ère, autorise, sur la foi d'une seule citation, l'attribution à Eschyle d'une *Alcmène* (écrite entre 499 et 456 av. J.-C.). Le poète Ion de Chios aurait également composé une tragédie intitulée *Alcmène* (entre 451 et 422 av. J.-C.). Euripide, qui s'est intéressé à la destinée des nombreux fils d'Héraclès dans son drame des *Héraclides,* où Alcmène apparaît en vieille femme durcie par le malheur face à Eurysthée vaincu, avait consacré une tragédie à Alcmène en personne. Le *Florilège* de Stobée, composé au VIe siècle de notre ère, a conservé une dizaine de citations d'une *Alcmène* et c'est peut-être à cette tragédie que Plaute fait allusion dans le *Rudens* aux vers 86-91 :

Dieux immortels, quelle tempête Neptune nous a envoyée cette nuit ! Le vent a découvert le toit de la ferme. Bref, ce n'était pas du vent, c'était l'Alcmène d'Euripide, tant il a arraché toutes les tuiles du toit, ouvert des jours et percé des fenêtres [1] !

La pièce traitait donc un aspect différent de celui qu'a retenu Plaute : Amphitryon informé de son infortune (peut-être par le devin Tirésias) aurait décidé de faire périr vivante sa femme sur un bûcher ; l'inter-

---

1. Traduction Ch. Guittard.

• *Conservé au British Museum, ce vase représente la légende d'Amphitryon, telle qu'elle fut illustrée par Euripide : Alcmène au bûcher implore l'assistance de Zeus cependant qu'Amphitryon et Antenor mettent le feu au bûcher. Zeus est représenté dans la partie supérieure ainsi que l'Aurore et les Hyades qui répandent une pluie qui va éteindre les flammes. Sur Alcmène s'étend un arc-en-ciel.*

vention miraculeuse de Zeus sous forme d'averse éteignit les flammes, et ce prodige décide Amphitryon à pardonner. Il est possible, comme nous invite à le supposer la référence plautinienne, que le sujet ait été traité à Rome par Ennius ou par Pacuvius. Un témoignage iconographique de la scène du bûcher se trouve sur un vase de Paestum attribué à Python, du troisième quart du IVe siècle avant J.-C.•[1]. Amphitryon est aussi l'un des personnages de l'*Héraclès furieux* : mais Euripide montre en lui un vieillard plutôt débile, fier de ses exploits passés, plutôt heureux de partager avec Zeus l'honneur d'une paternité qui le lie au héros, plein d'admiration pour son fils. À la fin de la pièce Héraclès évoque sa naissance devant Thésée :

Je veux t'expliquer pourquoi la vie m'est impossible aujourd'hui et depuis longtemps. D'abord, je dois le jour à un homme qui avait tué le vieux père de ma mère et qui, souillé de ce meurtre, épousa celle qui m'a enfantée, Alcmène. Quand les fondements d'une race ont été mal jetés, il est fatal que toute la lignée soit vouée aux malheurs. Zeus – quel que soit ce Zeus – m'a fait l'ennemi d'Héra en m'engendrant. (Se tournant vers Amphitryon.) Ne t'en offense pas, vieillard, c'est toi, et non Zeus, que je regarde comme mon père. J'étais encore au sein que des serpents aux regards terrifiants s'introduisirent dans mon berceau, envoyés par l'épouse de Zeus pour me faire périr [2].

---

1. L. Séchan, *Études sur la tragédie grecque dans ses rapports avec la céramique*, Paris, 1928, p. 242-248 ; A. D. Trendall, T. B. L. Webster, *Illustrations of Greek Drama*, Londres, 1971, pl. III, 3,8, p. 77.
2. *Hercule furieux*, v. 1258-1268, trad. Berguin-Duclos, Paris, « GF Flammarion » n° 99, p. 202.

C'est chez Euripide que l'on trouve donc les éléments relatifs à une tradition concernant la naissance d'Hercule.

Dans une tragédie perdue intitulée *Amphitryon*, Sophocle avait peut-être abordé différemment le sujet : le titre même indique une version et une perspective différentes. Peut-être est-ce chez Sophocle que Zeus intervenait en *deux ex machina* au moment de la délivrance d'Alcmène et réconciliait tout le monde.

ACCIUS

Dans la lignée d'Eschyle, et surtout de Sophocle et d'Euripide, les poètes latins se sont inspirés des tragiques grecs. Un grammairien tardif, Marius Victorinus (IVe siècle), mentionne, sans nom d'auteur, une *Alcumena* composée par un tragique latin, vraisemblablement au IIe siècle avant J.-C. (on notera la transcription du nom grec Alcmène avec l'intrusion d'un *-u-*). A Rome, la seule tragédie connue, en dehors de cette allusion, est l'*Amphitryon* d'Accius.

Accius est, après Naevius, Ennius et Pacuvius, le dernier des grands poètes tragiques à Rome : il vécut au IIe siècle avant notre ère (il est né en 170 av. J.-C.) et le jeune Cicéron eut l'occasion de le connaître en son extrême vieillesse. Il a composé plus d'une quarantaine de tragédies dont il ne subsiste que sept cents vers et qui appartenaient à tous les grands cycles qui ont inspiré les poètes de l'Antiquité : cycle troyen, cycle des Atrides (*Atrée, Clytemnestre, Égisthe*...), cycle thébain évoquant, en particulier, la lutte fratricide entre Étéocle et Polynice. Deux tragédies se rattachent au cycle thébain et à la geste d'Hercule. Dans la première intitulée *Alceste,* où l'on voit l'héroïne qui, par amour, choisit de mourir à la place de son époux et qui sera ramenée de l'Hadès par l'intervention d'Hercule, Accius s'est vraisemblablement inspiré de l'*Alceste* d'Euripide, qui situe l'épisode au moment où Hercule, pour le neuvième de ses Travaux, va chercher en Thessalie les cavales de Diomède. L'autre tragédie traite de l'histoire d'Amphitryon. Il n'en subsiste que treize fragments et les éditeurs ne sont guère d'accord sur leur interprétation et la trame qui était celle de la tragédie.

Accius s'inspirait de l'*Héraclès furieux* d'Euripide : Lycos a tué le roi de Thèbes, Créon, et règne en usurpateur. Mégara, fille de Créon et épouse d'Héraclès, est condamnée à mort par le tyran, ainsi que ses enfants et Amphitryon lui-même, père nourricier d'Héraclès : le héros revient à Thèbes après avoir accompli sa descente aux Enfers (katabase) et capturé Cerbère, mais il est pris d'un accès de folie furieuse et tombe dans une démence meurtrière qui lui fait massacrer femme et enfants. On trouve le thème qui sera traité au Ier siècle de notre ère dans l'*Hercule furieux* de Sénèque. D'autres éditeurs reconstruisent la tragédie d'Accius en se fondant sur le récit d'Apollodore que nous donnons plus loin : l'action se déroulerait en trois endroits successifs, à Mycènes (meurtre accidentel d'Électryon père d'Alcmène), à Thèbes (purification d'Amphitryon) et sur l'île de Taphos (guerre contre les Téléboens). Sans doute trouve-t-on là surabondance d'éléments pour soutenir l'intérêt d'une seule pièce. Deux vers évoquent une femme qui porte le deuil :

Mais qui est donc cette femme qui porte des
vêtements de deuil, dont les cheveux sont
coupés en signe de deuil ?
Pourtant une silhouette presque décharnée et le
deuil éloignent le doute de moi [1].

Pour les uns [2], ces vers se rapportent à une description d'Alcmène après le meurtre d'Électryon. Pour d'autres [3], le poète mettrait en scène Hercule qui ne reconnaît pas Mégara après sa longue absence et son séjour aux Enfers (à la différence des passages correspondants d'Euripide, *Héraclès*, v. 525-527 et de Sénèque *Hercule furieux*, v. 626). Après Accius, le personnage d'Hercule ne sera plus mis en scène que par les deux tragédies de Sénèque, *Hercule furieux* et *Hercule sur l'Œta*, cette dernière tragédie inspirée par *Les Trachiniennes* de Sophocle, évoquant la mort du héros et sa divinisation.

LES MYTHOGRAPHES

APOLLODORE

Apollodore est un grammairien d'Athènes dont l'activité se situe, selon l'hypothèse la plus plausible, au milieu du IIe siècle avant notre ère (il ne mentionne jamais la domination romaine) et qui s'est efforcé d'organiser l'ensemble des légendes en un système. Formé à l'école des Alexandrins, il a consacré des études aux anciens

---

1. Traduction Ch. Guittard.
2. E. H. Warmington, *Remains of Old Latin II*, Londres, coll. Loeb, 1re éd. 1936 (nombreuses rééd.), p. 340-347 ; A. Klotz, *Scaenicorum Romanorum Fragmenta I*, Munich, 1953, p. 204-207.
3. J. Dangel, *Accius, Œuvres, fragments*, *op. cit.*, p. 233-236 (fragments) et p. 370-372 (commentaire).

• Abrégé d'un ouvrage d'histoire antique.

poètes. Les trois livres de sa *Bibliothèque* [1] nous sont vraisemblablement parvenus par l'intermédiaire d'un abréviateur du Ier siècle de notre ère, dont le travail doit lui-même être complété à l'aide d'un épitomé• du commentateur de l'époque byzantine (qui présente des résumés des épopées homériques), Tzétzès.

Cette *Bibliothèque* divise les mythes en grands cycles : d'abord la théogonie, puis les débuts de l'humanité (illustrée par les mythes de Deucalion et Pyrrha), ensuite les légendes d'Argos, de Thèbes et de l'Attique. Quelques chapitres du livre II de la *Bibliothèque* développent l'histoire d'Amphitryon et d'Alcmène. Le récit concerne d'abord le conflit entre Électryon et Ptérélas, le meurtre accidentel d'Électryon par Amphitryon et la promesse d'Alcmène à Amphitryon.

Alors qu'Électryon régnait à Mycènes, les fils de Ptérélas vinrent avec Taphios demander le trône de Mestor, leur grand-père maternel. Électryon ne voulant pas leur rendre le trône, ils se mirent en devoir d'emmener ses bœufs : les fils d'Électryon voulant les en empêcher, il s'engagea un combat où ils s'entretuèrent mutuellement. Ne survécurent, des fils d'Électryon, que Licymnius qui était très jeune, et de ceux de Ptérélas, qu'Évérès qui était resté à la garde des vaisseaux. Ceux des Taphiens qui s'étaient sauvés emmenèrent les bœufs sur leurs vaisseaux et les confièrent à la garde de Polyxène, roi des Éléens. Amphitryon les racheta à Polyxène et les ramena à Mycènes. Électryon voulait cependant venger la mort de ses fils ; à cet effet il donna à Amphitryon son royaume et sa fille Alcmène et il lui fit prêter

---

1. Le grand anthropologue sir J.-G. Frazer, auteur du *Rameau d'Or*, en a donné une édition dans la collection anglaise « Loeb Classical Library ».

serment de la conserver vierge jusqu'à son retour de l'expédition qu'il devait mener contre les Téléboens. Il alla ensuite recevoir les bœufs, mais une bête s'échappa et Amphitryon lui jeta une massue qu'il tenait à la main. Celle-ci atteignit les cornes du bœuf, rebondit et alla frapper la tête d'Électryon qui tomba mort. Sthénélos, sous ce prétexte, chassa Amphitryon de toute l'Argolide, garda les royaumes de Mycènes et de Tirynthe et, ayant mandé les fils de Pélops, Atrée et Thyeste, il leur confia la ville de Midée.

Amphitryon se retira à Thèbes avec Alcmène et Licymnius, fut purifié par Créon et donna à Licymnius sa sœur Périmède en mariage. Alcmène ayant déclaré qu'elle épouserait celui qui vengerait la mort de ses frères, Amphitryon s'engagea à faire la guerre aux Téléboens et pria Créon de l'assister dans cette expédition [1].

Pour gagner l'appui de Créon, le roi de Thèbes, Amphitryon doit purifier le pays d'un renard qui y effectue des ravages. Il obtient l'appui des Athéniens qui lui confient le chien de Procris donné par le roi de Crète, Minos. Zeus change le renard et le chien en pierre. Amphitryon monte alors une expédition contre Ptérélas et les Taphiens, les habitants de l'île de Taphos, face à la côte d'Acarnanie.

Tant que Ptérélas vécut, Amphitryon ne put parvenir à s'emparer de Taphos. Mais Comaetho, fille de Ptérélas, tombée amoureuse d'Amphitryon, arracha le cheveu d'or de la tête de son père. Ainsi Ptérélas mourut et Amphitryon établit sa domination sur toutes les îles. Il tua ensuite Comaetho et regagna Thèbes avec un butin considérable après avoir donné ces îles à Héléius et Céphale qui y fondèrent des villes de leur nom où ils s'installèrent.

Avant le retour d'Amphitryon à Thèbes, Zeus prit l'aspect d'Amphitryon ; il alla visiter Alc-

---

1. Apollodore, II, 4, 6. Traduction Ch. Guittard.

mène dans la nuit, et, ayant triplé la durée de la nuit, sous les traits d'Amphitryon, il coucha avec Alcmène et lui raconta tout ce qui s'était passé contre les Téléboens. Amphitryon, à son retour, voyant que sa femme ne l'accueillait pas avec beaucoup d'empressement, lui en demanda la raison. Elle lui répondit qu'elle l'avait déjà reçu dans son lit la nuit précédente et alors Amphitryon apprit du devin Tirésias l'adultère de Zeus. Alcmène mit au monde deux fils, Héraclès, fils de Jupiter, plus âgé d'une nuit, et Iphiclès, fils d'Amphitryon. Quand l'enfant n'avait que huit mois, Junon envoya vers son berceau deux serpents d'une taille extraordinaire pour le faire périr. Alcmène appela Amphitryon au secours. Mais Héraclès surgit de son berceau et tua les deux serpents en les étouffant chacun d'une main. Selon Phérécyde, ce fut Amphitryon qui mit les deux serpents dans leur berceau pour savoir lequel des deux enfants était le sien ; Iphiclès prit la fuite, tandis qu'Héraclès ne bougeait pas. Amphitryon comprit qu'Iphiclès était son propre fils [1].

- *L'intérêt d'Apollodore est qu'il s'appuie sur des données fort anciennes, puisqu'il renvoie à Phérécyde d'Athènes, auteur, dans la première moitié du Ve avant J.-C., d'une œuvre généalogique en dix livres intitulée* Histoires. *Cf. Jacoby,* Die Fragmente der Griechischen Historiker *(rééd. Leyde, 1968) I A n° 3 et aussi Macrobe,* Saturnales *V, 21, 3.*

Le récit d'Apollodore présente une différence notable avec le récit hésiodique : la mort d'Électryon ne résulte pas d'une dispute, elle est accidentelle•. Le livre II d'Apollodore se poursuit avec le récit des Douze Travaux d'Hercule.

DIODORE

Diodore de Sicile (né vers 90 av. J.-C.) a composé une vaste histoire universelle en quarante livres, sous le nom de *Bibliothèque historique*. Il subsiste les livres I à V, consacrés à la période antérieure à la guerre de Troie, et les livres XI à XX qui couvrent la période qui va de l'an 480 à l'an 302 avant J.-C. et sont d'un grand

---

1. Apollodore, II, 4, 7-8.

intérêt pour l'histoire de la Rome des Ve et IVe siècles. Les premiers livres s'intéressent à l'histoire des peuples anciens de l'Orient : Égyptiens, Éthiopiens, Chaldéens... Le livre IV est consacré à l'étude de la mythologie grecque•[1]. En effet, constate Diodore, aucun historien ne lui a consacré une étude particulière. L'historien s'intéresse donc à Dionysos, aux Argonautes, à Thésée, à la plupart des héros de la Grèce, et surtout à Héraclès et à ses Travaux. Il s'appuie sur les études des savants de la Bibliothèque d'Alexandrie et, concernant Héraclès, sur un *Éloge d'Héraclès* de Matris de Thèbes.

Diodore évoque l'ascendance d'Héraclès qui remonte à Persée, né de l'union de Zeus et de Danaé. Unie à Persée, Andromède enfanta Électryon, père d'Alcmène. Puis il en vient au récit de la conception même :

• *Diodore s'appuie sur les théories du philosophe Évhémère (IIIe siècle av. J.-C.) auteur d'une* Histoire sacrée *qui sera traduite en latin par le poète Ennius : pour ce philosophe rationaliste les dieux sont des rois et des héros divinisés pour les services qu'ils ont rendus à l'humanité.*

La valeur attachée au héros ne devait pas se révéler seulement dans ses exploits mais elle fut reconnue dès avant sa naissance. En effet, pendant qu'il s'unit à Alcmène, il rendit la nuit trois fois plus longue et, par la longueur du temps employé à la conception, il présagea la force exceptionnelle de l'enfant qui allait naître. En somme, il ne s'unit pas à elle par simple désir érotique, comme il le fit avec les autres femmes, mais, plutôt en vue de la procréation. Puisqu'il avait l'intention d'officialiser cette union, il ne voulait pas user de violence envers Alcmène mais il n'escomptait pas la persuader en raison de la vertu dont elle faisait preuve. Choisissant la ruse, il trompa Alcmène en se donnant une ressemblance parfaite avec Amphitryon.

---

1. Cf. Diodore de Sicile, *Mythologie des Grecs* (*Bibliothèque historique,* livre IV), traduit par A. Bianquis, annoté par J. Auberger, Paris, Les Belles Lettres, 1997.

Quand le temps naturel de la grossesse fut écoulé, Zeus, qui se préoccupait surtout de la naissance d'Héraclès, proclama, en présence de tous les dieux, qu'il avait l'intention d'attribuer la royauté à celui des descendants de Persée qui naîtrait ce jour-là. Mais Héra, mue par la jalousie, prenant comme complice sa fille Eileithyia, suspendit les douleurs de l'accouchement pour Alcmène et fit venir au monde Eurysthée avant le temps normal. Zeus, vaincu par cette manœuvre, voulut tenir sa promesse et prendre des dispositions pour assurer la future gloire d'Héraclès. Aussi, dit-on, il persuada Héra d'accepter qu'Eurysthée fût roi conformément à la promesse qu'il avait faite mais aussi qu'Héraclès serait au service d'Eurysthée et accomplirait Douze Travaux qu'Eurysthée lui ordonnerait d'accomplir au terme desquels il recevrait l'immortalité. Après avoir accouché, Alcmène, qui craignait la jalousie d'Héra, exposa le nouveau-né en un endroit qui, à présent, est appelé, d'après lui, plaine d'Héraclès. Au même moment, Athéna, qui s'approchait de l'endroit en compagnie d'Héra, s'émerveillant de la vigoureuse nature de l'enfant, persuada Héra de le porter à son sein. Mais comme l'enfant saisit le sein avec une force bien supérieure à celle de son âge, Héra, sous l'effet de la douleur, rejeta le nourrisson à terre ; alors, Athéna rapporta l'enfant à sa mère et lui enjoignit de l'élever. On pourrait s'étonner justement de la tournure inattendue de cette histoire : en effet, la mère dont le devoir était d'aimer son propre enfant cherchait à le tuer tandis que celle qui avait pour lui la haine d'une marâtre sauva, par ignorance, la vie de son ennemi naturel. Après ces événements, Héra envoya deux serpents pour anéantir le nouveau-né mais l'enfant, bien loin d'être terrifié, les saisit fortement par le cou chacun dans une main et étouffa les deux serpents. Pour cette raison, les Argiens, quand ils apprirent l'événement, donnèrent à l'enfant le nom d'Héraclès : c'est grâce à Héra qu'il a acquis la gloire (*kléos*) [1].

Le récit de Diodore, très précis sur les circonstances de l'accouchement d'Alcmène, souligne les liens entre cette naissance et la soumission d'Héraclès à Eurysthée pour l'accomplissement des Douze Travaux.

HYGIN

Sous le nom d'Hygin (Caius Julius Hyginus) nous est parvenu un recueil de *Fables mythologiques* (*Fabulae*). L'auteur fut vraisemblablement un érudit du siècle d'Auguste qui eut la responsabilité de la bibliothèque établie par le prince dans le sanctuaire d'Apollon Palatin. Sous le même nom nous a été transmis un recueil de légendes astronomiques (*Astronomica*). Le recueil de fables consacre un court récit à l'aventure d'Amphitryon, la fable 29, qui pourrait presque servir d'argument à la comédie de Plaute.

Amphitryon était parti pour conquérir Œchalie. Alcmène reçut dans son lit Jupiter en croyant qu'il s'agissait de son propre époux. Comme il l'avait rejointe dans son lit et lui racontait les événements qui s'étaient passés à Œchalie, elle, croyant que c'était son mari, s'unit à lui. Lui éprouva tant de plaisir à cette union qu'il employa toute une journée et doubla la longueur de la nuit, au point qu'Alcmène s'étonnait de la durée de la nuit. Ensuite, quand on vint lui annoncer que son mari revenait en vainqueur, elle ne s'en soucia nullement, parce qu'elle croyait avoir déjà vu son mari. Quand Amphitryon rentra au palais et la vit bien négligemment tranquille, il se mit à éprouver de l'étonnement et à se plaindre de ce qu'elle ne lui faisait aucune fête à son retour. Alcmène

---

1. *Bibliothèque* IV, 9-10, 1. Traduction Ch. Guittard.

lui répondit alors : « Tu es déjà venu, tu as couché avec moi et m'as raconté tes exploits à Œchalie. » Comme elle lui donnait toutes les preuves, Amphitryon comprit qu'un dieu avait pris sa place. À partir de ce jour, il ne coucha plus avec sa femme. Elle, de son union avec Zeus, mit au monde Héraclès [1].

La fin de l'aventure est ici moins heureuse que dans l'*Amphitryon* de Plaute. Point de *deux ex machina* pour réconcilier les époux.

Mythologie et poésie : Ovide

Le thème de la naissance d'Hercule a retenu l'attention d'un grand poète du siècle d'Auguste, contemporain ou presque de Diodore et d'Hygin, si ce dernier est bien le bibliothécaire érudit qui vécut au Ier siècle avant notre ère. Le poète des *Métamorphoses* a consacré un long développement à cette naissance qui a pu surmonter les obstacles imaginés par Ilithyie et par Héra et s'effectuer grâce à une ruse de la suivante Galanthis.

Au cours de l'accouchement, Alcmène invoque Lucine et une catégorie de dieux appelés *Nixi* (ou *Nixae*). Le passage s'appuie sur une vieille superstition de la religion romaine : le fait d'être assis les jambes serrées et avec les doigts entrecroisés peut empêcher la délivrance d'une femme en couches (magie d'imitation). Plusieurs épisodes du livre IX des *Métamorphoses* mentionnent la personnalité d'Hercule (« Achéloüs et Hercule », « Mort d'Hercule »). Alors que Iole, bru d'Alcmène, va mettre au monde un enfant qu'elle a conçu de Hyllos, Alcmène

---

1. Traduction Ch. Guittard.

évoque sa propre délivrance lors de la naissance d'Hercule :

Puissent les dieux t'être favorables et t'épargner les retards lorsque, le moment venu pour la délivrance, tu invoqueras Ilithyie qui veille sur les femmes à l'heure redoutée où elles accouchent mais qui, pour plaire à Junon, s'est montrée hostile envers moi. Car, comme approchait le jour de la naissance d'Hercule destiné à tant de peines et comme l'astre du jour parcourait le dixième signe dans le ciel, le poids de l'enfant distendait mon ventre et ce que je portais dans mes flancs était si imposant que l'on pouvait attribuer à Jupiter la paternité du fardeau enfermé en moi. Je ne pouvais endurer plus longtemps mes peines. Bien plus, aujourd'hui encore, à cette évocation, l'horreur vient glacer mes membres et le souvenir lui-même est une épreuve douloureuse. Torturée pendant sept nuits et pendant autant de jours, accablée de maux, tendant mes bras au ciel, j'appelais à grands cris Lucine et les dieux Nixi qui l'assistent. Lucine vint, mais prévenue contre moi et décidée à offrir ma vie à l'injuste Junon. Quand elle entendit mes gémissements elle s'assit sur cet autel devant la porte et, le creux du genou droit reposant sur le genou gauche, les doigts croisés entre eux comme les dents d'un peigne, elle retarda ma délivrance. Elle prononça aussi des incantations à voix basse et ces incantations suspendirent le déclenchement du travail. Je fais effort et, insensée, je lance de vaines invectives à l'ingrat Jupiter, je souhaite mourir et j'émets des plaintes capables d'émouvoir les plus insensibles. Les mères du pays de Cadmos sont à mes côtés, elles prononcent des vœux, elles m'encouragent au milieu de mes souffrances. Il y avait là une de mes suivantes, issue du peuple, Galanthis, à la chevelure blonde, empressée à l'exécution de mes ordres, et que j'aimais pour les services qu'elle me rendait. Elle comprit qu'un obstacle imprévu survenait de par la malveillance de Junon ; en franchissant souvent les portes pour entrer et sortir, elle aperçut la déesse assise sur l'autel, tenant les bras unis l'un à l'autre par les doigts sur les genoux : « Qui que tu sois, dit-elle, félicite notre maîtresse. L'Argienne Alcmène est délivrée, elle a accouché ; ses vœux sont comblés. » La déesse des accouchements sursauta et, dans sa peur, dénoua ses mains jointes ; l'emprise des liens relâchée, je suis délivrée à mon tour. Après avoir abusé la déesse, Galanthis, selon la tradition, se mit à rire. La voyant rire, la cruelle déesse la saisit par les cheveux et la traîna, elle la retint dans sa tentative pour élever son corps de terre et changea ses bras en une paire de pieds avant. Elle n'a rien perdu de son dévouement passé ; son dos a toujours la même couleur, seule sa forme est différente de ce qu'elle était. Et comme elle avait favorisé l'enfantement par un mensonge sorti de sa bouche, c'est par la bouche qu'elle enfante. Elle fréquente encore notre demeure comme par le passé [1].

L'épisode raconté par Ovide est sans doute emprunté à Nicandre de Colophon, un poète alexandrin (IIIe siècle av. J.-C.), auteur d'un poème intitulé *Eteroioumena* (qui a fourni à Ovide la plupart des sujets de ses *Métamorphoses*), chez qui la servante portait le nom de Galanthias. On ne peut préciser en quel animal fut métamorphosée Galanthis, peut-être la belette dont le nom est proche de celui de la jeune femme (*galê*). On ne peut s'expliquer l'idée selon laquelle la belette aurait mis bas par la bouche : peut-être le nom de cet animal (*mustela* en latin) a-t-il été confondu avec celui de certaines espèces de poissons qui pratiquent une forme d'incubation buccale avec les œufs pondus par la femelle.

---

1. *Métamorphoses* IX, 281-323. Traduction Ch. Guittard.

D'autres auteurs se sont intéressés à la légende d'Alcmène et d'Amphitryon, qu'ils soient comiques comme Archippus (fin du Ve siècle, auteur d'un *Amphitryon* dont Athénée a conservé deux citations), Platon le Comique (auteur de la *Longue Nuit*, voir le chapitre 1 du dossier), ou tragiques comme Denys l'Ancien (tyran de Syracuse au IVe siècle), Astydamas ou Eschyle d'Alexandrie.

Plaute a évidemment considérablement réduit les données composites et complexes que lui offrait cette luxuriante tradition, son souci principal étant bien sûr de sortir d'un contexte qui était plutôt celui de la tragédie. La composante épique était plus facile à intégrer dans le courant choisi par l'auteur latin. Mercure ne fait dans la comédie qu'une brève allusion à la jalousie de Héra devant les amours de Jupiter et ses liaisons terrestres (v. 510-511). Le prodige des serpents a pour fonction de révéler la force colossale d'Hercule et confirmer son ascendance divine qui le distingue de son frère « humain », Iphiclès. La pièce de Plaute ne s'adresse pas nécessairement à un public éclairé : on peut penser qu'Hercule était un héros assez populaire pour que les données concernant sa naissance et ses futurs exploits soient connues de tout le monde, ce qui est vrai aussi de tous les grands cycles de l'Antiquité.

Après la naissance d'Héraclès, Amphitryon a participé activement à son éducation : il lui apprit à conduire des chars. Plus tard, quand se révéla le naturel violent d'Hercule, qui tue, en particulier, Linos, son maître de musique, Amphitryon, craignant pour lui-même, l'envoie garder un troupeau de bœufs à la campagne. C'est ainsi qu'il tue le lion qui ravageait les montagnes du Cythéron et attaquait les troupeaux. Amphitryon aurait trouvé la mort en combattant aux côtés d'Héraclès dans la lutte que soutinrent les Thébains contre les Minyens d'Orchomène, une ville voisine de Thèbes.

La haine d'Eurysthée aurait continué à s'exercer contre Alcmène et les descendants d'Héraclès après l'apothéose de ce dernier. Les Héraclides auraient alors trouvé refuge à Athènes et, au cours d'une guerre qui s'en suivit, Eurysthée aurait trouvé la mort et l'on aurait rapporté sa tête à Alcmène. Alcmène aurait alors vécu à Thèbes où elle mourut très âgée. Zeus l'aurait fait transporter dans l'île des Bienheureux ou dans l'Olympe pour participer aux honneurs divins de son fils. Certaines traditions lui font épouser Rhadamanthe, un héros crétois renommé pour sa sagesse et sa justice, après la mort d'Amphitryon.

3 — *Des dieux et des hommes*

Les Jeux scéniques (comédies, tragédies) étaient célébrés dans le cadre de Jeux (*ludi*) qui étaient des manifestations particulières de la vie religieuse de la cité, comprenant des sacrifices et des prières ainsi que des jeux du cirque. Les jeux les plus importants sont les Jeux romains et les Jeux plébéiens en l'honneur de Jupiter. Les créations se multiplient à la fin du IIIe siècle et au début du IIe siècle : *Ludi Apollinares* en l'honneur d'Apollon depuis 212, *Ludi Ceriales* en l'honneur de Cérès (202), *Ludi Megalenses* en l'honneur de Cybèle (depuis 191), *Ludi Florales* en l'honneur de Flora (depuis 173). Dans le cadre de ces festivités, les Romains sont particulièrement sensibles à la présence des dieux qu'ils honorent dans leur cité, l'*Urbs*, auréolée de sa victoire sur Carthage. Les dieux sont toujours présents dans la vie du Romain. Ils sont aussi présents dans les comédies où les personnages ne cessent de les appeler à l'aide, de les invoquer, de lancer jurons et serments et où figure souvent, dans le décor, un élément cultuel. Quoi de moins étonnant, pour un Romain, que de retrouver sur scène Jupiter dans une de ses aventures et de voir à ses côtés celui qui est d'habitude son messager et qui intervient parfois comme son serviteur, surtout quand il est question d'aventures amoureuses ?

JUPITER DANS LA CITÉ : JEUX ET BANQUETS

• *De l'union d'un dieu et d'une mortelle naît un héros qui sera lui-même divinisé après avoir accompli sur terre le cycle de ses exploits.*

•• *L'ancêtre d'Agamemnon, Tantale, passait pour le fils de Zeus et de Plouto ; la race de Cadmos, fondateur de Thèbes, se rattache à Zeus, de même que la race troyenne, par son fondateur Dardanos...*

••• *Particulièrement à l'honneur à Rome, les Dioscures sont Castor, patron des cavaliers, et son frère Pollux. Un temple leur a été consacré aux premiers temps de la République.*

Le sujet d'*Amphitryon* relève de la théophanie (même burlesque) et s'apparente à une hiérogamie• qui, elle, est effective. Le thème central est bien d'essence religieuse : on y retrouve le principe de l'union mystique du ciel et de la terre. Innombrables sont les mortelles auxquelles Zeus s'est uni : la plupart des grandes familles qui forment les cycles épiques ou tragiques ont une ascendance •• qui les relie à Zeus. Dans ses amours terrestres, celui-ci revêt souvent la forme animale (pour tromper, peut-être, Héra et éviter sa jalousie et sa vengeance). Zeus s'est métamorphosé en taureau pour s'unir à Europe, en cygne pour s'unir à Léda (naissance d'Hélène et des Dioscures•••) ; il a pris la forme d'une pluie d'or pour s'unir à Danaé (naissance de Persée). Dans le cas de l'*Amphitryon* Zeus prend les traits du mari dont il veut posséder la femme : le dieu va jouer le rôle d'un homme sur une scène romaine.

La présence de Jupiter sur une scène ne pouvait que flatter les goûts d'un public romain, d'un point de vue politique, religieux et même philosophique. Il incarne depuis la naissance de la République en 509 avant J.-C. la continuité de la puissance romaine en tant que Jupiter Optimus Maximus, grand dieu de la triade capitoline associé à Junon et à Minerve. C'est à lui que les consuls vont sacrifier dès leur entrée en charge ; c'est encore à lui que les triomphateurs vont rendre grâces et consacrer les victimes rituelles (des taureaux blancs). C'est lui qui est le garant de la *Fides*, de la foi jurée (la Fides apparaît dans le Prologue de la *Casina*), des

Dossier

traités de paix, et qui préside aux relations internationales entre peuples et cités par l'intermédiaire d'un collège de prêtres, les fétiaux. Son culte est desservi par un flamine • (le *flamen dialis*) dont la femme est la *flaminica* de Junon. Cet aspect politique et social tend à supplanter les fonctions naturelles de Jupiter qui sont celles de dieu du ciel lumineux et des phénomènes atmosphériques (il se manifeste cependant en tant que Jupiter Fulgurant et Tonnant dans l'épilogue d'*Amphitryon*).

• *Le* flamine *et la* flaminica *soulignent la primauté sacerdotale et symbolisent dans le cadre de la cité l'union du couple divin.*

Le Romain vit dans un monde où les dieux sont présents : ils sont présents dans la cité où le temple est la maison du dieu (*aedes*), qui abrite la statue divine ; ils sont présents dans la nature où de multiples divinités, nymphes ou naïades, viennent peupler et habiter les bois, les sources, les cours d'eau. La cité ne peut vivre qu'à travers une bonne entente entre le monde des dieux et le monde des hommes : le rite est chargé d'assurer cette mutuelle compréhension, cette indispensable harmonie. Le monde des dieux est conçu par les Romains à l'image du monde des hommes : les conceptions romaines sont fondées, comme l'a souligné Georges Dumézil [1], dès l'origine, sur l'anthropomorphisme. L'homme entre en relation avec la divinité par un contact avec la statue qui la représente : sur le faîte du temple de Jupiter Capitolin, le Romain peut voir le dieu guidant son quadrige. La présence des dieux sur une scène romaine

---

1. G. Dumézil, *La Religion romaine archaïque*, Paris, 2ᵉ éd., 1975 (3ᵉ éd. 1986), p. 36-62 ; cf. Jean Bayet, *Histoire politique et psychologique de la religion romaine*, Paris, 2ᵉ éd., 1969, p. 108-113. ; R. Schilling, *Les Dieux dans le théâtre de Plaute*, dans Actes du IXᵉ Congrès de l'Association Guillaume Budé, Paris, 1975, tome 1, p. 342-353.

• *Voir Présentation p. 25.*
•• *Double humain de Jupiter, le triomphateur est couronné de laurier, le visage passé au rouge comme celui de la statue ; il tient dans la main gauche un sceptre d'ivoire surmonté d'un aigle.*

n'a donc rien pour surprendre, d'autant qu'*Amphitryon* a pu être présenté au public à l'occasion des Jeux célébrés en l'honneur de Jupiter•. Lorsque le triomphateur •• se rend au pied du Capitole sur son quadrige avant de monter au temple, il est censé représenter Jupiter dont il porte les attributs. La cérémonie du triomphe présente d'étroites analogies avec la procession (*Pompa circensis*) qui préludait à la célébration des Jeux, en particulier des *Ludi magni* ou *romani* : autour des ides de septembre (le 13 septembre), le jour de consécration du temple, et à l'exception du 14, étaient célébrés des Jeux, Jeux scéniques et Jeux du cirque. Pour l'ouverture, une procession se rendait du temple Capitolin au cirque : en tête marchait le magistrat responsable, suivi des cochers, des lutteurs et de jeunes garçons à pied et à cheval puis venaient, portées sur les épaules, les images des dieux et, sur un char à part, leurs attributs distinctifs. On célébrait aussi à cette occasion un banquet sacré en l'honneur de Jupiter (*Epulum Jovis*). Dans les lectisternes, les dieux étaient invités plus directement au banquet que constitue toute forme de sacrifice où une part de la victime (les entrailles) est réservée aux dieux. Leur image était placée sur un lit de table : le dieu s'allongeait près de la table, tel un convive, sous les traits de sa statue cultuelle ou d'une statuette. Un grand lectisterne fut célébré en 217 au lendemain de la défaite de Trasimène : il associait, sur des lits de table, les douze grands dieux du panthéon, Jupiter et Junon, Neptune et Minerve, Mars et Vénus, Apollon et Diane, Vulcain et Vesta, Mercure et Cérès (Tite-Live, *Histoire romaine* XXII, 10). Peut-être l'*Epu-*

lum Jovis associait-il, aux côtés du dieu souverain, Junon et Minerve assises sur des chaises (comme le voulait l'usage de la société romaine). Un collège de trois prêtres spécialisés fut créé au début du IIe siècle (196 av. J.-C.) pour assister les pontifes dans l'organisation du banquet sacré offert à Jupiter : ils reçurent le nom d'Épulons (*Epulones*). Dans le *Persa* (v. 100), Saturion le parasite se désigne comme le compagnon de goinfrée d'un Jupiter terrestre (l'esclave Toxile), faisant clairement allusion à cette institution (ce qui permet de dater la pièce). Les Romains étaient donc accoutumés à assister à des banquets en l'honneur de Jupiter avec présence de la divinité.

Dans *Amphitryon*, Jupiter apparaît surtout dans toute la puissance du dieu maître du tonnerre et de la foudre. Son intervention revêt alors toute sa force et sa valeur de prodige, manifestant la présence divine parmi les hommes. La signification de la foudre faisait à Rome l'objet d'une science, la kéraunoscopie, qui a profité de l'apport de la Discipline étrusque, la science étrusque des prodiges, consignée dans des *Livres* ou *Traités des foudres* (*Libri fulgurales*). La brontoscopie s'attachait, quant à elle, plus précisément à la signification des coups de tonnerre. Les prêtres étrusques détenteurs de cette science, les haruspices, étaient depuis longtemps, à l'époque de Plaute, consultés par le Sénat pour l'interprétation des signes envoyés par les dieux. Les Romains ne connaissent que deux dieux fulgurants, Jupiter et Summanus, selon que les foudres apparaissaient de jour (Jupiter est le dieu des phénomènes célestes, diurnes) ou de nuit. La signification du feu envoyé par Jupiter était l'objet d'une casuistique élaborée en fonction de l'orientation, du moment, de la force et des lieux frappés. Pline l'Ancien dans son *Histoire naturelle* (II, 137-148) et le philosophe Sénèque dans son traité scientifique des *Questions naturelles* (II, 32-50) nous ont, au Ier siècle de notre ère, conservé de précieux renseignements. Il existait trois types de foudres : la première avait un simple caractère d'avertissement pour les hommes, sans aucun danger ; la seconde foudre, plus puissante, s'accompagnait de craquements du tonnerre et terrifiait les hommes ; la troisième était un feu ravageur qui bouleversait la vie des individus et des cités entières. Les haruspices devaient interpréter le sens de la foudre, procéder à l'expiation du prodige et exécuter les cérémonies rituelles destinées à purifier les lieux souillés par le passage du feu avertisseur ou ravageur. La foudre• qui terrifie Amphitryon semble rentrer dans la seconde catégorie.

Le prodige jovien dans *Amphitryon* est destiné à marquer la naissance d'Hercule (et à faire admettre, dans le cadre de la comédie, sa propre infortune au mari trompé) : c'est un phénomène qui rompt le cours naturel des choses et traduit la présence d'une puissance supérieure. Un troisième prodige, après la présence de Jupiter parmi les hommes, le phénomène de la gemellité et de la naissance presque « miraculeuse », intervient enfin dans la trame de la pièce à travers le récit de la servante Bromie : l'élimination par le nouveau-né à la force surhumaine des deux serpents envoyés par Héra. Ces deux serpents sont des « monstres » qui traduisent la colère de la déesse jalouse des amours

• *Peut-être Plaute prend-il un malin plaisir à caricaturer la terreur d'Amphitryon en* senex *et à critiquer l'importance exagérée accordée à la signification de ces phénomènes célestes à un moment où le rationalisme philosophique tend à limiter une* superstitio *envahissante.*

de Jupiter et d'Alcmène. Le récit souligne leur aspect terrifiant et leur force. Les trois prodiges situent la pièce à un niveau surnaturel, dans un cadre féerique qui rappelle le monde de la *fabula*. Plaute, comme Jupiter, se retrouve libre d'agir en véritable démiurge.

Tel apparaît Jupiter Tonnant et Foudroyant dans *Amphitryon*. Sans doute Jupiter s'y montre-t-il avec des faiblesses, mais ces faiblesses sont celles des conceptions anthropomorphiques. Elles ne constituent pas une critique, une satire antireligieuse de la part du dramaturge. Comme l'a souligné J.-P. Cèbe, la dérision des dieux est une conséquence de l'anthropomorphisme : les dieux des Romains, comme les *imperatores* vainqueurs au moment du triomphe, acceptent d'être exposés à la raillerie, à la dérision, aux *lazzi* et aux quolibets [1]. Il n'y a pas lieu de voir dans *Amphitryon* de Plaute une pièce qui annonce le déclin du maître des dieux comme le veut L. W. Leadbeater [2]. Le sentiment religieux des Romains s'y exprime avec toute sa force, dans une approche concrète des dieux.

LES DIEUX DANS LA COMÉDIE

Le monde des dieux n'est jamais absent des comédies de Plaute. Le sacré peut être matérialisé sur la scène par la présence d'un autel ou le voisinage d'un temple : le décor du *Curculis*, pièce qui se déroule à

---

1. J.-P. Cèbe, *La Dérision des dieux dans le théâtre de Plaute : sens et portée,* dans Actes du VIIe Congrès de l'Association G. Budé (Aix-en-Provence, 1963), Paris, 1964, p. 174-177.
2. L. W. Leadbeater, « Amphitryon, Casina and the Disappearence of Jupiter », *Studies on Latin Literature and Roman History,* IV (éd. par C. Deroux), Bruxelles, 1986, p. 134-150.

Épidaure, comporte un temple d'Esculape et une place au centre de laquelle se trouve un autel de Vénus. Dans le *Rudens*, les jeunes filles qui veulent échapper au *leno* trouvent refuge dans le temple de Vénus et Démonès se plaint qu'on vienne toujours lui réclamer de l'eau, du feu, des vases, un couteau, une broche, une marmite pour les entrailles : « Bref, conclut-il exaspéré, c'est pour Vénus que j'ai acheté de la vaisselle et un puits » (v. 131-136). Dans le *Mercator*, la présence d'un autel d'Apollon devant la maison du vieillard Démiphon inspire à Dorippa une authentique prière accompagnée du geste rituel consistant à déposer sur l'autel une branche de laurier (v. 678-680). Les comédies nous font aussi saisir les pratiques quotidiennes du culte domestique. Dès le Prologue de l'*Aululatria*, le *Lar familiaris* lui-même décrit les pratiques du culte familial : la fille de l'avare Euclion lui adresse chaque jour des prières, lui offre de l'encens, des libations de vin et des couronnes (v. 23-25). D'ailleurs, les temples de la Fortune et de la Bonne Foi ne sont pas très loin de la maison de l'avare (v. 80-116). Dans *Amphitryon*, le rite intervient d'abord sous une forme parodique quand, après la réconciliation avec Alcmène, Jupiter fait prendre les dispositions pour un sacrifice qui lui sera adressé à lui-même (v. 966) en accomplissement d'un vœu, puis sous une forme authentique quand Amphitryon entend remercier les dieux pour la naissance des jumeaux (v. 1126-1127).

Les naissances ne pouvaient s'accomplir sans assistance divine et Bromie dans son récit de l'accouchement ne manque pas de livrer quelques précisions relatives au *ritus romanus* : Alcmène invoque les dieux après s'être purifié les mains, la tête couverte (v. 1093-1094). Dans ces circonstances, les femmes priaient Junon Lucine : c'est le cas de Phédrie, dans l'*Aululaire* (v. 691-692) ; dans le *Truculentus* (il s'agit en fait d'une simulation), Phronésie demande l'encens et la myrrhe, fait placer du feu sur l'autel et adresse une prière à Junon Lucine (v. 476-477). Chez Térence, Glycère dans l'*Andrienne* (v. 473) et Pamphile dans *Les Adelphes* (v. 486), prononcent le même vers où elles invoquent Junon.

Les dieux interviennent dans quatre prologues plautiniens en dehors d'*Amphitryon*. Dans l'*Aululaire*, le dieu du foyer domestique, le *Lar familiaris* (qui veille sur le territoire de la maison) explique la raison pour laquelle il a révélé à Euclion l'emplacement du trésor, pour fournir une dot à sa fille Phédrie. Dans la *Casina*, le Prologue (composé ou vraisemblablement refait à l'occasion d'une reprise) met en scène la Bonne Foi qui explique les sources (*Les Tireurs de sorts* de Diphile) et le contenu de la pièce. Dans le *Rudens*, l'étoile Arcturus présente la tempête qu'elle a fait éclater comme une punition infligée au *leno* Labrax. À ces trois pièces, il faut adjoindre la *Cistellaria* où le dieu Auxilium (Bon Secours) intervient à la fin du premier acte (sc. 3, v. 149) pour éclairer le spectateur sur l'intrigue. Le *Miles gloriosus* présente lui aussi un prologue retardé au deuxième acte. Signalons enfin que deux entités personnifiées, Débauche et Misère, prononcent le prologue du *Trinummus*.

Dans le monde de la comédie, les personnages invoquent souvent les dieux pour

• *Autres serments parodiques :* Cistellaria *(v. 512-527) ;* Les Captifs *(v. 877-878) ;* Curculio *(v. 577-581) : dans cette pièce le* leno *jure en énumérant ses accessoires de toilette (pinces à épiler, peigne, miroir, fer à friser, ciseaux et serviettes) pour répondre au soldat Thérapontigonus qui vient d'invoquer son sabre et son bouclier.*

qu'ils favorisent la réalisation de leurs projets et de leurs entreprises : dès le Prologue de l'*Amphitryon,* Mercure insiste sur son rôle dans les gains et les bénéfices. Contre ceux qui sont susceptibles de contrarier leurs projets ils prononcent, inversement, des formules d'exécration dans lesquelles Jupiter est très souvent invoqué en raison de ses pouvoirs (*Amphitryon,* v. 569-570). Pour souligner la vérité d'une affirmation, Plaute a recours au procédé du serment excessif à travers la formule « *ita me di ament* »• (v. 597) au sens de « j'en atteste les dieux », « que les dieux m'en soient témoins », qui exploite la valeur affective du verbe *amare.* On trouve dans *Amphitryon,* dans le face à face entre Mercure et Sosie, une parodie de serment : Mercure jure par Mercure que Jupiter ne croira pas à la parole de Sosie. Pour protester de sa bonne foi et proclamer sa vertu, Alcmène prend très sérieusement à témoin Jupiter et Junon (v. 831-834) : son serment présente la particularité de ne pas citer nommément Jupiter (elle jure par la royauté du roi suprême des dieux) mais de bien mentionner Junon en tant que protectrice des chastes matrones.

Les dieux sont censés accompagner et aider les mortels dans leurs entreprises et leurs difficultés. Castor et Pollux sont le plus souvent invoqués dans des formules figées : le serment par Castor est réservé aux femmes, celui par Pollux est commun aux deux sexes, selon le témoignage d'Aulu-Gelle qui se réfère à Varron (*Nuits attiques* XI, 6, 1). Le nom de Pollux se retrouve plus souvent dans la bouche des hommes que dans celle des femmes car le dieu du pugilat est plus adapté à la mentalité masculine. Le nom d'Hercule est paradoxalement employé comme juron dans la pièce qui est censée raconter les circonstances mêmes de sa conception et de sa naissance •.

Dans le Prologue, Mercure énumère les dieux auxquels les Romains sont redevables de leurs victoires et de leur prospérité, dieux qui interviennent souvent dans les tragédies : Neptune, Valeur, Victoire, Mars, Bellone (v. 41-43). Cette litanie nous plonge dans l'atmosphère d'une Rome victorieuse et conquérante, après ses victoires sur Carthage, à la veille de la conquête de la Grèce et de la Macédoine. La présence des autres divinités du panthéon est de ce fait plus discrète : elles s'effacent devant le maître des dieux et Mercure n'est qu'un humble serviteur. Alcmène invoque Junon pour protester de sa bonne foi (v. 832). Le dieu Nocturnus (v. 272) peut relever de la fantaisie créatrice de Plaute car on ne connaît pas d'autres attestations de cette divinité. La Nuit, par contre, est invoquée à la fois par Mercure (v. 277) et par Jupiter (v. 546) : il est vrai qu'elle joue un rôle dans la pièce en favorisant les amours de Jupiter. Sosie se laisse aller à une plaisanterie irrespectueuse sur le Soleil (v. 282-283), qui aurait trop bien arrosé un repas et aurait oublié de se réveiller (interprétation anthropomorphique), ce qui soulève la colère de Mercure. Nocturnus apparaît face au couple que forment le Soleil et la Nuit comme une divinité subalterne ou comme le parèdre masculin de *Nox*. Plaute ne s'embarrasse pas d'exégèse liturgique : on s'attendrait à trouver l'association du Soleil et de la Lune. Le Soleil avait un temple sur le Quirinal : il fait partie

• *La présence des dieux « physiques » dans la pièce concentre la parodie sur ces personnes : les dieux deviennent des humains et les hommes deviennent des marionnettes entre leurs mains.*

comme la Lune d'une liste de divinités sabines que nous a conservée Varron (*Langue latine* V, 74).

La verve comique a amené plus d'une fois Plaute à mentionner et à faire invoquer par ses personnages des divinités de pure invention, dans le délire de l'improvisation verbale et selon le processus qui a valu à Rome tant d'abstractions divinisées. Dans *Les Captifs*, le parasite Ergasile, tout heureux d'annoncer une bonne nouvelle à son protecteur Hégion, se présente à lui en énumérant un cortège de divinités : « Je suis aujourd'hui pour toi Jupiter souverain, je suis aussi Salut, Fortuna, Lumière, Joie, Bonheur » (v. 863-864). Les trois dernières divinités sont une pure création du genre plautinien. De la même façon, dans *Les Bacchis*, le jeune Pistoclère, tout à la joie d'aimer, invente un cortège de divinités qui accompagnent Vénus, le Plaisir et l'Amour : la Grâce, la Joie, le Badinage, les Jeux, les Doux-Propos et les Doux-Baisers, autant d'inventions de la *vis comica* plautinienne. L'épiclèse appliquée plaisamment à Jupiter par Mercure, *Prodigialis* (v. 739), est une pure invention : elle n'a jamais figuré parmi les épithètes que l'on accolait au théonyme pour l'honorer ou lui rendre grâces dans les invocations. C'est à Liban dans l'*Asinaria* (v. 545) que revient l'honneur de porter à son comble la verve parodique du créateur en donnant des traits divins à *Perfidia,* la Mauvaise Foi, à laquelle il fait l'honneur d'une action de grâces !

Un des effets comiques du théâtre de Plaute est dans la parodie des formules de prière, en particulier la supplication. Les deux attitudes du suppliant (*supplex*) sont mises en scène par le dramaturge : celle qui consiste à toucher la main droite (*per dexteram*) ou les genoux (*per genua*). Jupiter supplie Alcmène de lui pardonner *per dexteram* (v. 923-924). Le comique de la supplication repose sur deux procédés, qui peuvent être associés, le renversement de situation et l'accumulation ou la création verbale, par recherche de l'effet persuasif. *Amphitryon* montre un dieu suppliant une mortelle. L'*Épidique* s'achève sur une scène où le maître, Périphane, supplie son esclave, Épidique, de lui pardonner et d'accepter en récompense la liberté (v. 728-729). En plus de la main droite et des genoux se trouvent invoquées les valeurs les plus inattendues : dans le *Pœnulus*, le jeune premier Agorastoclès supplie son propre esclave, Milphion, par la main droite, par sa sœur la main gauche, par les yeux et la liberté du supplié et par celle qu'il aime, Adelphasie (v. 417-420). Dans le *Rudens*, Démonès supplie l'esclave Trachalion par ses jambes, ses talons et son dos en lui promettant une bonne vendange d'orme et une bonne récolte de rossées (v. 635).

Plusieurs personnages plautiniens sont amenés à remercier les dieux pour le succès de leur entreprise, à travers des prières d'actions de grâces qui sont des parodies de formules officielles de *gratulatio*. C'est Neptune que les personnages ont le plus souvent l'occasion de remercier pour leur avoir permis de regagner sains et saufs leur patrie : Sosie est pris de scrupule religieux en se reprochant de n'avoir pas remercié les dieux pour tous les bienfaits qu'il a reçus et pour son retour dans sa patrie (v. 180-184). Au début de l'acte IV du *Trinummus*, Charmides adresse à Neptune une longue prière qui se développe en quatorze vers et où le dieu de la mer est plaisamment qualifié de *Salsipotens* (dieu des eaux salées) et *Mulsipotens* (dieu des eaux douces). Les prières de remerciements et d'actions de grâces parodient quelquefois les expressions emphatiques des inscriptions triomphales. On en trouve un exemple accompli dans le *Persa*, à travers une grande prière où l'esclave Toxile remercie Jupiter et tous les dieux pour l'avoir aidé à duper le *leno* Dordale. Cette invocation est à rapprocher du récit épique de la victoire que Plaute met dans la bouche de Sosie (v. 186-196).

Les ennemis ayant été vaincus, les citoyens sauvés, le calme rétabli, la paix signée, la guerre éteinte, les opérations ayant été bien conduites, l'armée et les garnisons n'ayant pas essuyé de pertes, pour l'aide bienveillante que tu nous as apportée, ô Jupiter, ainsi que les autres dieux qui règnent au ciel, je vous rends grâces et vous remercie pour la vengeance que j'ai tirée de mon ennemi.

Les rites (prières, sacrifices, vœux) et les prodiges ne constituent pas les seuls éléments religieux de cette comédie où interviennent les dieux. On a pu reconnaître dans *Amphitryon* une structure initiatique proche de celle des *Captifs* ou du *Rudens* [1]. Dans chacune de ces pièces, un personnage est soumis à une véritable épreuve dont il sort raffermi. Dans le *Rudens,* Palestra, miraculeusement sauvée d'un naufrage, croit avoir tout perdu et atteint le plus profond désespoir : en fait, ses malheurs lui permettent de retrouver ses parents, son identité et le bonheur avec

---

1. J.-Ch. Dumont, *Les Captifs : théâtre et initiation*, dans Actes du XXIVe Congrès de l'Association des professeurs de Langues anciennes de l'Enseignement supérieur, Tours, 1991, p. 61-73.

un jeune Athénien. Dans *Les Captifs*, Tyndare (voir le chapitre 4 du dossier) est condamné, pour prix de sa machination, à travailler dans une mine. Cette condamnation est un supplice qui doit le faire périr lentement, mais une péripétie fera reconnaître en lui un homme libre, le propre fils de l'homme qui l'a condamné. La pièce s'achève sur son retour à la vie après un séjour dans l'Achéron. Quant à Amphitryon, la mise en présence de son double divin l'a conduit à la démence ; dans un moment de paroxysme, il tombe foudroyé et Bromie le croit bel et bien mort (v. 1072-1078). Mais il va sortir peu à peu de sa stupeur et revenir lentement à la vie pour voir s'éclairer le mystère et prendre conscience de la protection divine qui lui est assurée et de l'avenir radieux qui lui est réservé.

4 — *Le thème du double*

• Persona *est sans doute un mot d'origine étrusque, car des fresques illustrant d'étranges combats entre un homme encapuchonné et un dogue montrent un personnage portant le nom de* phersu *dans deux tombes de Tarquinia, la tombe des Augures et la tombe des Jeux olympiques.*

Le problème de la personnalité est au centre de la philosophie et du théâtre. Le nom latin *persona*• désigne originellement le masque que portent les acteurs au théâtre, puis, par extension, le rôle attribué à ce masque. Telle serait l'origine de ce mot promis à une extraordinaire destinée dans la réflexion et dans la représentation, puisqu'il recouvre le problème de l'existence (une philosophie moderne, dont Emmanuel Mounier a été le représentant, s'est ainsi définie comme le « personnalisme ») et même de la création poétique (« Je est un autre », selon Rimbaud). Les doutes qui assaillent le malheureux Sosie sur son identité et son existence relèvent d'une démarche quasi philosophique qui préfigure le *cogito* cartésien. L'histoire de Sosie est même le prototype d'une tentative de dépersonnalisation que certains régimes totalitaires mettront en œuvre au XXe siècle et que Camus analysera dans *L'Homme révolté* [1].

Toute pièce de théâtre repose sur un certain nombre de types répartis à travers plusieurs rôles parfaitement définis par leur identité ou leur emploi : ainsi, dans la comédie, les jeunes gens amoureux, les vieillards, les soldats fanfarons, les courtisanes, les esclaves, les parasites, les jeunes filles ou femmes de naissance libre.

---

1. Cf. P.-M. Martin, « Plaute, *Amphitryon*, v. 292-462. Le dialogue. Sosie-Mercure ou la destruction de l'homme par l'appareil totalitaire », *Caesarodunum*, 5, 1970, p. 171-177.

Mais l'action dramatique et le principe du théâtre dans le théâtre amènent certains personnages à changer d'identité ou à échanger leurs rôles mutuels. Le problème de l'identité et de la personne est au cœur de l'action d'*Amphitryon*[1]. Plaute lui-même dans le cours de sa propre vie a dû rencontrer ces problèmes d'identité• ; il a exercé tous les métiers du théâtre et connu une vie soumise à de multiples aléas. Sosie face à Mercure, Amphitryon confronté à l'aventure amoureuse de Jupiter en viennent tous deux à élaborer une problématique du doute. Ils ont un peu le sentiment de vivre un mauvais rêve. Mercure fait à Sosie le récit exact des actions passées, non seulement le récit de la bataille mais aussi celui des actions peu glorieuses, accomplies par Sosie dans la solitude. Sosie a du mal à admettre l'évidence, il résiste et ne capitule que difficilement au terme de plusieurs interrogatoires, constatant de plus que Mercure lui renvoie sa propre image. En tant que pièce mixte, tragi-comique, *Amphitryon* est la pièce du double, et même des doubles. Elle l'est à plusieurs niveaux : elle est l'histoire d'un mari trompé et celle de la naissance d'Hercule ; l'action présente un modèle héroïque et un niveau burlesque. Elle ne repose pas sur le couple traditionnel maître-valet mais sur une double opposition où l'on trouve deux Sosies et deux Amphitryons. Les scènes elles-mêmes comportent des duplications : Alcmène rencontre successivement son faux et son vrai mari, Amphitryon lui-même est

• *Les* tria nomina de Plaute *sont mal établis, voir la Présentation, p. 18.*

---

1. F. Dupont, « Signification théâtrale du double dans l'*Amphitryon* de Plaute », *Revue des Études latines*, n° 54, 1976, p. 129-141.

confronté tour à tour avec le vrai et le faux Sosie.

Le personnage de Sosie, qui est sans doute une création plautinienne, a pu être suggéré comme ressort dramatique et comme élément satirique dirigé contre certaines discussions philosophiques sur le « moi ». La réflexion philosophique est née autour du problème de la connaissance de soi telle que Socrate l'énonçait dans la formule du « Connais-toi toi-même » : cette connaissance est le fondement de la sagesse et du bonheur ; son corollaire est l'ébranlement des certitudes établies par les stoïciens sur la Raison souveraine ; ni la représentation ni la raison ne peuvent fournir un critère de certitude ; le sage se bornera à approuver telle représentation qu'il juge plus vraisemblable. Telle est la doctrine probabiliste de la Nouvelle Académie qu'un philosophe comme Carnéade (vers 215-129 av. J.-C.) allait contribuer à répandre en milieu romain et qui devait exercer une profonde influence sur Cicéron.

On peut distinguer plusieurs modalités du système de dédoublement exploité dans les comédies plautiniennes. Le changement de personnalité est d'abord une ruse d'esclave pour duper un autre personnage et, à ce titre, il apparaît comme un procédé largement répandu dans le théâtre plautinien. La gémellité et l'homonymie constituent bien sûr le cas par excellence du dédoublement au théâtre : ils sont illustrés par *Les Ménechmes* et, à un degré moindre, par *Les Bacchis*. Enfin les duos maître-esclave mettent en scène un dédoublement comique des grands par des subalternes bouffons. Un cas particulier est l'inversion des rôles entre le maître et l'esclave, l'échange de personnalité.

LA RUSE DE L'ESCLAVE TROMPEUR
(SERVUS FALLAX)

Au niveau élémentaire, la substitution de personnalité repose sur une ruse de l'esclave trompeur. Trois comédies de Plaute illustrent plus particulièrement ce mécanisme dramatique.

Le *Pseudolus*• est le type achevé de la comédie de la tromperie qui voit triompher l'esclave. Dans cette pièce les amours de Callidore et de Phénicie sont contrariées par le marchand de filles Ballion, à qui Phénicie appartient. La jeune fille a été vendue à un soldat macédonien qui a versé quinze mines d'arrhes mais qui a dû se rendre à Sicyone pour trouver les cinq mines manquantes. Le soldat doit envoyer à Ballion son valet Harpax avec la somme et l'empreinte de son cachet comme signe de reconnaissance (le portrait du soldat gravé dans la cire). Pour arracher Phénicie à Ballion, l'esclave de Callidore, Pseudolus, se fait passer pour le serviteur de Ballion devant Harpax qui est de retour et il obtient ainsi la remise de la lettre avec le signe de reconnaissance. Pseudolus poursuit sa machination : il envoie à Ballion un esclave inconnu de ce dernier, nommé Simia (Le Singe !), déguisé en valet de soldat. Simia prend possession de la fille (les cinq mines ont été prêtées par un ami complaisant de Callidore). Lorsque le véritable Harpax arrive devant le marchand de filles, il lui est bien difficile de prouver sa véritable identité. Ballion comprend alors qu'il a été berné par Pseudolus : il doit rembourser les quinze mines

• *Nom d'un esclave signifiant en fait « imposteur ».*

du soldat et, de plus, verser vingt mines au père de Callidore, Simon, avec qui il avait parié qu'il ne serait pas victime de la machination et ne tomberait pas dans le piège.

Dans le *Curculio*, le meneur de jeu n'est pas un esclave mais un parasite à qui sa gourmandise a valu le surnom de Charançon. Ici l'escroquerie va se doubler d'une scène de reconnaissance. Le jeune homme amoureux, Phédrome, a envoyé son parasite en Carie où il doit se procurer l'argent nécessaire à l'achat de la jeune Planésie, qui est entre les mains du *leno* Cappadox. Au cours de son voyage, Charançon a l'occasion de voler l'anneau d'un soldat qui doit permettre l'obtention d'une somme d'argent de la part de Lycon et la remise de la jeune fille. La possession de l'anneau permet effectivement à Phédrome d'obtenir la liberté de Planésie. Mais lorsque le soldat, une espèce de matamore du nom de Thérapontigonus arrive à son tour, il menace de traîner en justice ceux qui l'ont trompé. À la suite de cette péripétie, un ultime rebondissement donne à la pièce son issue heureuse : le soldat découvre que Planésie est sa propre sœur. Phédrome et Planésie pourront se marier. On trouve donc, dans la trame de cette pièce, à la fois l'usurpation d'une identité dans le montage de la ruse et la reconnaissance d'une véritable identité.

Dans le *Persa*, l'esclave Toxile obtient d'un de ses amis une somme d'argent nécessaire à l'achat de la jeune fille aimée Lemnisélénis, qui est esclave de Dordale, mais il faut quand même rembourser la somme. Il fait alors passer pour une captive arabe la fille d'un de ses amis, le parasite Saturion et il la vend au *leno*, qui se laisse prendre. Le père de la jeune fille traîne le *leno* au tribunal et le fait condamner•.

• *Le* Pseudolus, *le* Curculio *et le* Persa *illustrent tous le triomphe de l'esclave rusé au service de la bonne cause.*

LA GÉMELLITÉ

Exploitant le thème de la parfaite gemellité, *Les Ménechmes* constituent par excellence la comédie des doubles : cette pièce met en scène deux jumeaux d'une parfaite ressemblance et multiplie les imbroglios et les quiproquos. C'est à ce titre qu'elle sera imitée par Shakespeare dans sa *Comédie des erreurs*. De nombreuses pièces ont pour titre *Les Jumeaux* (*Didymoi*) : on peut citer les œuvres d'Antiphane, Anaxandridès, Alexis et Ménandre. Le modèle en fut peut-être une pièce composée par Poseidippos (*Les Semblables*) au IIIe siècle, lors de son passage à la cour du roi Hiéron II de Syracuse, qui pourrait avoir été montée par Plaute vers 206 av. J.-C. L'argument repose sur la séparation initiale de deux jumeaux, dont l'un veut à tout prix retrouver l'autre. Le premier (Ménechme I) a été enlevé et volé à ses parents (alors que son père l'avait emmené avec lui à la foire de Tarente) et vit à Épidamne où il s'est marié ; le second (Ménechme II) est resté dans sa famille à Syracuse et a reçu le nom de son frère disparu : l'identité et la ressemblance sont donc parfaites. Parvenu à l'âge adulte, Ménechme II est parti avec son esclave Messénion à la recherche de son frère et il est arrivé, après avoir parcouru les mers, à Épidamne où la ressemblance entre les deux jumeaux qui s'ignorent et ne se sont pas rencontrés va donner lieu à une série de méprises. Ménechme I mène en effet une vie légère et quelque peu dissolue : amoureux d'une courtisane, il a volé à sa femme légitime bijoux et parure (une mante) pour en faire cadeau à sa maîtresse. L'arrivée de son « Sosie » dans la même ville va compliquer la situation. Plaute va mettre en présence du nouveau venu toutes les personnes qui ont un lien avec l'autre : sa femme, son beau-père et sa maîtresse ; inversement, le jumeau d'Épidamne va se trouver en présence de ceux qui accompagnent le jumeau de Syracuse. Ménechme II ne songe pourtant nullement à usurper l'identité de Ménechme I, lequel est aussi débauché que Ménechme II est vertueux. Mais celui-ci est décidé à tirer parti de la situation en présence d'Érotie, la courtisane aimée de son frère.

Surprise, son honnêteté fait place pourtant, dès le vers 417, à un nouveau comportement. [...] Suivant Érotie chez elle, il décide d'être prédateur et corsaire de ce navire corsaire qui le guette et l'entraîne. À son insu, il vole l'identité de son frère, double qui se dédouble et devient, comme le Jupiter d'*Amphitryon*, mais involontairement, un perturbateur masqué de l'ordre établi dans la vie quotidienne des gens qui lui sont pure énigme. Nullement blâmable, mais sympathique aux yeux du public, il utilise sa ruse, ainsi qu'Ulysse, comme unique moyen de défense d'un faible contre un environnement mystérieux et menaçant, et devient un justicier objectif des corrompus et des méchants. [...] Moralement différencié de son frère, il tend, involontairement, à châtier ce dernier, voire, en lui faisant payer ses fautes, à le laver de toute corruption [1].

---

1. Cl. Pansiéri, *Plaute et Rome ou les ambiguïtés d'un marginal*, *op. cit.*, p. 492-493.

La scène de reconnaissance entre les deux jumeaux évoque irrésistiblement le face à face entre Mercure et Sosie.

Messénion (*apercevant Ménechme I*). – Ô dieux immortels ! Que vois-je ?
Ménechme II (*le regardant sans comprendre*). – Que vois-tu ?
Messénion. – Ton image, reflétée dans un miroir.
Ménechme II. – Que veux-tu dire ?
Messénion. – C'est tout ton portrait : la ressemblance est aussi parfaite que possible.
Ménechme II (*examinant Ménechme I*). – Par Pollux, il y a vraiment une ressemblance, quand je considère mes propres traits...
Ménechme I (*à Messénion*). – Salut, jeune homme, toi qui m'as sauvé la vie, qui que tu sois.
Messénion. – Jeune homme, de grâce, par Hercule, dis-moi ton nom, si tu veux bien.
Ménechme I. – Par Pollux, après le service que tu m'as rendu, je ne saurais te refuser ce que tu réclames. Mon nom est Ménechme.
Ménechme II. – Mais, par Pollux, c'est moi Ménechme.
Ménechme I. – Je suis sicilien, né à Syracuse.
Ménechme II. – Mais c'est mon pays et ma patrie.
Ménechme I. – Que me dis-tu là ?
Ménechme II. – L'exacte vérité.
Messénion (*montrant Ménechme I*). – Je reconnais celui-ci : c'est mon maître. Moi, je suis son esclave, alors que je croyais l'être de celui-là (*Il montre son véritable maître.*) (*À Ménechme I.*) Je l'ai pris pour toi et je lui ai créé pas mal de soucis (*À Ménechme II.*) Je te prie de m'excuser, si j'ai, sans le savoir, laissé échapper quelque sottise.
Ménechme II. – Tu m'as tout l'air d'être fou. Tu ne te rappelles donc pas qu'aujourd'hui nous avons débarqué ensemble ?
Messénion. – Mais oui, c'est exact. C'est toi qui es mon maître. (*À Ménechme I.*) Cherche-toi un esclave. (*À Ménechme II*). Bonjour,

maître. (À *Ménechme I.*) Et toi, adieu ! (*Il rejoint son maître.*) Voici Ménechme, je l'affirme.

Ménechme I. – Et moi, je dis que c'est moi.

Ménechme II. – Qu'est-ce que c'est que cette comédie ? Toi, tu es Ménechme ?

Ménechme I. – J'affirme que je suis Ménechme, fils de Modius.

Ménechme II. – Toi, tu es le fils de mon père ?

Ménechme I. – Dis plutôt, jeune homme, que je suis le fils du mien. Le tien, je ne veux ni le prendre ni te l'arracher.

Messénion. – Dieux immortels, accordez-moi l'espérance inespérée que je commence à entrevoir. Si je ne m'abuse, ce sont là les deux frères jumeaux : les noms de la patrie et du père qu'ils mentionnent sont les mêmes. Je vais prendre mon maître à part. Ménechme !

Ménechme I et II. – Que veux-tu ?

Messénion. – Je ne vous veux pas tous les deux en même temps. Mais lequel de vous deux a débarqué avec moi ?

Ménechme I. – Ce n'est pas moi.

Ménechme II. – C'est moi.

Messénion. – C'est donc à toi que je veux parler. Viens à l'écart avec moi.

Ménechme. – Voilà qui est fait. Qu'y a-t-il ?

Messénion. – L'homme qui est là-bas est ou un sacripant ou ton frère jumeau, car je n'ai jamais vu plus grande ressemblance entre deux individus. Une goutte d'eau, tu peux m'en croire, ne ressemble pas plus à une goutte d'eau, une goutte de lait à une goutte de lait, que vous ne vous ressemblez l'un à l'autre. Et puis, il dit qu'il a même patrie, même père. Le mieux est d'aller le trouver et de lui poser la question.

Ménechme II. – Par Hercule, ton conseil est bon et je t'en remercie. Continue à m'apporter ton aide, de grâce, par Hercule, tu seras libre si tu découvres que cet homme est mon frère [1].

---

1. Traduction Ch. Guittard.

La reconnaissance a donc lieu grâce à l'entremise de Messénion : les deux frères s'embrassent et Ménechme de Syracuse, qui doit en réalité s'appeler Sosiclès, accorde la liberté à Messénion. Les deux frères décident de plus d'aller vivre ensemble en Sicile : Ménechme I met donc en vente tous ses biens. On procédera même à l'adjudication de la femme, si elle trouve un acquéreur !•

Il existe une autre forme de gémellité, moins parfaite que celle des *Ménechmes*. La comédie du *Soldat fanfaron* met ainsi en scène ce que l'on pourrait appeler la gémellité fictive. Le jeune homme amoureux, Pleusiclès, s'est rendu à Éphèse où Philocomasie est retenue chez un soldat après avoir été enlevée à Athènes. Il loge chez un hôte, Périplectomène, dans une maison voisine de celle où est enfermée la belle. Grâce à un passage aménagé entre les deux maisons, les deux amants peuvent se rencontrer en cachette. Mais Scélédrus, l'esclave de Pyrgopolinice, s'en aperçoit et veut tout révéler à son maître. Alors Palestrion, un autre esclave, lui fait croire qu'il est victime d'une illusion et invente le personnage de la sœur jumelle de Philocomasie, qui serait arrivée avec son amant à Éphèse et logerait chez le voisin. Scélédrus montre une certaine incrédulité et doit avouer que les apparences sont trompeuses. Le personnage de la sœur imaginaire se trouve créé et on lui donne le nom de Dircée. On nous annonce qu'il y aura une rencontre entre le soldat et cette Dircée, qui ne sera évidemment autre que Philocomasie déguisée.

Au début de l'acte II (v. 140-153), dans un long monologue, Palestrion expose sa ruse :

• *Le thème de la gémellité a suscité de nombreuses imitations. Parmi les plus célèbres imitateurs de Plaute, outre Shakespeare déjà mentionné avec* La Comédie des erreurs, *il faut citer* Regnard *avec* Les Ménechmes, *Goldoni avec* I due gemelli veneziani, *Tristan Bernard* (Les Jumeaux de Brighton) *et même Sacha Guitry* (Mon double et ma moitié).

Le soldat a donné à sa maîtresse une chambre fermée à clef où personne d'autre qu'elle n'a le droit de pénétrer ; moi, dans cette chambre, j'ai percé la muraille, afin que la belle puisse passer secrètement de cette maison dans celle-ci. Et je l'ai fait avec la complicité du vieillard ; c'est lui qui m'en a donné l'idée. Celui qui est esclave avec moi est un individu de peu de prix, que le soldat a préposé à la garde de sa maîtresse. Par nos inventions astucieuses et nos ruses savantes, nous lui mettrons une taie sur les yeux et nous nous emploierons à ce qu'il n'ait pas vu ce qu'il aura vu. Et pour que, tout à l'heure, vous ne soyez pas victimes d'une méprise, la dame va jouer un double personnage de ce côté-ci (il montre la maison du soldat) et de ce côté-là (il indique la maison du vieillard, Périplectomène, ami de Pleusiclès). Ce sera toujours la même femme mais elle se fera passer pour une autre. Ainsi nous barbouillerons la face au gardien de la dame [1].

Plus loin, dans la scène 6 (v. 551-552) du deuxième acte, Scélédrus exprime son désarroi quand il croit voir double :

Scélédrus (*sortant de la maison de Périplectomène*). – Ô dieux immortels, une femme plus ressemblante, plus semblable, sans que ce soit la même, je ne crois pas que les dieux eux-mêmes puissent la faire !
Périplectomène. – Eh bien, à présent ?
Scélédrus. – C'est elle et, cependant, ce n'est pas elle.
Périplectomène. – As-tu vu la femme qui est chez toi ?
Scélédrus. – J'ai vu cette femme et ton hôte, dans les bras l'un de l'autre, en train de s'embrasser.
Périplectomène. – Tu veux en avoir le cœur net ?
Scélédrus. – Je le souhaite vivement.

---

1. Traduction Ch. Guittard.

Périplectomène. – Alors retourne tout de suite chez ton maître. Regarde si la femme est à la maison.

Scélédrus rentre chez le soldat et constate la présence de Philocomasie, qui est passée d'une maison dans l'autre.
Périplectomène est triomphant ; Scélédrus revient tout penaud, demande pardon, reconnaît qu'il mérite une punition. Mais comment ne pas se tromper : « deux gouttes d'eau tirées du même puits ne peuvent se ressembler davantage que ces deux femmes, celle qui habite chez nous et celle qui habite chez toi [1] ! »

LES AUTRES FORMES DE DÉDOUBLEMENT

Une forme de dédoublement est celui des personnages de haut rang (dieux, rois, généraux, ingénus...) par des personnages subalternes qui en offrent une sorte de caricature, ce que Claude Pansiéri appelle « le dédoublement comique des grands par leurs subalternes bouffons ». À cet égard, la transformation de Mercure en Sosie permet à l'action d'*Amphitryon* de rester dans le domaine comique sans verser dans la tragédie. Le couple des maîtres se trouve ainsi parfois doublé par le couple servile : dans le *Rudens*, le couple Palestra-Pleusidippe est reproduit sur le plan servile par le couple subalterne Trachalion-Ampélisque ; la liberté est plus grande entre ceux qui sont compagnons d'esclavage (*conserui*) et un esclave comme Scéparnion peut même se laisser aller à des privautés, voire à des « palpations obscènes » (v. 419-432) avec Ampélisque et non avec

---

1. Traduction Ch. Guittard.

Palestra dont le dénouement révèlera la véritable condition (elle est fille de Démonès et donc libre). Dans le *Pœnulus*, Milphion singe tout au long des deux premières scènes les émois amoureux de son maître Agorastoclès et il va jusqu'à adresser à Adelphasie « des mots doux » qui seraient déplacés dans la bouche du maître. Le festin des esclaves qui termine le *Stichus* contrebalance sur le plan burlesque les retrouvailles guindées et dignes des maîtres et de leurs épouses.

Les Captifs (pièce composée vers 190 av. J.-C.) reposent sur une ruse consistant en un échange d'identité ou sur une inversion des rôles. Claude Pansiéri y voit un dédoublement par réhabilitation d'un personnage déchu.

Au cours d'une guerre opposant les Étoliens et les Éléens (le territoire de ces derniers se trouve dans le Péloponnèse, loin de l'Étolie), un jeune homme, Philocrate, et son valet d'armée, Tyndare, ont été faits prisonniers. Un vieillard étolien du nom d'Hégion les a rachetés et devient leur maître ; or ce vieillard avait autrefois deux fils dont l'un a été enlevé par un esclave à l'âge de quatre ans et dont l'autre vient d'être fait prisonnier par les Éléens dans le conflit actuel. Hégion espère bien trouver une « monnaie d'échange » avec ses deux prisonniers. Mais ceux-ci imaginent une ruse consistant à échanger leur personnalité : Philocrate se fera passer pour l'esclave et Tyndare jouera le rôle du maître. Grâce à cette substitution, le maître, devenu esclave, jouira paradoxalement d'une plus grande liberté d'action. Le plan réussit à merveille puisque c'est Philocrate qu'Hégion envoie en Élide pour négocier le rachat de son propre fils. Mais l'arrivée d'un autre prisonnier d'Hégion, Aristophonte, vient compliquer le bon déroulement du plan.

Aristophonte est en effet un ami de Philocrate et lorsqu'il est confronté à Tyndare, le faux Philocrate, la supercherie est révélée et provoque la colère d'Hégion qui, furieux d'avoir été berné, condamne l'esclave aux travaux forcés dans une carrière de pierre. De son côté, le vrai Philocrate s'acquitte parfaitement de sa mission et ramène au vieil Hégion son fils Philopolème. C'est alors qu'intervient une péripétie : un navire de guerre ramène l'esclave fugitif Stalagme qui a autrefois enlevé le fils d'Hégion et qui révèle que Tyndare est le propre fils du vieillard. Stalagme ira donc prendre la place de Tyndare aux travaux forcés, Hégion reconnaît Tyndare comme son fils et tout se termine dans la joie des retrouvailles.

Les Captifs sont une illustration du jeu théâtral à l'intérieur du théâtre, comme le montre avec finesse Jean-Christian Dumont :

Chacun des deux acteurs joue d'abord seul, le nouveau maître voulant d'abord interroger séparément chacune de ses nouvelles acquisitions. Philocrate se produit d'abord dans son rôle d'esclave. Comme plus d'une fois chez Plaute, à des moments de théâtre dans le théâtre, l'un des acteurs, laissé momentanément de côté, se mue en spectateur et commente en *a parte*, c'est-à-dire pour les autres spectateurs, le jeu de ses camarades. Tyndare approuve l'interprétation de Philocrate et en donne deux raisons. Premièrement, *facete orationem ad servitutem contulit* (v. 277), « il a intelligemment adapté sa façon de parler à sa condition d'esclave ». Les catégories sociales ou les divers types théâtraux se caractérisent donc, entre autres, par leur mode d'expression et le poète comique doit faire parler à ses personnages un langage différencié. Ici, le prétendu esclave a su, pour la forme, donner à l'une de ses réponses un ton à la fois gauche et sentencieux et, pour le contenu, exprimer devant son nouveau maître un conformisme de bon aloi qui le fera apparaître comme un *servus frugi* un « bon » esclave. Deuxièmement, Philocrate « ne se contente pas d'être menteur, maintenant, il philosophe aussi », *philosophatur quoque iam non mendax modo est* (v. 284). Le trait philosophique revenait à dire que, étant donné le caractère mortel des êtres humains, on ne peut jamais affirmer si celui que l'on a quitté vivant l'est toujours au moment où l'on parle. Il devait bien arriver aux esclaves réels d'être parfois menteurs, sentencieux et philosopheurs, mais les esclaves de comédie le sont toujours, telle est leur caractéristique. La tromperie de Philocrate tire son efficacité de ce qu'il reproduit le type comique : il s'agit bien du théâtre.

Par la suite, quand ce sera son tour, Tyndare saura se montrer grave et digne, comme il sied à un homme de bonne naissance dans une telle situation, avec la pointe de morgue et de condescendance vis-à-vis des esclaves qui caractérise l'ingénu. Quand les deux hommes joueront en duo, ils poursuivront sans faute leur interprétation. Quelques tirades à double sens, comiques ou cruelles, seront assez habiles pour permettre à Tyndare et à Philocrate d'échanger des recommandations et, en même temps, de donner le change à Hégion ; elles font aussi éprouver aux spectateurs la nécessité de lectures plurielles [1].

Quand arrive Aristophonte, Tyndare craint à juste titre d'être « démasqué » : il éprouve alors véritablement le trac de l'acteur au moment de la représentation. Il se lance dans un long monologue qui parodie un peu

---

1. J.-Ch. Dumont, *Les Captifs : théâtre et initiation*, dans Actes du XXIVe Congrès de l'Association des Professeur de Langues anciennes de l'Enseignement supérieur, Tours, 1991, p. 63-64.

les tirades de la tragédie dans lesquelles le héros exprime son angoisse : les termes qu'il emploie pour se définir et définir sa conduite, mensonges, escroqueries, feintes, méfaits, audace, rires, artifices (v. 520-524), renvoient tous au type comique de l'esclave rusé (*servus callidus*)•.

En présence d'Aristophonte, qu'il veut faire passer pour un fou, ce qui provoque d'ailleurs effectivement un accès de fureur, Tyndare continue son jeu :

Par signes, Tyndare, acteur et metteur en scène, donne des indications didascaliques à son partenaire, mais l'autre ne sait pas qu'il s'agit d'une comédie, ne sait pas qu'il est acteur et refuse le rôle. Il demande *Quid mi abnutas ?* « Qu'as-tu à me faire des signes ? » (v. 612) et rompt ainsi l'illusion comique. C'est la catastrophe, Hégion est dessillé progressivement. L'intrigue comique utilisée comme métaphore de l'activité théâtrale rend alors compte de cette expérience douloureuse dans la vie d'un homme de théâtre que peut être l'échec, le ratage, le four [1].

Il existe encore d'autres formes de dédoublement. Ainsi le *servus callidus* se dédouble entre son moi subi et son moi rêvé, imaginant qu'il est un autre et abandonnant les tristes oripeaux de sa servitude pour se revêtir d'habits plus éclatants. Claude Pansiéri [2] a noté que le titre d'*imperator*, l'un des plus glorieux dans la société romaine, revient seize fois dans les comédies de Plaute dans un contexte dévalorisant et parodique••.

Le thème du double est au cœur même de la création théâtrale : il illustre la situation

• « *Plaute a voulu marquer par des indices nets qu'il s'agissait bien de théâtre dans le théâtre. Tyndare cherche à être ce qu'il n'est pas, c'est-à-dire à jouer la comédie ; il fait appel au répertoire ; il essaie désespérément d'entrer dans un rôle.* » (J.-Ch. Dumont)

•• *Des esclaves fourbes comme Léonide dans* l'Asinaria *(v. 656) et Chrysale dans* Les Bacchis *(v. 759) sont gratifiés du titre d'*imperator, *le premier par Argyrippe, le second par Pistoclère. Dans le* Miles gloriosus *la courtisane Acrotéleutie se met au garde-à-vous devant le général-esclave Palestrion, prête à exécuter ses ordres (v. 1160).*

---

1. J.-Ch. Dumont, *Les Captifs, op. cit.*, p. 65.
2. Cl. Pansiéri, *Plaute et Rome, op. cit.*, p. 312-313. Le terme apparaît trois fois de *Amphitryon* (v. 223, 229 et 504, ici avec l'adjectif *summus*), avec une pointe de suffisance grotesque.

• « *Nous avons bu à la coupe de Circé. L'un de ces deux hommes est le fantôme de l'autre, mais lequel est l'être naturel ? Lequel est le fantôme ? Et qui pourrait les distinguer ?* » (Shakespeare, La Comédie des erreurs, V, 1, cité par F. Dupont)

du dramaturge qui invente ses personnages et celle de l'acteur qui se met dans la peau du personnage qu'il doit incarner. L'aptitude à se transformer est présentée par Mercure comme un des traits essentiels du pouvoir de Jupiter, exprimé par l'adjectif *versipellis*. Le dramaturge est un démiurge et l'acteur une sorte de Protée•. Ce jeu contradictoire du double est aussi celui de l'achevé et de l'inachevé, du parfait et de l'imparfait et André Arcellaschi a retrouvé dans cette problématique l'empreinte, très probable, du pythagorisme. La recherche du double, la dualité de la nature de tout être, la quête inlassable de la vérité est une préoccupation permanente du théâtre plautinien. L'*Amphitryon* consacre le triomphe du double :

C'est ainsi que l'on voit la perfection de Jupiter en face de l'imperfection d'Amphitryon, et de même l'opposition d'Héraclès et d'Iphiclès. L'idée qui a donné naissance à l'invention du personnage de Sosie est issue de cette même conception pythagoricienne : il fallait un double, en regard du personnage de Mercure. On observera encore que la réalité elle-même est soumise à ce jeu du dédoublement. La coupe du roi Ptérélas, seul détail concret qui puisse garantir l'unicité spécifique des choses et des êtres, bascule elle aussi dans l'incertitude. Ce qui devait être une preuve de la réalité simple atteste au contraire l'existence d'une réalité parallèle, qui n'est sensible qu'aux seuls initiés. Tel est le sens de la démarche d'Amphitryon et telle est la leçon de la pièce [1].

---

1. A. Arcellaschi, « *Amphitryon 187* ou : influences pythagoriciennes sur l'*Amphitryon* de Plaute », dans *Revue des Études latines*, n° 60, 1982, p. 137.

5 — *Amphitryon 2000*

Dans la tradition légendaire relative à Amphitryon, Plaute marque, au début du IIᵉ siècle avant J.-C., une étape importante. Comme toutes les grandes compositions dramatiques de l'Antiquité, l'*Amphitryon* de Plaute a inspiré à son tour de nombreux dramaturges et la plupart des grands poètes ont trouvé chez le Sarsinate une source d'inspiration, dans la mesure où le théâtre exploite le thème du double et du quiproquo. Les adaptations oscillent toujours quelque peu entre la farce et la comédie légère ou plus ou moins grave. Lorsque Jean Giraudoux porta à la scène, en 1929, son *Amphitryon,* il lui attribua une *sorte de matricule* lui assignant une place dans une longue série [1] (et qui ne correspond pas, comme on le croit souvent, à l'année de création). En fait, le nombre des œuvres qui sont fondées sur la pièce plautinienne est bien supérieur à ce que pouvait imaginer le dramaturge français : il suffit de se référer aux plus récentes études exhaustives sur la question pour constater que le chiffre d'une cinquantaine pourrait être facilement dépassé.

---

1. L. R. Shero, « Alcmena and Amphitryon in Ancient and Modern Drama », *Transactions and Proceedings of the American Philological Association*, 87, 1956, p. 192-238 ; J. H. Mantinband et C. E. Passage, *Amphitryon : Three Plays in New Verse Translation (Plaute, Molière, Kleist),* Université de Caroline du Nord, Chapel Hill, 1974 ; voir aussi C. v. Reinhardstoettner, *Die Plautinischen Lustspiele in Spätere Bearbeitungen, I, Amphitryon*, Leipzig, Friedrich 1880 ; H. Jacobi, *Amphitryon in Frankreich und Deutschland : ein Beitrag zur vergleichenden Literaturgeschichte,* Juris Verlag, Zurich, 1952.

La marque du génie plautinien se retrouve dans toutes les adaptations, même celles qui prennent les plus grandes libertés avec le texte. Chaque adaptation reflète évidemment les règles de son époque et les goûts théâtraux de la société contemporaine. Une place particulière doit être accordée, dans cette tradition, aux adaptations françaises de Rotrou et de Molière qui ont en quelque sorte donné une seconde vie à la pièce et qui ont assuré la transition entre les temps anciens et les temps modernes où la pièce plautinienne a poursuivi son étonnante carrière.

Sous l'Empire, après les tragédies de Sénèque, le théâtre latin a connu une forme de décadence littéraire et la plupart des grandes pièces du répertoire ne connurent guère de représentations, le public préférant des formes plus populaires de théâtre. Toutefois le témoignage d'Arnobe (*Contre les païens* IV, 35 et VII, 53), à la fin du Ier et au début du IIe siècle de notre ère, tendrait à montrer que l'intérêt pour l'*Amphitryon* de Plaute n'a pas décru à Rome au Bas-Empire. C'est peut-être par des adaptations tardives du répertoire plautinien que le Moyen Âge accédera à la connaissance des grands types comiques et c'est à ce moment-là qu'apparaîtra un nouveau type, l'esclave-vaurien (*servus nequam*), sous le nom de Géta•.

• *Térence avait déjà utilisé ce nom pour l'esclave dans* Les Adelphes *et* Phormion.

Au Moyen Âge, le registre plautinien est surtout représenté par Vital de Blois (XIIe siècle), qui a donné des versions en vers élégiaques de l'*Aulularia* et d'*Amphitryon*[1] sous forme de poèmes drama-

---

1. *La « Comédie » latine en France au* XIIe *siècle*, publié sous la direction de Gustave Cohen, Paris, 1931, t. I, p. 3-106.

tiques. Son adaptation de la célèbre *Comédie de la marmite* ne s'inspire pas en fait de la pièce de Plaute qui a immortalisé le personnage du vieil avare Euclion, mais de la version tardive, foncièrement différente, qui en a été donnée au IVe ou au Ve siècle et qui porte le nom du fils d'Euclion, *Querolus* (le Grincheux). Quelques années auparavant (vers 1140-1150), Vital de Blois avait composé un poème dramatique de 530 distiques élégiaques sur le thème d'*Amphitryon* ; là encore, il a dû s'inspirer d'une version tardive du Bas-Empire car les liens avec le sujet plautinien apparaissent très lâches : il n'en conserve que le cadre : Amphitryon n'est plus un général victorieux mais un clerc vieillissant qui est allé étudier la philosophie à Athènes. Jupiter, secondé par Archas (qui représente Mercure), profite de son absence pour coucher avec Alcmène. Géta tient le rôle de Sosie : c'est un grotesque valet-philosophe qui s'affronte à un autre lourdaud, esclave d'Alcmène, Birria. La mésaventure conjugale est reléguée au second plan ; le vrai sujet est la mystification de Sosie-Géta par Mercure-Archas. Le nom d'Hercule n'est jamais prononcé. Le poème est une satire contre les abus des faux raisonnements philosophiques, la scolastique, les syllogismes (le thème de l'identité se prête admirablement à ce genre de subtilités) :

Je ne vois pas comment celui qui était un peut devenir deux. Tout ce qui est, est un, mais moi qui parle, je ne suis pas un. Donc, Géta n'est rien et cependant il ne peut pas ne rien être. J'étais un quand j'ai fait tonner ma voix devant la porte fermée mais l'autre m'a fait répondre par moi-même. Me suis-je répondu à moi-même ? Est-ce ma voix, rapportée par l'écho, comme cela se produit habituellement dans les forêts, que m'a renvoyé la maison [1] ?

Le poème de Vital connut un immense succès dont témoignent les nombreuses versions manuscrites ; dès la fin du XIIe siècle, les florilèges et les recueils de proverbes y puisent de nombreuses allusions et citations. Vers 1420, Eustache Deschamps en a fait une libre traduction en 1106 octosyllabes sous forme de poème dialogué, *Le traité de Géta et d'Amphitryon*. Une adaptation italienne en vers du poème de Vital fut longtemps attribuée à Boccace (elle compte plus de deux mille vers) : elle est en fait de Ghigo Brunelleschi et Domenico da Prato.

Au XVe siècle un premier *corpus* regroupant les vingt comédies reconnues de Plaute put être établi à Rome dès 1427 et suscita un grand engouement des latinistes pour le comique latin. L'humaniste Hermolaüs Barbarus (1454-1494) a donné une édition de Plaute où il comblait la lacune intervenant à l'acte IV. En 1487 paraît en Italie à l'occasion des fêtes célébrées au mois de janvier à la cour de Ferrare (par le duc Ercole Primo, précisément, Hercule Ier) la première traduction italienne par Pandolfo Collenuccio. En 1545 un auteur vénitien, Ludovico Dolce, écrit une adaptation de la pièce, sous le titre *Il Marito* (*Le Mari*), en supprimant tout élément surnaturel et tout merveilleux. Le XVIe siècle voit paraître des adaptations en Espagne : Fernan Perez de Oliva, recteur de l'Université de Salamanque, donne vers 1525 *El Nascimiento de Hércules ó Comedia de Amphitrión* ; en 1559, Juan de

---

1. (v. 277-284), traduction Ch. Guittard.

Timoneda présente un *Amphitrion* en dix scènes précédées d'un prologue en forme de pastorale incluant des *canciones*. Le grand poète Camoens, à peine âgé d'une vingtaine d'années, compose entre 1544 et 1549 une adaptation, *Os Amphitriões* (ou, d'après les éditions de 1587 et 1615 : *Os Enfatriões*), qui fut représentée à l'Université de Coimbra ainsi qu'à Lisbonne ; elle est écrite dans le vers national portugais de huit syllabes *redondilhas* et comprend des intermèdes lyriques et chantés dans les scènes d'ouverture.

En Angleterre, la pièce de Shakespeare *La Comédie des erreurs* (1591) s'inspire essentiellement des *Ménechmes* de Plaute, l'autre pièce qui exploite les quiproquos fondés sur la ressemblance totale, en l'occurrence celle des jumeaux (voir le chapitre 4 du dossier) ; on y relève quelques emprunts à *Amphitryon* (par exemple la scène où le maître se voit interdire l'accès à sa maison). Quatre années plus tard, en 1595, Martin Slaughter a donné une pièce de titre incertain en deux parties, consacrée à Hercule, dont la première devait évoquer les personnages d'Alcmène et d'Amphitryon : la pièce n'a pas été imprimée et l'on n'en sait pas plus. Dans un grand ensemble dramatique consacré aux quatre âges de l'humanité (l'âge d'or, l'âge d'argent, l'âge de bronze, l'âge de fer), Thomas Heywood, entre 1595 et 1605 (la pièce fut éditée en 1613), a traité des amours de Jupiter et d'Alcmène et de la naissance d'Hercule, incluant le thème dans la partie consacrée à l'âge d'argent• et s'offre comme une succession de scènes et de tableaux. Au début du XVIIᵉ siècle deux pièces anglaises sont présentées sans nom d'auteur identi-

• *Cet ensemble, sans grande unité, où Homère fait fonction de maître de cérémonies comprend un nombre invraisemblable de personnages (on y voit même des Centaures et les sept planètes).*

fiable : *La Naissance d'Hercule*, un peu avant 1610, et *Amphitryon*, joué par une troupe d'acteurs anglais au théâtre de Dresde le 4 juin 1626.

En Allemagne, en 1621, Burmeister donne une curieuse adaptation de Plaute, *Sacri Mater Virgo* où Alcmène et Amphitryon deviennent la Vierge Marie et Joseph, Jupiter étant le Saint-Esprit, et Hercule l'Enfant Jésus : la pièce s'achève sur une Nativité entourée d'un chœur d'anges ! Face à de telles adaptations, deux dramaturges français vont retourner à l'original et renouer avec la *vis comica* de Plaute.

LE THÉÂTRE CLASSIQUE

ROTROU

Rotrou, qui avait déjà imité Plaute dans *Les Ménechmes* en 1632, s'inspire directement encore du comique latin quand il produit, en 1636, *Les Sosies*, pièce qui fut jouée avec un grand succès jusqu'en 1650. Elle fut ensuite transformée en comédie-ballet et intitulée *La Naissance d'Hercule*, continuant sa carrière au théâtre du Marais, avec un luxe de spectacle et de machines. Le 23 février 1653 est jouée une pantomime, *La Comédie muette d'Amphitryon*, dans le cadre de ballets donnés pour célébrer des victoires de Louis XIV, sous la direction du poète Isaac de Benserade. Le sujet est donc à la mode. La pièce de Rotrou est en alexandrins, à l'exception du Prologue et de l'acte final. Le Prologue met en scène une Junon tenaillée par la jalousie et prête à tout pour contrecarrer les exploits du futur héros. L'acte I s'ouvre sur un monologue de Mercure demandant à la Lune de ralentir son cours et les trois premiers actes suivent assez fidèlement le canevas plautinien*. Au quatrième acte Mercure se tient à une fenêtre (non sur le toit ou une terrasse) et il n'est pas atteint de la moindre ébriété. Trois capitaines tiennent le rôle de Blépharon et ils interviennent quand Amphitryon veut provoquer en duel Jupiter pour venger son honneur. À l'acte V Rotrou montre un Sosie affamé, chassé de la cuisine par Mercure ; Amphitryon revient en force avec des soldats du roi : mais Jupiter intervient au milieu des éclairs et Amphitryon se soumet à sa volonté comme chez le comique latin.

* *Thessala, qui n'a qu'un rôle muet chez Plaute, joue un rôle comme confidente d'Alcmène sous le nom de Céphalie.*

MOLIÈRE

Amphitryon de Molière, créé en janvier 1668 au Palais-Royal, s'inscrit dans la continuité de la pièce de Rotrou : Molière avait eu l'occasion de jouer cette comédie en province et il la connaissait par cœur. Jusqu'ici Molière s'était surtout inspiré de Térence, imité dans *L'École des maris* (il retrouvera Térence dans *Les Fourberies de Scapin*). Déjà, dans *Le Sicilien* (1667), on trouve une tirade** qui annonce les propos de Sosie*** et qui est inspirée de Plaute (v. 166-175). C'est encore à Plaute et à l'*Aulularia* que Molière, la même année 1668, empruntera le sujet de *L'Avare*, Euclion fournissant le modèle d'Harpagon. Au milieu du XVIIe siècle, le sujet d'Amphitryon paraît à la mode et Molière désire rivaliser avec les comédiens du Marais, comme il l'a fait avec *Dom Juan* en 1665. Plaute et Rotrou ont donc été les sources d'inspiration essentielles pour Molière. De plus, en ce qui concerne la scène 6 de l'acte II, Molière s'inspire

** *« Sotte condition que celle d'un esclave ! » (I, 1)*
*** *« Sosie, à quelle servitude/Tes jours sont-ils assujettis ! » (I, 1, v. 166-177)*

d'une tragi-comédie antérieure, *Don Garcie de Navarre*, qui avait échoué en 1661 et dont il s'était déjà inspiré pour *Le Misanthrope*. Le choix d'un sujet mythologique est en tout cas pour Molière une innovation. Avec lui le vieux mythe latin est transformé en une comédie galante et tout ce qui concerne la naissance et les exploits d'Hercule se trouve supprimé. De plus, Molière crée le personnage de Cléanthis, suivante d'Alcmène et femme de Sosie, ainsi se trouve rétabli le parallélisme entre le couple des maîtres et le couple des valets, sans que les seconds soient le reflet exact des premiers : Mercure, sous les traits de Sosie, traite de manière plutôt cavalière la prude Cléanthis qui fait songer à l'Arsinoé du *Misanthrope* et à l'Armande des *Femmes savantes*, alors que Jupiter se montre d'une parfaite galanterie avec Alcmène : celle-ci, par sa tendresse et sa pudeur, fait songer à Agnès de *L'École des femmes* et à l'Elmire du *Tartuffe*. Molière a encore innové en ayant recours aux vers libres, aux rythmes irréguliers, avec une aisance et une variété qui peuvent être comparées à l'art de La Fontaine en la matière. La pièce soulève enfin un problème historique : l'auteur a-t-il voulu faire songer à la liaison entre Louis XIV et Madame de Montespan en élaborant l'aventure de Jupiter et d'Alcmène ? Il est difficile de trancher. En 1667, la liaison du roi avec Madame de Montespan n'est pas encore connue officiellement : Madame de La Vallière est toujours la seule maîtresse déclarée à la cour. Mais l'entourage du roi et les courtisans qui fréquentaient quotidiennement Versailles devaient être mieux informés des aventures galantes du roi.

Dans le Prologue, Mercure adresse une prière à la Nuit pour qu'elle favorise par sa longueur les amours de Jupiter et d'Alcmène. L'acte I repose, comme chez Plaute, sur la confrontation entre Mercure et Sosie. Le personnage de Cléanthis, femme de Sosie, introduit une différence par la confrontation entre Cléanthis et Mercure (sous les traits de Sosie), scène qui clôt l'acte premier. À l'acte II, Amphitryon refuse de croire l'histoire insensée du double que lui raconte Sosie jusqu'à ce que la surprise d'Alcmène devant son retour l'éclaire sur son infortune. Amphitryon va alors chercher des témoins pour confondre l'épouse infidèle. Sosie, de son côté, se rassure auprès de Cléanthis ; Jupiter vient se réconcilier avec Alcmène et envoie Sosie inviter à un repas les officiers de l'armée. Au début de l'acte III, Amphitryon est accueilli fraîchement par Sosie-Mercure qui l'accable de railleries. Sosie qui revient est sur le point de payer pour son double irrespectueux. Puis les deux Amphitryons se retrouvent face à face et les amis et les témoins sont incapables de prendre parti. Sosie est exclu du festin, tandis qu'Amphitryon part chercher des officiers en renfort. Au retour d'Amphitryon, Jupiter donne l'explication du mystère et de tous ces malentendus. Annoncé par le bruit du tonnerre, armé de sa foudre, placé dans un nuage sur son aigle (triomphe de la machinerie), il révèle la double imposture divine et se perd dans les nuages, au milieu des commentaires désinvoltes de Sosie. Molière, qui suit plutôt Rotrou que Plaute, n'a pas manqué d'insérer des détails nouveaux : pendant la bataille, Sosie déclare s'être régalé de deux tranches de jambon arrosées de vin pur (il se demande aussi, comme chez Plaute, si Mercure ne se trouvait pas au fond de la bouteille) ; la coupe de Ptérélas est remplacée chez Molière par un nœud de diamants (II, 2).

La scène de confrontation burlesque entre Mercure et Sosie montre combien sont profondes chez Molière les réminiscences plautiniennes, directes ou indirectes. On retrouve dans l'échange de répliques, sous la liberté de la versification propre à Molière, la *vis comica* plautinienne, en particulier les jeux de mots sur le désossement du visage et le tissage du manteau (Plaute, v. 316-320) :

MERCURE
Depuis plus d'une semaine,
Je n'ai trouvé personne à qui rompre les os ;
La vigueur de mon bras se perd dans le repos ;
    Et je cherche quelque dos,
    Pour me remettre en haleine [1].

La rencontre entre Mercure et Sosie se passe dans les mêmes termes :

MERCURE
Qui va là ?

SOSIE
    Moi.

MERCURE
Qui, moi ?

SOSIE
        Moi. (*à part*). Cou-
        [rage, Sosie.

MERCURE
Quel est ton sort, dis-moi ?

SOSIE
        D'être homme et de
        [parler.

---

1. Vers 293-297.

MERCURE

Es-tu maître ou valet ?

SOSIE

Comme il m'en prend
[envie.

MERCURE

Où s'adressent tes pas ?

SOSIE

Où j'ai dessein d'aller.

MERCURE

Ah ! ceci me déplaît.

SOSIE

J'en ai l'âme ravie [1].

DE MOLIÈRE À GIRAUDOUX

À la fin du XVIIe siècle, est présenté à l'hôtel de Condé un *Amphitryon*, de Pierre Beauchamps (1680) comprenant des ballets et des chants. Mais l'adaptation la plus célèbre de l'époque est celle du dramaturge, poète et essayiste anglais John Dryden (1631-1700). La pièce comprend des parties en vers et en prose, ainsi que des chants (au nombre de trois) dont la musique a été composée par H. Purcell (1690). John Dryden suit le canevas de Molière en introduisant quelques innovations : dans la scène d'ouverture se trouvent associés Mercure et Apollon, que vient rejoindre Jupiter. Alcmène a deux servantes, Phaedra et Bromie (femme de Sosie). À travers l'oncle d'Alcmène, Gripus (qui tient le rôle de Blépharon chez Plaute et de Naucratès chez Molière), Dryden a voulu faire la satire des juges corrompus de son temps.

---

1. Vers 309-313 ; cf. Plaute, vers 343.

Au XVIIIe siècle méritent d'être signalés deux opéras. Le premier est un opéra anglais, *Amphitryon*, sur un livret de Richard Rolt et une musique de Michael Arne et Jonathan Battishill, joué, sans grand succès, en 1764 ; le second est un opéra français, également intitulé *Amphitryon*, dont le livret était de Charles Sedaine et la musique de André Modeste Grétry ; il fut joué en 1786. Vers le milieu du siècle (environ 1740) José de Cañizarès a composé un vaste mélodrame musical en l'honneur du roi Philippe V d'Espagne et de sa seconde épouse Élisabeth ou Isabelle (Farnèse), *Amor es todo invencion : Jupiter y Amphitrion* : on y voyait de nombreuses divinités et personnifications, était aussi représentée la scène de bataille d'Amphitryon contre les Téléboens ainsi que le triomphe d'Amphitryon. La pièce de John Hawkesworth (1756), *Amphitryon or The Two Sosias*, est une simple adaptation révisée de la comédie de John Dryden. Le dramaturge portugais José da Silva (1705-1739) a fait représenter en 1736 à Lisbonne un *Amphitryao* ou *Jupiter e Alcmena* comportant des parties versifiées et chantées. L'auteur a mêlé Junon, Isis et le devin Tirésias à une intrigue fort compliquée dans la tradition espagnole, au cours de laquelle Amphitryon, par jalousie, et Tirésias, pour plaire à Junon (qui prétend être une princesse des ennemis Téléboens vaincus), sont arrêtés dans une tentative de meurtre contre Alcmène par Jupiter en personne et se retrouvent en prison, d'où ils seront délivrés par Junon et Isis. À la fin, Jupiter dans toute sa puissance fera tout rentrer dans l'ordre.

Le XIXe siècle a vu naître moins d'œuvres inspirées de Plaute que les siècles précédents. En dehors d'un opéra donné à Paris en 1875 sur une musique de Paul Jean Jacques Lacôme d'Estaleux et sur un livret de Beaumont et Nuitter, deux adaptations allemandes ont fait date dans l'histoire littéraire et méritent d'être retenues.

Le début du XIXe siècle est illustré par une adaptation allemande de Johann Daniel Falk, en 1804. Le nombre des personnages et des scènes y est multiplié avec une débordante prolixité, l'auteur voulant élargir la comédie latine au monde de Ménandre et de Philémon : Alcmène a déjà un fils, du nom d'Amyntichus (la pièce est étrangère à la naissance d'Hercule), et son père Électryon est présent dans la pièce ; on y trouve un soldat (Thraso), un cuisinier (Doriskus), deux parasites, des pêcheurs et des esclaves en nombre. L'épisode le plus curieux de cette vaste reconstitution est celui où Sosie, après avoir été enfermé dans un sac et jeté à l'eau, est repêché par un groupe de pêcheurs.

La pièce de Heinrich von Kleist, en 1807, se présente comme l'une des plus intéressantes adaptations de Molière et de Plaute. Elle s'ouvre comme chez Molière et Dryden sur un monologue de Sosie (Sosias). La coupe de Ptérélas (qui devient le roi Labdacos, référence œdipienne) est remplacée par une sorte de diadème qui forme une parure avec un joyau, un diamant : or le monogramme A qui orne le joyau se transforme sous les yeux d'Alcmène en J, ce qui provoque le désarroi de l'épouse. Le génie tourmenté de Kleist donne à la pièce une tonalité particulière. Kleist, dans ses œuvres, s'est beaucoup intéressé à la méprise et aux conséquences qu'elle pouvait engendrer. La première œuvre de Kleist conçue à Paris en 1801 (imprimée en 1803), *La Famille Schroffenstein,* est un drame noir, une tragédie de la défiance et du soupçon où l'homme est le jouet des faux-semblants et où l'on trouve un mélange de tragique et de grotesque. Dans la comédie *La Cruche cassée*, le juge se révèle être le coupable recherché ; dans le récit de *Marquise d'O.* (1810), l'officier russe, qui apparaît au début comme un ange, devient au fil de la pièce un démon, coupable d'un viol, père de l'enfant que porte la marquise. Les apparences trompeuses ont donc des conséquences dramatiques. Construite sur un sujet grec (Achille et les Amazones devant Troie), la tragédie de *Penthésilée* illustre le trouble des sentiments en montrant la reine des Amazones prise entre son devoir et sa passion, partagée entre l'amour et la haine, ne trouvant de refuge que dans la mort. Pour Kleist, le tragique naît d'une conscience troublée. En donnant à son *Amphitryon* un arrière-plan religieux, Kleist a conféré à la pièce inspirée de Molière une dimension nouvelle : Jupiter reproche à Alcmène de trop penser à son époux idéal quand elle s'adresse à lui à travers le rituel et c'est là peut-être la cause du désordre qui s'installe et de la colère de Jupiter. Kleist a fait d'Alcmène le personnage central de la pièce et lui a donné une dimension tragique. Alcmène est soumise à l'épreuve du doute, mais elle sait préserver la pureté et l'unité de son être et sort finalement grandie de son épreuve. L'élément léger de la comédie repose sur le trio Mercure-Sosias-Charis (épouse de Sosie) qui contrebalance la gravité des problèmes de conscience qui se posent à Alcmène. La pièce de Kleist nous plonge donc dans un univers très éloigné de la comédie de Plaute. L'atmosphère de la comédie plautinienne où des divinités de l'Olympe évoluent dans une sorte d'opérette se retrouverait plutôt, au milieu du XIXe siècle, dans certains livrets d'opéra bouffe et dans des œuvres d'Offenbach comme *Orphée aux Enfers* (1858 – Livret de Crémieux et Halévy) ou *La Belle Hélène* (1864 – Livret de Meilhac et Halévy).

Au XXe siècle, Giraudoux a su retrouver l'univers plautinien, évoluant dans un cadre féerique et merveilleux, sur un ton intermédiaire où l'héroïsme et la grandeur côtoient le comique. Comédie en trois actes, la pièce *Amphitryon 38* a été représentée pour la première fois à la Comédie des Champs-Élysées le 8 novembre 1929, sur une mise en scène de Louis Jouvet, qui tenait lui-même le rôle de Mercure (le rôle de Jupiter était tenu par Pierre Renoir et Michel Simon interprétait le Trompette). À plusieurs reprises, Giraudoux ira chercher son inspiration dans les grands mythes de l'Antiquité classique pour les replacer dans l'actualité contemporaine et retrouver une forme d'humanisme éternel•.

L'*Amphitryon* de Giraudoux comporte trois actes. Le premier acte voit la mise en œuvre de la machination (quiproquo et imbroglio) qui doit permettre au maître des dieux de satisfaire sa passion pour Alcmène. Mercure et Jupiter observent de l'extérieur le couple dans sa félicité ; la

• La guerre de Troie ' n'aura pas lieu, *en 1935, dénonce la fatalité de la guerre en pleine montée des périls : le titre même de la pièce traduit l'espoir face au sentiment tragique.* Électre, *jouée en 1937 dans l'angoisse de l'approche d'une guerre, pose le problème de la justice absolue dans le monde en reprenant le thème des Atrides.*

scène évoque la représentation du vase du peintre Asstéas où l'on voit Alcmène à sa fenêtre (voir le chapitre 1 du dossier). Pour parvenir à ses fins, Jupiter suscite une guerre entre Béotiens et Athéniens afin d'éloigner Amphitryon de son foyer. Giraudoux en profite pour exprimer son aversion pour la guerre et souligner la stupidité humaine. Puis le dramaturge nous fait assister à l'humanisation de Jupiter, sous les conseils de Mercure : le dieu a bien du mal à se transformer en humain, en mortel ; son caractère divin transparaît malgré tout.

Mercure (*à Jupiter*). – Voyons vos yeux... Trop brillants... Ils ne sont qu'un iris, sans cornée, pas de soupçon de glande lacrymale ; – peut-être allez-vous avoir à pleurer ; – et les regards, au lieu d'irradier des nerfs optiques, vous arrivent d'un foyer extérieur à vous, à travers votre crâne... Ne commandez pas au soleil vos regards humains. La lumière des yeux terrestres correspond exactement à l'obscurité complète dans notre ciel... (I, 5).

La métamorphose est laborieuse mais la ressemblance est réussie : Jupiter-Amphitryon feint de revenir de la ligne de bataille et obtient sa nuit d'amour avec la belle Alcmène.

L'acte II est celui du réveil, plutôt pénible : en tout cas, l'orgueil du maître des dieux va être mis à rude épreuve. Jupiter se voudrait un amant incomparable mais il ne peut faire reconnaître à son épouse d'emprunt le caractère exceptionnel de la nuit d'amour qu'ils ont connue ensemble. À travers son amant divin, Alcmène ne cesse d'aimer son mari humain et les propos tenus par l'épouse sont plutôt humiliants pour le maître de l'univers : elle lui parle de l'imperfection du monde et va même jusqu'à refuser l'immortalité et la condition divine• ; tout ce qu'elle veut c'est être une épouse parfaite, le modèle même de la femme sur terre. À quoi bon être immortel !

Alcmène. – Je n'ai pas à nourrir de reconnaissance spéciale à Jupiter sous prétexte qu'il a créé quatre éléments au lieu de vingt qu'il nous faudrait, puisque de toute éternité c'était son rôle, tandis que mon cœur peut déborder de gratitude envers Amphitryon, mon cher mari, qui a trouvé le moyen, entre ses batailles, de créer un système de poulies pour fenêtres et d'inventer une nouvelle greffe pour les vergers. Tu as modifié pour moi le goût d'une cerise, le calibre d'un rayon : c'est toi, mon créateur. Qu'as-tu à me regarder, de cet œil ? Les compliments te déçoivent toujours. Tu n'es orgueilleux que pour moi. Tu me trouves trop terrestre, dis ? (II, 2).

• *Alcmène : « Je ne crains pas la mort. C'est l'enjeu de la vie. [...] Je sens trop mes fibres continuer celles des autres hommes, des animaux, même des plantes, pour ne pas suivre leur sort. [...] Devenir immortel, c'est trahir, pour un humain. »*

Jupiter est prêt à garder le silence sur cette aventure mais Mercure annonce la visite du dieu. Alcmène demande alors à Léda de la remplacer dans l'obscurité pour satisfaire Jupiter. Mais c'est le véritable Amphitryon qui revient et partage la couche de Léda. Les deux époux sont à la fois innocents et coupables, on n'échappe pas à son destin.

L'acte III est celui où Jupiter paraît. Une voix céleste annonce la future naissance du héros libérateur Hercule. Thèbes se prépare à accueillir le souverain des dieux avec tout le faste qu'il mérite. Mais les hommes ont peur de lui dévoiler les imperfections de l'humanité, Alcmène souhaite qu'on lui montre tous ceux qui souffrent mais c'est impossible : les boiteux et les paralytiques seront représentés par un chœur de danseuses ! Les époux se préparent à recevoir Jupiter et à tenter de le convaincre de ne pas célébrer ces noces terrestres qui détruiraient le bonheur humain d'Alcmène et Amphitryon. Jupiter arrive et Alcmène refuse toujours d'être immortelle :

Alcmène. – Je sais ce qu'est un avenir heureux. Mon mari aimé vivra et mourra. Mon fils chéri naîtra, vivra et mourra. Je vivrai et mourrai.
Jupiter. – Pourquoi ne veux-tu pas être immortelle ?
Alcmène. – Je déteste les aventures ; c'est une aventure, l'immortalité (III, 5).

Alcmène propose à Jupiter une autre relation, fondée sur l'amitié entre deux êtres, et non sur la passion amoureuse. Jupiter se laisse convaincre, conquis par Alcmène, qui obtient une faveur du dieu : l'oubli de ce qui s'est passé la nuit précédente entre eux et entre Amphitryon et Léda.
La pièce de Giraudoux a été adaptée par S. N. Behrman en 1937, avec quelques nuances notables : dans le Prologue en particulier, l'auteur retrouve l'inspiration de Molière et place Mercure et Jupiter sur un nuage ; il supprime le personnage d'Éclissé, remplacé par deux servantes qui ne jouent pratiquement aucun rôle. Mais le ton général de cette adaptation américaine demeure celui du dramaturge français.
Le thème antimilitariste, déjà présent dans l'inspiration giralducienne, se retrouve avec une intensité dramatique dans la pièce de Georg Kaiser, *Zweimal Amphitryon*, dont la première fut donnée à Zurich au printemps 1944. La pièce a été publiée seulement en 1948, avec deux autres compositions, *Pygmalion* et *Bellerophon,* dans un volume posthume intitulé *Griechische Dramen*. Dramaturge alle-

mand, ennemi du nazisme, interdit en Allemagne dès 1933, G. Kaiser avait choisi l'exil et il acheva son œuvre en Suisse. Amphitryon, guerrier infatigable, ne pense qu'à combattre : il part assiéger Pharsale le jour même de ses noces sans consommer son mariage et laisse ainsi sa place à Jupiter, déguisé en chevrier. L'expérience humaine de l'amour sous les traits d'Amphitryon transforme Jupiter. Le maître des dieux renonce à son projet de détruire l'humanité.

Cependant, Amphitryon, malgré sa victoire, veut continuer les hostilités contre l'avis de ses officiers mécontents et part reconnaître le territoire ennemi. À Thèbes, Jupiter/Amphitryon prétend avoir fui son état-major qui l'aurait condamné à mort. La présence des deux Amphitryons crée un imbroglio qui conduit à une mise en jugement du véritable Amphitryon et à sa condamnation (le témoignage d'Alcmène se révélant accablant). Mais Jupiter intervient et révèle son « stratagème » : il annonce la naissance d'un héros civilisateur qui restaurera la paix et instaurera une ère, celle des Jeux olympiques. Amphitryon doit faire pénitence pour ses instincts guerriers et mener l'existence d'un pâtre jusqu'à la naissance du héros.

En mars 1951, fut joué à Berlin un opéra sur un livret et une musique de Robert Oboussier où l'auteur s'inscrit dans la lignée de Molière et de Kleist, par l'alliance du badinage et de la gravité, une dualité de ton déjà présente chez Plaute.

Si les adaptations du chef-d'œuvre de Plaute furent nombreuses à la scène, en revanche le cinéma n'a pas exploité le scénario que lui offrait la comédie antique. On ne peut guère que citer la libre adaptation franco-allemande de Reinhold Schünzel et Albert Valentin dans une sorte d'opérette parodique *Les dieux s'amusent* (1937). En 1967, le cinéaste suédois Ingmar Bergman a mis en scène un échange d'identité entre une actrice guettée par la folie et l'infirmière qui la soigne et a donné à son film le nom du masque *Persona*. Georges Sadoul a écrit à propos de ce film, dans ce qui constitue sa dernière critique, parue dans *Les Lettres françaises* du 6 juillet 1967 : « L'incommunicabilité fait place, si j'ose dire, à la perméabilité, à l'identification entre deux êtres, entre deux femmes, la plaie et le couteau, entre la malade mentale et son infirmière, entre le masque et le visage. » Peut-être est-ce là un des ultimes avatars du personnage de Sosie, éternel Protée.

BIBLIOGRAPHIE

ÉDITIONS

L'*editio princeps* de Plaute est parue à Venise en 1472. Au XIXe siècle, J. Naudet a donné une traduction célèbre en 9 volumes dans la collection Panckoucke, Paris, 1831-1838. Les éditions complètes du théâtre de Plaute sont celles d'Alfred Ernout dans la collection des Universités de France, aux Belles Lettres (dite collection Budé) en 7 volumes (Paris, 1933-1940), de W. M. Lindsay dans la collection des Oxford Classical Texts (texte latin seul ; 2 volumes, Oxford, 1903, 2e éd. 1910), de F. Ritschl, dont le travail fondamental a été complété par ses élèves G. Goetz, G. Lowe et Fr. Schoell dans la collection Teubner (Leipzig, 1871-1890, 4 tomes en 5 volumes). Dans la collection Budé, on consultera le tome I dans l'édition revue et augmentée par Jean-Christian Dumont (Paris, 1989).
Pierre Grimal a donné dans la collection de la Pléiade une traduction complète du théâtre comique latin : *Plaute, Térence. Œuvres complètes*, Gallimard, 1971 (p. 7-57 pour *Amphitryon*). Cette édition (reprise dans la coll. « Folio », Gallimard, 1991) comprend une introduction, des notices introductives à chaque pièce et des notes.
Éditions d'*Amphitryon* : W. B. Sedgwick, *Plautus'Amphitruo*, Manchester University Press, 1960 (avec introduction et notes philologiques et métriques).
André Arcellaschi, *Amphitryon, tragi-comédie en cinq actes*, Louvain-Paris, 1996 (adaptation de la pièce pour une scène moderne).
Jurgen Blänsdorf a donné une édition allemande avec traduction, parue à Stuttgart en 1979.
Noter aussi pour *Amphitryon* :
Édition de Louis Havet, Paris, E. Bouillon, 1895 (Bibliothèque de l'École des hautes études en sciences historiques et philologiques, fasc. 102).
Édition italienne de Ettore Paratore, Florence, Sansoni, 1959.

Édition italienne de Renato Oniga, Venise, Marsileo, 1991.

Sur le théâtre à Rome en général

Actes du IXe Congrès de l'Association Guillaume Budé, tome I, *Le Théâtre à Rome*, Paris, Les Belles Lettres, 1975.
William Beare, *The Roman Stage. A Short History of Latin Drama in the Time of the Republic*, Londres, Methuen, 1950 (2e éd. 1955).
Margarete Bieber, *The History of the Greek and Roman Theater*, Princeton, Princeton University Press, 1re éd. 1939, 2e éd. 1961.
George Duckworth, *The Nature of Roman Comedy. A Study in Popular Entertainment*, Princeton, Princeton University Press, 1952.
Florence Dupont, *L'Acteur-roi. Le théâtre dans la Rome antique*, Paris, Les Belles Lettres, 1986.
Florence Dupont, *Le Théâtre latin*, Paris, A. Colin, 1988.
Pierre Grimal, *Le Théâtre antique*, Paris, PUF, 1978.
Barthélemy A. Taladoire, *Commentaires sur la mimique et l'expression corporelle du comédien romain*, Montpellier, 1951.

Études sur Plaute

André Arcellaschi, « Plaute dans Plaute », dans *Vita Latina*, 77, 1980, p. 22-27.
Atti del V[o] congresso internazionale di studi sul dramma antico : Plauto ed il theatro, Dioniso, 46, 1975.
Jean-Pierre Cèbe, *La Caricature et la Parodie dans le monde romain antique des origine à Juvénal*, Paris, De Boccard, 1966.
Francesco Della Corte, *Da Sarsina a Roma. Ricerche Plautine*, Florence, La Nuova Italia Editrice, 2e éd. 1967 (1re éd. Gênes, Istituto universitario di Magistero, 1952).
Marie Delcourt, *Plaute et l'Impartialité comique*, Bruxelles, La Renaissance du livre, 1964.
Eduard Fraenkel, *Plautinisches im Plautus*, Berlin, Weidemann, 1922. Éd. italienne : *Elementi Plautini in Plauto*, par F. Munari, Florence, La Nuova Italia Editrice, 1966.
Andrée Freté, *Essai sur la structure dramatique des comédies de Plaute*, Paris, Les Belles Lettres, 1930.
Eric Walter Handley, *Menander and Plautos. A Study in Comparison*, Londres, H. K. Lewis, 1968.

Günther Jachmann, *Plautinisches und Attisches*, Berlin, Weidmann, 1931.
Attilio de Lorenzi, *Cronologia ed evoluzione plautina* (*Quaderni Fililogici* V), Naples, 1952.
Wallace Martin Lindsay, *Syntax of Plautus*, Oxford, Parker, 1907 ; New York, 1936.
Claude Pansiéri, *Plaute et Rome ou les ambiguïtés d'un marginal*, Collection Latomus (236), Bruxelles, 1997.
Ettore Paratore, *Plauto*, Florence, Sansoni, 1962.
Rafaele Perna, *L'orignalità di Plauto*, édition « Leonardo da Vinci », 1955.
Eugène de Saint-Denis, *Essai sur le rire et le sourire des Latins*, Paris, Les Belles Lettres, 1965.
Klaas Herman Eltjo Schutter, *Quibus annis comoediae Plautinae primum actae sint quaeritur*, Groningue, Dewaal, 1952.
Erich W. Segal, *Roman Laughter. The Comedy of Plautus*, Cambridge, Harvard University Press, 1968.
Barthélemy A. Taladoire, *Essai sur le comique de Plaute*, Monaco, Éditions de l'Imprimerie nationale, 1956.

ÉTUDES SUR L'AMPHITRYON DE PLAUTE

André Arcellaschi, « Amphitryon 187 ou : influences pythagoriciennes sur l'*Amphitryon* de Plaute », dans *Revue des Études latines*, 60, 1982, p. 128-138.
Jürgen Blänsdorf, « Un exposé sur l'enchaînement des idées dans le monologue de Jupiter », dans *Revue des Études latines*, 45, 1967, p. 70-76.
Florence Dupont, « Signification théâtrale du double dans l'*Amphitryon* de Plaute », dans *Revue des Études latines*, 54, 1976, p. 129-141.
Florence Dupont, « Cantica et diverbia dans l'*Amphitryon* de Plaute », dans *Filologia e Forme Letterarie. Studi offerti à F. Della Corte*, Urbino, 1987, p. 45-56.
G. K. Galinsky, « Scipionic Themes in Plautus'*Amphitruo* », dans *Transactions of the American Philological Association* 97, 1966, p. 203-235.
D. Guilbert, « Mercure-Sosia dans l'*Amphitryon* de Plaute : un rôle de parasite de comédie », dans *Les Études classiques*, 31, 1963, p. 52-63.
Léon Halkin, « La parodie d'une demande de triomphe dans l'*Amphitryon* de Plaute », dans *L'Antiquité classique*, 17, 1948, p. 297-304.

L. Hermann, « L'actualité dans l'*Amphitryon* de Plaute », dans *L'Antiquité classique*, 17, 1948, p. 317-322.

H. Janne, « L'*Amphitryon* de Plaute et M. Fulvius Nobilior », dans *Revue belge de philologie*, 12, 1933, p. 515-531.

A. Maniet et A. Paquot, *Amphitryon. Index Verborum, lexiques inverses, relevés lexicaux et grammaticaux*, Hildesheim, 1970.

Paul-Marius Martin, « Plaute, *Amphitryon*, v. 292-462. Le dialogue Sosie-Mercure ou la destruction de l'homme par l'appareil totalitaire », dans *Caesarodunum*, 5, 1970, p. 171-177.

E. Stärk, « Die Geschichte des Amphitryonstoffes vor Plautus », dans *Rheinisches Museum*, 125, 1982, p. 275-303.

W. B. Sedgwick, « Parody in Plautus », dans *Classical Quaterly*, 21, 1927, p. 88-89.

W. Steidle, « Plautus'*Amphitruo* und seine griechisches Original », dans *Rheinisches Museum*, 122, 1979, p. 34-48.

LES AMPHITRYONS

Amphitryon : Three Plays in New Verse Translation (Plaute, Molière, Kleist), J. H. Mantinband et Ch. E. Passage, Université de Caroline du Nord, Chapel Hill, 1974.

Hansres Jacobi, *Amphitryon in Frankreich und Deutschland : Ein Beitragzur vergliecheden Literaturgeschichte*, Zurich, Juris Verlag, 1952.

Carl v. Reinhardstoettner, *Die Plautinischen Lustspiele in Spätere Bearbeitungen I, Amphitryon*, Leipzig, Friedrich, 1880.

L. R. Shero, « Alcmena and Amphitryon in Ancient and Modern Drama », dans *Transactions and Proceedings of the American Philological Association*, 87, 1956, p. 192-238.

ÉTUDES D'ENSEMBLE

Pierre Grimal, *Le Siècle des Scipions, Rome et l'hellénisme au temps des guerres puniques*, 2ᵉ éd. Paris, Aubier, 1975 (1ʳᵉ éd. 1953).

MYTHOLOGIE

Pierre Grimal, *Dictionnaire de la mythologie grecque et romaine*, Paris, PUF, 1ʳᵉ édition, 1951 (nombreuses rééditions).

MÉTRIQUE

Louis Nougaret, *Traité de métrique latine classique,* 1re éd., Paris, Klincksieck, 1956 (nombreuses rééditions).

ICONOGRAPHIE

Louis Séchan, *Études sur la tragédie grecque dans ses rapports avec la céramique*, Paris, H. Champion, 1928, p. 242-248.
A. D. Trendall et T. B. L. Webster, *Illustrations of Greek Drama*, Londres, Phaidon, 1971.
Lexicon Iconographicum Mythologiae Classicae, Zurich et Munich, Artemis Verlag, tome I, 1981, p. 552-556 et p. 735-736 (Articles sur Alcmène et sur Amphitryon par A. D. Trendall).

GF Flammarion

01/03/85609 - III - 2001– Impr. MAURY Eurolivres, 45300 Manchecourt.
N° d'édition FG101507. – Mai 1998. – Printed in France.